Verfassungsrechtliche Legitimationsgrundlagen richterlicher Unabhängigkeit

Frankfurter kriminalwissenschaftliche Studien

Bd./Vol. 130

PETER LANG
Frankfurt am Main · Berlin · Bern · Bruxelles · New York · Oxford · Wien

Alexander Vevetzikis

Verfassungsrechtliche Legitimationsgrundlagen richterlicher Unabhängigkeit

Zugleich eine Auseinandersetzung mit der Debatte um eine Selbstverwaltung der Justiz

PETER LANG
Internationaler Verlag der Wissenschaften

Bibliografische Information der Deutschen Nationalbibliothek
Die Deutsche Nationalbibliothek verzeichnet diese Publikation in der Deutschen Nationalbibliografie; detaillierte bibliografische Daten sind im Internet über http://dnb.d-nb.de abrufbar.

Zugl.: Frankfurt (Main), Univ., Diss., 2010

D 30
ISSN 0170-6918
ISBN 978-3-631-60836-4

www.peterlang.de

Vorwort

Die vorliegende Arbeit wurde im Wintersemester 2009/2010 vom Fachbereich Rechtswissenschaften der Johann Wolfgang Goethe-Universität zu Frankfurt am Main als Dissertation angenommen. Literatur und Rechtsprechung konnten bis zum September 2010 berücksichtigt werden.

Mein herzlicher Dank gilt meinem Doktorvater, Herrn Prof. Dr. Peter-Alexis Albrecht, der die Anregung zu diesem Thema gab und das Entstehen der Arbeit stets wohlwollend begleitet hat. Bedanken möchte ich mich auch bei Herrn Prof. Dr. Wolfgang Naucke für die zügige Erstellung des Zweitgutachtens.

Besonderer Dank gebührt meinen Eltern. Ihre uneingeschränkte Förderung meiner Ausbildung sowie ihre jederzeitige Unterstützung hat die Anfertigung der vorliegenden Arbeit erst ermöglicht.

Frankfurt am Main, im Dezember 2010 Alexander Vevetzikis

Inhaltsverzeichnis

Abkürzungsverzeichnis

BGH	Bundesgerichtshof
BVerfGG	Bundesverfassungsgerichtsgesetz
DRiG	Deutsches Richtergesetz
EGMR	Europäischer Gerichtshof für Menschenrechte
EMRK	Europäische Menschenrechtskonvention
GG	Grundgesetz für die Bundesrepublik Deutschland
GVG	Gerichtsverfassungsgesetz
HChE	Herrenchiemseeer Entwurf zum Grundgesetz
StGB	Strafgesetzbuch
StPO	Strafprozessordnung
VwGO	Verwaltungsgerichtsordnung
WRV	Weimarer Reichsverfassung

Hinsichtlich der übrigen Abkürzungen wird auf Kirchner/Butz, Abkürzungsverzeichnis der Rechtssprache, 5. Auflage, Berlin 2003, verwiesen.

A. VORWORT UND ÜBERBLICK

I. Gegenstand und Ziel der Untersuchung

Zum Wesen der richterlichen Tätigkeit gehört nach der Rechtsprechung des Bundesverfassungsgerichtes, dass sie von einem unbeteiligten Dritten in sachlicher und persönlicher Unabhängigkeit ausgeübt wird[1]. So garantiert auch das Grundgesetz für die Bundesrepublik Deutschland in Art. 97 Abs. 1 GG, dass Richter unabhängig und nur dem Gesetz unterworfen sind. Institutionell abgesichert wird diese sachliche Komponente richterlicher Unabhängigkeit durch die in Art. 97 Abs. 2 GG manifestierte persönliche Unabhängigkeit[2]. Danach sind Richter im Wesentlichen, soweit sie von dem Anwendungsbereich des Art. 97 Abs. 2 GG erfasst werden, unabsetzbar und unversetzbar (Grundsatz der Inamovibilität)[3].

Hierzu korrespondierend ist die Dritte Gewalt in ihrer institutionellen und personellen Konkretisierung nicht, wie die Exekutive, hierarchisch verfasst und kennt damit weder ein Über- und Unterordnungsverhältnis[4] noch die Weisungsbefugnis eines Vorgesetzten gegenüber dem Richter[5]. Durch die verfassungsrechtliche Garantie richterlicher Unabhängigkeit wird Richtern folglich - jedenfalls verfassungstheoretisch - bei summarischer Betrachtung ein hohes Maß an inhaltlicher Autonomie im Rahmen der Ausübung rechtsprechender

---

[1] BVerfGE NJW 1970, S. 1227, 1228; BVerfGE NJW 1965, S. 343, 345; BVerfGE NJW 1962, S. 1611; BVerfGE NJW 1956, S. 137, 138; BVerfGE NJW 1954, S. 833.

[2] BVerfGE LKV 2007, S. 79; BVerfGE DtZ 1993, S. 20, 21 m.w.N.; Papier in NJW 2001, S. 1089.

[3] Bernsdorff in Umbach/Clemens, Mitarbeiterkommentar GG, Art. 97, Rn. 39; Detterbeck in Sachs, GG-Kommentar, Art. 97, Rn. 22; Herzog in Maunz/Dürig, GG-Kommentar, Art. 97, Rn. 57; in diesem Sinne auch Stern, Das Staatsrecht der BRD, Bd. II, § 43 II 4 (S. 911).

[4] Geiger in FS Schäfer, S. 79, 81; ferner Schmidt-Räntsch, Kommentar DRiG, § 26, Rn. 4.

[5] BVerfGE NJW 2008, S. 2568, 2569; BVerfGE LKV 2007, S. 79; BVerfGE DtZ 1993, S. 20, 21 f.; BVerwGE NJW 1988, S. 1748, 1749; BVerfGE NJW 1969, S. 2192, 2193; BVerfGE NJW 1954, S. 30, 31; Meyer in v. Münch/Kunig, GG-Kommentar, Art. 97, Rn. 3.

Tätigkeit zugesprochen. Berücksichtigt man ferner, dass eine Abänderung oder gar Kassation von Gerichtsentscheidungen durch die Legislative oder Exekutive, mithin durch rechtsprechungsexterne Organe, ausnahmslos verfassungswidrig ist[6], wird diese Autonomie noch größer.

Indes lässt sich das gesetzgeberische Motiv hinter der Verbürgung richterlicher Unabhängigkeit aus dem Grundgesetz selbst oder aus einfach-gesetzlichen Normierungen nicht ohne Weiteres entnehmen. Warum Richter aufgrund eigener und insbesondere unabhängiger Entscheidung Urteile im Namen des Volkes sprechen dürfen, ist expressis verbis nirgends geregelt. Gleichwohl drängt sich die Frage nach dem verfassungsrechtlichen Geltungsgrund der Unabhängigkeitsgarantie schon wegen der oben anskizzierten Ausgestaltung richterlicher Unabhängigkeit im Grundgesetz auf.

Das Bedürfnis für eine derartige Erforschung verstärkt sich zudem, wenn richterliche Unabhängigkeit von vielen Juristen als sicherstes Palladium der Freiheit[7] angepriesen wird und als Garant für die Aufrechterhaltung des Rechtsstaates bzw. für den Bestand der Rechte der Bürger fungieren soll[8]. Darüber hinaus lassen aus der Rechtspraxis resultierende Gefährdungspotentiale für die richterliche Unabhängigkeit, wie beispielsweise die Ausübung der Dienstaufsicht[9], eine gegenwärtige Bewertung dieser Thematik notwendig erscheinen.

Schließlich wird die Unabhängigkeitsgarantie in aktuellem Kontext auch stets bemüht, wenn es um die wieder entflammte Diskussion nach einer Selbstver-

---

[6] Schütz, Der ökonomisierte Richter, S. 118; Kisker in NJW 1981, S. 889, 893.
[7] Limbach in NJ 1995, S. 281 unter Bezug auf Simon, Die Unabhängigkeit des Richters, S. 9.
[8] Brause in ZRP 2005, S. 82, 85; ähnlich Schmidt-Jortzig in NJW 1991, S. 2377, 2380; für Classen in v. Mangoldt/Klein/Starck, Bonner GG-Kommentar, Art. 97, Rn. 1, stellt sich die Unabhängigkeit der Richter als die zentrale Voraussetzung rechtsstaatlicher Rechtsprechung dar.
[9] Vgl. etwa Haberland in DRiZ 2002, S. 301, 303, 304; Papier in NJW 2001, S. 1089, 1091 ff.; Papier in NJW 1990, S. 8 ff.; Achterberg in NJW 1985, S. 3041 ff.; Grimm, Richterliche Unabhängigkeit und Dienstaufsicht in der Rspr. des BGH, S. 1 sieht das Spannungsverhältnis zwischen Unabhängigkeitsgarantie und Dienstaufsicht als „heißestes Eisen des Richterrechts".

waltung der Justiz geht[10]. Die großen Richterverbände fordern insofern vor dem Hintergrund der exekutivischen Dominanz in der Justizverwaltung nunmehr erstmalig geschlossen, wenn auch mit verschiedenen Schwerpunkten und Akzentuierungen, die Implementierung einer justiziellen Selbstverwaltung in der BRD[11]. Hierbei dient die richterliche Unabhängigkeit sowohl in Bezug auf Defizite der bestehenden Justizstrukturen als auch hinsichtlich der verfassungsrechtlichen Bewertung eines derartigen Ansinnens als häufiger Anlass für kontroverse Argumentation. Die Arbeit soll aus diesem Grunde auch in diesem Hinblick einen klärenden Beitrag leisten.

Gegenstand und Ziel der nachfolgenden Bearbeitung ist es daher zunächst, das Prinzip richterlicher Unabhängigkeit einer verfassungsrechtlichen Legitimationsgrundlage zuzuführen. Es gilt, die Unabhängigkeitsgarantie umfassend verfassungsrechtlich herzuleiten und in das Gesamtgefüge des Grundgesetzes einzubetten. Die Auseinandersetzung mit der zu behandelnden Materie soll dabei primär aus verfassungstheoretischer Perspektive erfolgen und punktuell um relevante Aspekte aus der Rechtswirklichkeit ergänzt werden.

Im Anschluss daran wird zu untersuchen sein, ob und gegebenenfalls in welchem Rahmen die Forderung nach einer Selbstverwaltung der Justiz unter Geltung des Grundgesetzes verfassungsrechtlich umsetzbar ist. Die vorzunehmende Würdigung der Debatte soll sich vornehmlich mit wesentlichen Kernpunkten der angebotenen Selbstverwaltungsmodelle der Richterverbände beschäftigen und wiederum überwiegend verfassungstheoretischer Art sein, gleichwohl ohne rechtspolitische und ökonomische Aspekte gänzlich außer acht zu lassen.

---

[10] Häuser in KritV 2009, S. 410, 411; Frank in KritV 2009, S. 405, 407; Steffen in ZRP 2008, S. 208, 209; Schulte-Kellinghaus in ZRP 2008, S. 205, 206; Brause in ZRP 2005, S. 82, 85; Mackenroth/Teetzmann in ZRP 2002, S. 337 ff.; Groß in ZRP 1999, S. 361; generell kritisch gegenüber der Thematik etwa Papier in NJW 2002, S. 2585 ff.

[11] Vgl. im Einzelnen zu den aktuellen Selbstverwaltungsmodellen des Deutschen Richterbundes, der Neuen Richtervereinigung und der Richter in ver.di auf S. 144 ff.

II. Gang der Untersuchung

Vorab ist einführend die historische Entwicklung richterlicher Unabhängigkeit zu dokumentieren. Es gilt aufzuzeigen, dass die Unabhängigkeitsgarantie in einem bestimmten Augenblick der Entwicklung des modernen Staates zum aktuellen Verfassungsproblem wird, nämlich bei der Auseinandersetzung um die Begrenzung der staatlichen, meist durch den absoluten Fürsten dargestellten Macht; hier erscheint richterliche Unabhängigkeit aus historischer Perspektive regelmäßig als Garant einer Rechtlichkeit, die Freiheit verbürgt[12]. In einem nächsten Schritt ist zwecks Konkretisierung des zu legitimierenden Gehaltes richterlicher Unabhängigkeit ihr Umfang unter der Geltung des Grundgesetzes ausführlich zu definieren. Der anschließende Teil problematisiert den Gedanken einer verfassungsrechtlichen Herleitung des Prinzips richterlicher Unabhängigkeit aus dem Gewaltenteilungsgrundsatz. Letztlich wird hierbei aufzuzeigen sein, dass eine Legitimation alleine aus dem Prinzip der Gewaltenteilung jedoch stets an diversen Faktoren scheitern muss.

Als Lösungsansatz und erster inhaltlicher Schwerpunkt der vorliegenden Bearbeitung soll danach die Möglichkeit einer Legitimation richterlicher Unabhängigkeit aus einer Zusammenschau einzelner rechtsstaatlicher Prinzipien vorgestellt werden. Zur Ermittlung eines verfassungsrechtlichen Fundamentes sind eingangs die Zwecke richterlicher Unabhängigkeit zu analysieren, die sich in der Konsequenz als Belege für die verfassungsrechtliche Erforderlichkeit des Prinzips lesen. In einem zweiten Schritt gilt es abschließend, eine Rückkopplung der Unabhängigkeitsgewähr an das Rechtsstaatsprinzip sowie das Demokratieprinzip vorzunehmen, es mithin verfassungsrechtlichem Boden und im Ergebnis einer Legitimationsgrundlage zuzuführen.

In einem letzten Kapitel wird sodann als weiterer zentraler Aspekt dieser Arbeit die verfassungsrechtliche Umsetzbarkeit einer Selbstverwaltung der Justiz zu erörtern sein. Es sollen zunächst die bestehenden Strukturen der Justizverwal-

---

[12] Eichenberger, Die richterliche Unabhängigkeit als staatsrechtliches Problem, S. 75.

tung sowie die dagegen angeführten Einwände aufgezeigt werden, ehe verschiedene Modelle justizieller Selbstverwaltung vorzustellen sind. Darauf folgend wird der verfassungsrechtliche Rahmen für eine Selbstverwaltung der Justiz unter stetiger Berücksichtigung der Unabhängigkeitsgarantie zu bestimmen sein, wobei insbesondere der Vereinbarkeit mit dem Gewaltenteilungsprinzip und der demokratischen Legitimation von Selbstverwaltungsorganen eine hervorgehobene Bedeutung zukommen soll.

B. RICHTERLICHE UNABHÄNGIGKEIT: HISTORISCHE ERFAHRUNGEN

I. Einführung

Das Prinzip richterlicher Unabhängigkeit in seiner gegenwärtigen Ausformung ist das Ergebnis einer mehr als 250-jährigen Entwicklung, die immer wieder von Rückschritten unterbrochen wurde. Der Begriff der „Unabhängigkeit" trat dabei in seiner gegenwärtigen Ausformung erst mit der Aufklärung und im Gefolge der Französischen Revolution sowie mit dem Entstehen liberalen Gedankenguts in das Bewusstsein der Völker[13].

Heute ist das Prinzip der richterlichen Unabhängigkeit verfassungsrechtlich explizit durch Art. 97 GG verankert.

In der Folge soll anhand der politischen, rechtlichen und auch gesellschaftlichen Entwicklungen der letzten Jahrhunderte aufgezeigt werden, dass richterliche Unabhängigkeit keinesfalls eine Selbstverständlichkeit ist, aber in einem gewaltengeteilten Rechtsstaat stets unerlässlich sein muss. Es gilt in diesem Rahmen darzulegen, dass richterliche Unabhängigkeit rechtsstaatliches Gedankengut und empfindlicher Gradmesser verwirklichter Rechtsstaatlichkeit zugleich ist[14].

Dabei wird primär - ohne indes Vollständigkeit für sich zu beanspruchen - die deutsche Verfassungsgeschichte berücksichtigt und in das gesamteuropäische Gefüge eingebettet.

---

[13] Schaffer in BayVBl. 1991, S. 641, 643.

[14] Eichenberger, Die richterliche Unabhängigkeit als staatsrechtliches Problem, S. 74.

II. Geschichtliche Erfahrungen mit (un-)abhängigen Richtern

1. Der Richter im Absolutismus

Die historische Entwicklung der Unabhängigkeit der Rechtspflege ist auf das Engste mit der Staatsauffassung des monarchischen Absolutismus verknüpft[15]. So ist das Prinzip richterlicher Unabhängigkeit ursprünglich im Kampf gegen die absolutistische Kabinettsjustiz zur Abwehr monarchistischer Übergriffe in die Rechtsprechung erstritten worden[16].

Nach der im Absolutismus herrschenden Staatstheorie liegt einem alleinigen Herrscher alle Macht in der Hand. Als Gesetzgeber steht er über dem Gesetz (*legibus absolutus*), als oberster Richter kann er jederzeit Weisungen erteilen und die Entscheidungen von Richtern in niedrigeren Instanzen revidieren[17]. Dabei ist die Gewaltausübung des uneingeschränkten, absoluten Monarchen nicht Willkür, sondern zumindest in der Zeit des späteren, aufgeklärten Absolutismus im 18. Jahrhundert an die Zwecke des Staates gebundene Macht[18]. Zur Durchsetzung eben dieser Staatszwecke ergeben sich sodann „Majestätsrechte" [19] des Herrschers, die in den Gesetzen ihren Niederschlag finden und über die er als höchster Richter judizieren darf. Demgemäß wird der einfache Richter dem vom Monarchen ausgehenden Gesetzesbefehl und somit dessen Willen und Autorität stets unterworfen.

Ein Richter kann in seiner Rechtsprechung zum bloßen Werkzeug des Herrschers herabgewürdigt werden, denn diesem steht das Hoheitsrecht der Gerichtsbarkeit und mithin die Befugnis zu Eingriffen in die Justiz zu. So hat der jeweilige Landesherr in bedeutsamen Strafsachen auch ein Bestätigungsrecht,

---

[15] Conrad, Richter und Gesetz im Übergang vom Absolutismus zum Verfassungsstaat, S. 7.
[16] Pfeiffer in KK-StPO, GVG, § 1, Rn. 3; Papier in NJW 2001, S. 1089.
[17] Schaffer in BayVBl. 1991, S. 641, 643.
[18] Conrad, Richter und Gesetz im Übergang vom Absolutismus zum Verfassungsstaat, S. 8, 9.
[19] v. Gerlach in NJW 1986, S. 2292, 2296.

das auch das Recht zur Verschärfung der Strafe einschließt[20]. Ein solches Vorgehen wird im Absolutismus indes keinesfalls als rechtswidrig erachtet, vielmehr gilt es als rechtmäßige Machtausübung durch den Monarchen[21]. Die Staatsrechtslehre des 17. Jahrhunderts entwickelt für solche in die Rechtsprechung eingreifenden Maßnahmen den Terminus des „Machtspruchs"[22]. *Von Beck*, Rechtslehrer im 18. Jahrhundert, äußert sich zu den Machtsprüchen wie folgt: Gesetze würden ohne Wirkung sein, wenn

„der Gesetzgeber nicht zugleich das Recht hätte, nach dieser Richtschnur die Handlungen der Untertanen zu prüfen und ihre Streitigkeiten zu entscheiden"[23].

Richter sind Untertanen und werden in ihrer Judikatur beaufsichtigt, Urteile werden als Demonstration praktisch geübter Herrschaftstugend ständig korrigiert[24]. Im Staatsaufbau sind sie lediglich in die Beamtenschaft eingegliedert und stehen wie Soldaten im Dienst des Königs[25]. Richter sind demnach nicht unabhängig, sondern geradezu abhängig vom allbestimmenden Monarchen. Das Zeitalter und die Staatsform des Absolutismus können daher als natürliche Antagonisten einer unabhängigen Rechtsprechung bezeichnet werden.

Erst Mitte des 18. Jahrhunderts verliert die absolutistische Lehre vom Willen des Gesetzgebers, dem der Richter unterworfen sein sollte, unter dem Einfluss der Naturrechtslehre im Zeitalter der Aufklärung langsam ihre Bedeutung[26].

---

[20] Schaffer in BayVBl. 1991, S. 641, 644; das beschriebene Verhältnis vom Landesherren zum Richter spiegelt sich treffend in einem Ausspruch des Philosophen Christian Wolff (1679 - 1754) wider: „Die Richter müssen von der hohen Landesobrigkeit ganz und gar dependieren, dergestalt, dass sie Gewalt und Macht hat, sie nach Belieben abzusetzen wie einzusetzen".

[21] Zätzsch, Richterliche Unabhängigkeit und Richterwahl in den USA und Deutschland, S. 75.

[22] Conrad, Richter und Gesetz im Übergang vom Absolutismus zum Verfassungsstaat, S. 23.

[23] v. Beck in Conrad, Recht und Verfassung des Reiches in der Zeit Maria Theresias, 2. Buch, 13. Kapitel, §§ 1.

[24] Simon, Die Unabhängigkeit des Richters, S. 1.

[25] Simon, Die Unabhängigkeit des Richters, S. 1.

[26] Zätzsch, Richterliche Unabhängigkeit und Richterwahl in den USA und Deutschland, S. 75; Conrad, Richter und Gesetz im Übergang vom Absolutismus zum Verfassungsstaat, S. 7.

2. Der Richter im Zeitalter der Aufklärung

Das Zeitalter der Aufklärung ist untrennbar verbunden mit der Lehre des Gesellschaftsvertrages, welche auch auf das gesamte Justizwesen erhebliche Auswirkungen haben sollte.

Die Lösung „Freiheit statt Willkür" proklamiert im Zeitalter der Aufklärung die Ersetzung der Herrschaft des absoluten Regenten durch die Herrschaft der Gesetze, die Umwandlung des Gesetzes von einem individuellen Befehl des Königs zu einer allgemeinverbindlichen Regel, die Auflösung des universellen Imperiums in ein System sich wechselseitig hemmender Gewalten[27]. Die Realität wird jedoch weiterhin durch Machtsprüche der Landsherren überschattet und konterkariert damit die Idee der Aufklärung. Im Gegensatz zu dem vorhergehenden Jahrhundert wird diese - bei gleichzeitiger inhaltlicher Erweiterung später Kabinettsjustiz genannte - Einmischung des Regenten in die Rechtsprechung allerdings nicht mehr anstandslos toleriert[28]. So entwickelt sich Mitte des 18. Jahrhunderts ein Kampf gegen die Machtsprüche, der gleichzeitig den Beginn der Geschichte der sachlichen Unabhängigkeit der Justiz markiert[29].

Der Ursprung der Aktivitäten zu einem Verbot von Machtsprüchen liegt in dem sich vollziehenden sozialen Aufstieg und der selbstbewussteren Haltung des Richtertums, das Eingriffe in die Rechtspflege nicht mehr hinnehmen will[30]. Auch die Entwicklung in England, wo im Kampf zwischen Parlament und Krone letztere im Act of Settlement bereits im Jahre 1701 die alleinige Befugnis, Richter ihres Amtes zu entheben, verliert, liefert wichtige Impulse[31]. Erste Erfolge dieser Bestrebungen lassen sich schon bald belegen: sind für die Jahre 1747 und 1748 noch Eingriffe des Monarchen in die Rechtspflege nachweisbar, so finden sich in den Folgejahren nahezu keine vergleichbaren Exempel mehr[32].

27 Simon, Die Unabhängigkeit des Richters, S. 2.
28 Simon, Die Unabhängigkeit des Richters, S. 2, 3.
29 Simon, Die Unabhängigkeit des Richters, S. 2, 3.
30 Conrad, Richter und Gesetz im Übergang vom Absolutismus zum Verfassungsstaat, S. 24.
31 Schaffer in BayVBl. 1991, S. 641, 644.
32 Conrad, Richter und Gesetz im Übergang vom Absolutismus zum Verfassungsstaat, S. 24.

Zurückzuführen ist das wohl insbesondere auf Montesquieus „De l' Esprit des lois“, das im Jahr 1748 erscheint und auch bei Hofe ein erhebliches Umdenken herbeiführt[33]. In seinem grundlegenden Werk zur Lehre der Gewaltenteilung ordnet er die Legislative (gesetzgebende Gewalt) als unverzichtbare Grundlage der gesetzmäßigen Freiheit einem Zweikammernparlament (Volkskammer, Adelskammer), die Exekutive (vollziehende Gewalt) dem König und die Judikative (richterliche Gewalt) den Gerichten zu[34]. Montesquieu liefert damit eine dogmatische Grundlage[35] für die Forderung nach richterlicher Unabhängigkeit und propagiert eine - wenn auch im Ergebnis keineswegs strikte - Trennung zwischen dem Monarchen einerseits und der Justiz andererseits, die selbst bei dem preußischen König *Friedrich dem Großen* einen Sinneswandel bewirkt:

„Ich habe mich entschlossen, niemals in den Lauf eines gerichtlichen Verfahrens einzugreifen; denn in den Gerichten sollen die Gesetze sprechen und der Herrscher soll schweigen“[36].

Ein tatsächliches Verbot von Machtsprüchen wird jedoch erst knapp ein halbes Jahrhundert später, im Jahre 1791, in § 6 der Einleitung zum Allgemeinen Gesetzbuch für Preußen einfachgesetzlich festgehalten. Es bezieht sich allerdings nur auf Eingriffe in Zivilprozesse, während in Strafsachen für Todesurteile immer noch ein Bestätigungsrecht des Königs besteht[37].

Durch das stetig wachsende Streben nach Freiheit vom Staat beginnt sich gleichwohl die Montesquieu'sche Idee der Gewaltenteilung langsam durchzu-

---

[33] Conrad, Richter und Gesetz im Übergang vom Absolutismus zum Verfassungsstaat, S. 24; zum Einfluss Montesquieus auf die Entwicklung der Gewaltenteilungslehre vgl. unten, S. 46 f.

[34] Stern, Das Staatsrecht der BRD, Bd. II, § 36 I 4 b (S. 517 f.) unter Verweis auf Montesquieu.

[35] Schaffer in BayVBl. 1991, S. 641, 644.

[36] Friedrich der Große, Die Politischen Testamente, Das politische Testament von 1752, S. 4. Eingehalten hat er dieses Versprechen freilich nicht. Ein Machtspruch erfolgte nämlich im Dezember 1779 in dem sog. Müller-Arnold-Prozess, als der König das seiner Ansicht nach verfehlte Urteil gegen den Wassermüller Arnold zu dessen Gunsten revidierte und die an dem Urteil beteiligten Kammergerichtsräte wegen angeblichen Fehlverhaltens mit Kassation und Festungshaft bestrafte.

[37] Conrad, Richter und Gesetz im Übergang vom Absolutismus zum Verfassungsstaat, S. 27, 29: dennoch ist die Gesetzgebung bemüht Richter mit mehr Unabhängigkeit auszustatten.

setzen: immer mehr verstärkt sich das Bewusstsein, dass Freiheitsrechte des Einzelnen nur durch eine von Verwaltung und Legislative unabhängige und diese kontrollierende Rechtsprechung gewährt werden können; insofern ist das Prinzip richterlicher Unabhängigkeit eng verknüpft mit der Geschichte der Rechtsprechung als eigener Gewalt und insbesondere mit der hiermit intendierten Entstehung und Stärkung bürgerlicher Freiheitsrechte[38].

3. Der Richter im Zeitalter von Restauration und Vormärz

Einen durchschlagenden Erfolg erringen die Bemühungen um richterliche Unabhängigkeit schließlich in dem umfassend gesetzlich normierten Verbot der Machtsprüche bzw. der Kabinett- und Ministerialjustiz in Teilen der Verfassungsgesetzgebung des 19. Jahrhunderts[39]. Ausgangspunkt hierfür ist der vom Bürgertum getragene politische Liberalismus, der die Kabinettsjustiz bekämpft und in der richterlichen Unabhängigkeit einen wesentlichen Schutz für die Freiheit des Einzelnen sieht [40]. Erstmals verfassungsrechtlich nachweisen lässt sich ein Machtspruchverbot in der Verfassung für das Königreich Bayern vom 26. Mai 1818. Der dortige § 4 in Abschnitt VIII, Von der Rechtspflege, lautet:

„Der König kann in strafrechtlichen Sachen Gnade ertheilen, die Strafe mildern oder erlassen; - aber in keinem Falle irgendeine anhängige Streitsache oder angefangene Untersuchung hemmen“[41].

Dieser Verzicht des Monarchen bedeutet für die Richterschaft in der Konsequenz eine rechtliche Manifestation sachlicher Unabhängigkeit[42]. Überdies lässt sich der Normierung ein Initiativcharakter nicht absprechen, denn seitdem hat das Verbot von Kabinetts- und Ministerialjustiz und somit im Umkehrschluss die Anerkennung einer unabhängigen Justiz in fast jede folgende Ver-

---

[38] Zätzsch, Richterliche Unabhängigkeit und Richterwahl in den USA und Deutschland, S. 75 f.
[39] Conrad, Richter und Gesetz im Übergang vom Absolutismus zum Verfassungsstaat, S. 7.
[40] Schaffer in BayVBl. 1991, S. 641, 644.
[41] Huber, Dokumente zur deutschen Verfassungsgeschichte, Band I. Deutsche Verfassungsdokumente 1803-1850, S. 154.
[42] Simon, Die Unabhängigkeit des Richters, S. 3.

fassung Einzug gehalten[43]. Die Richterschaft befindet sich im Aufwind und wird vom liberalen Bürgertum als „Palladium der bürgerlichen Freiheit" gefeiert[44].

Das Verlangen nach persönlicher Unabhängigkeit, also nach Unabsetzbarkeit und Unversetzbarkeit der Richter, läuft mit der Entwicklung der sachlichen Unabhängigkeit parallel, ohne sachlich mit ihr verklammert zu sein. Es beruht primär auf der Theorie von der Inamovibilität, welche eine Differenzierung zwischen fürstlichem Privatdiener und Staatsdiener vornimmt[45]. Verknüpft werden die Ausprägungen richterlicher Unabhängigkeit, als sich der Liberalismus nach der Restauration mit neuem Elan die Durchsetzung der Unabhängigkeit zum Ziel macht. Nachdem man sachliche und persönliche Aspekte nunmehr als gleichwertige Komponenten der Unabhängigkeitsgarantie betrachtet, wird in der Folge der klassische Kernbestand richterlicher Unabhängigkeit in der bis heute geläufigen Weise auch theoretisch ausformuliert[46].

Zusammenfassend kann man sagen, dass richterliche Unabhängigkeit um die Mitte des 19. Jahrhunderts durch die Verbote der Kabinettsjustiz und von Machtsprüchen des Monarchen sowie mit dem Ausschluss einer Entlassung oder Versetzung des Richters im Verwaltungsweg allgemein anerkannt und weitgehend gesetzlich abgesichert war[47].

Doch kann alleine die Unabhängigkeitsgewähr keine Abkehr vom bestehenden Despotismus erreichen. Als Folge blühen in dieser Zeit neben der richterlichen Unabhängigkeit weitere existentielle staatstheoretische Grundzüge auf.

---

[43] BadVerf. von 1818, §§ 14, 15; WürttVerf. von 1819, § 93; HessVerf. von 1831, §§ 112, 114, 123; SächsVerf. von 1831, §§ 47, 48; allesamt in Huber, Dokumente zur deutschen Verfassungsgeschichte, Band I. Deutsche Verfassungsdokumente 1803-1850, S. 158, 181, 217, 218, 230; Die Unabhängigkeit der Richter ist auch in der Verfassung für das Königreich Bayern vom 26. Mai 1818 zu finden. § 3 in Abschnitt VIII bestimmt insofern, dass „die Gerichte innerhalb der Grenzen ihrer amtlichen Befugnis unabhängig" sind „und die Richter nur durch einen Rechtsspruch von ihren Stellen mit Verlust des damit verbundenen Gehaltes entlassen oder derselben ersetzt werden".

[44] Simon, Die Unabhängigkeit des Richters, S. 3.

[45] Simon, Die Unabhängigkeit des Richters, S. 3.

[46] Simon, Die Unabhängigkeit des Richters, S. 3, 4.

[47] Schaffer in BayVBl. 1991, S. 641, 644.

Der Vorrat an unabhängigkeitsverbürgenden Faktoren ist dabei schon bald klar definiert: selbständige Gerichte besetzt mit ihrerseits sachlich und persönlich unabhängigen Richtern, Bindung derselben an das Gesetz und Gewährleistung des gesetzlichen Richters sind die zu Garanten der bürgerlichen Freiheit erklärten Einrichtungen[48]. Der Gedanke der Rechtsstaatlichkeit beherrscht die staatstheoretische Diskussion und zielt vor dem Hintergrund der Zeit der Restauration auf Begrenzung staatlicher Macht durch Recht, um hierdurch die Freiheit des Einzelnen zu schützen[49].

Organisatorische Freiheit und Unabhängigkeit gegenüber Einflussnahmen der Legislative und insbesondere gegenüber dem Regenten und somit der Exekutive sollen dieser Zweckerreichung dienen[50]. Eine staatsfunktionale Betrachtungsweise, welche die Unabhängigkeit der rechtsprechenden Gewalt von den anderen Staatsgewalten nach staatsorganisatorischen Prinzipien beurteilt, hat sich indes noch nicht in aller Konsequenz durchgesetzt[51]. Schon wenig später sorgt nämlich die im Spätkonstitutionalismus vollzogene Aussöhnung des liberalen Bürgertums mit der Krone für eine Abkehr von dem zuvor beschrittenen Weg. Anstelle ihrer eingleisig offensiven Funktion wandelt sich die Unabhängigkeitsdoktrin in eine doppelt defensive Funktion, die „Bürger" sowohl gegen restaurative Tendenzen der Krone als auch gegen den Mitbesitz und Teilhabehunger des „vierten Standes" zu verteidigen[52].

4. Der Richter im Wilhelminismus und im Ersten Weltkrieg

Im Gegensatz zu den ersten 50 Jahren des 19. Jahrhunderts beschäftigen sich Literatur und politische Diskussion ab den 1850er Jahren kaum noch mit der richterlichen Unabhängigkeit[53]. Dabei hätte sich eine Auseinandersetzung mit

---

[48] Simon, Die Unabhängigkeit des Richters, S. 5, 6.
[49] Grzeszick in Maunz/Dürig, GG-Kommentar, Art. 20 VII, Rn. 3; Schmidt-Aßmann in Isensee/Kirchhof, Handbuch des Staatsrechts der BRD, § 26, Rn. 13; vgl. zur historischen Entwicklung des Rechtsstaatsprinzips im Einzelnen auf S. 69 ff.
[50] Simon, Die Unabhängigkeit des Richters, S. 6; siehe auch unten, S. 28 f.
[51] Zätzsch, Richterliche Unabhängigkeit und Richterwahl in den USA und Deutschland, S. 77.
[52] Vgl. insoweit Simon, Die Unabhängigkeit des Richters, S. 7.
[53] Simon, Die Unabhängigkeit des Richters, S. 41.

der Thematik, jedenfalls im Hinblick auf die richterliche Entscheidungspraxis, gelohnt. Sind es in den 1860er Jahren die Angehörigen der liberalen Fortschrittspartei, welche die Justiz als schlagkräftiges Instrument der Regierung zu spüren bekommen, so haben während des Kulturkampfes (1872 - 1886) die Angehörigen des Zentrums ausreichend Anlass, von einer gravierenden Parteilichkeit der Richter zu sprechen. Zudem erleben die Sozialdemokraten eine Klassenjustiz, welche mit der Epoche der Sozialistengesetzgebung (1878, 1880 - 1890) noch am Anfang ihrer Entwicklung steht.

Auch von Seiten der Richterschaft selbst verflüchtigt sich die Unabhängigkeitsdebatte im Anschluss an die ersten 50 lebhaften Jahre des 19. Jahrhunderts beinahe komplett. Bis auf wenige Stellungnahmen gibt es ab den 1850er Jahren so gut wie keine publizierten Klagen von Richtern über eine Beeinträchtigung ihrer Unabhängigkeit[54]. Dies könnte man positiv auffassen und als die Justiz zufrieden stellendes Ergebnis der Bemühungen in der ersten Hälfte des Saeculums deuten. Vergegenwärtigt man sich jedoch die Einstellungsvoraussetzungen zum Richteramt, so wird deutlich, dass der Grund für dieses beinahe apathische Verhalten an einer anderen Stelle gesucht werden muss: in der Gerichtsorganisation und insbesondere dem Rekrutierungsapparat zum Richteramt[55]. Wo nur linienkonforme, durch ein politisches und gesellschaftliches Raster gelangte Richter judizieren, dort kann man ihnen getrost Unabhängigkeit überlassen. Diese auszuüben wissen sie nicht und wollen sie nicht.

Simon beschreibt die Richterschaft zu dieser Zeit daher als eine Heimstätte, in der schwerlich „rebellische Charaktere" gesucht werden dürfen[56]. Gesetzlich garantierte Unabhängigkeiten wirken sich dadurch nicht auf die statusrechtliche Stellung des Richters aus[57].

---

[54] Simon, Die Unabhängigkeit des Richters, S. 42.

[55] Simon, Die Unabhängigkeit des Richters, S. 42; daneben leisten auch die aktuellen Außenbedingungen des Justizsystems, die eine öffentliche Diskussion der intern vorhandenen erheblichen Beschwerden zum richterlichen Status nicht zulassen, ihre Dienste.

[56] Simon, Die Unabhängigkeit des Richters, S. 42.

[57] Zätzsch, Richterliche Unabhängigkeit und Richterwahl in den USA und Deutschland, S. 78.

Eben beschriebener Selektionsprozess in der Richtergenese vollzieht sich indes hauptsächlich auf zwei Ebenen. Zunächst wirkt ein sozialer und gesellschaftlicher Filter, indem sichergestellt wird, dass nur finanzstarke Juristen die Richterlaufbahn einschlagen können. Unentgeltliches drei- bis vierjähriges Referendariat, (in Preußen bekommt man bis 1911 eine Zulassung hierzu nur, wenn man 7500 Mark hinterlegt und einen geregelten Lebensunterhalt, ca. 1500 Mark jährlich, nachweisen kann), danach bei erfolgreichem Assessorexamen etwa 5 Jahre Wartezeit auf eine Richterstelle, während der zusätzlich unentgeltlich oder zu einem Minimallohn - teilweise als Hilfsrichter - gearbeitet werden muss, sind unüberbrückbare Hürden für Unter- und Mittelschicht[58].

Auf einer zweiten Ebene wirkt dann ein politischer Korrekturmechanismus. Steht das Richteramt schon nur jenen offen, die ein gewisses Vermögen innehaben, so lässt sich eine dadurch noch nicht hinlänglich verbürgte Staatstreue durch jederzeitige Entfernbarkeit aus dem Vorbereitungsdienst bzw. aus dem mit keinerlei Unabhängigkeitsgarantie versehenen Hilfsrichteramt nachdrücklich fördern[59]. Wird ein Assessor auch hiernach noch als ungeeignet angesehen, so stellt die Regierung die Auswahl durch „Sitzenlassen" des Unerwünschten sicher[60]. Wer nach dieser Selektion übrig bleibt, ist ein Richtertyp, dessen Unabhängigkeitsbedürfnisse reduziert sind[61].

Droht mal ein Riss in dieses System zu kommen und flammt die Idee richterlicher Unabhängigkeit auch nur tendenziell auf, werden neue Manipulationstechniken eingesetzt. So auch, als 1879 der Grundsatz der Unverschiebbarkeit im Kollegialgericht, das heißt die Unwiderruflichkeit der Übertragung des Vorsitzes und die Befugnis der Gerichte, selbst über die Kammerzusammensetzung und Geschäftsverteilung zu bestimmen - §§ 61, 62 GVG - eingeführt wird. Zwar können Minister die Gerichtssenate nun nicht mehr nach Belieben zusammenstellen, doch bleibt ihnen immer noch die Möglichkeit, sich Richter durch die

---

[58] Simon, Die Unabhängigkeit des Richters, S. 42, 43.
[59] Simon, Die Unabhängigkeit des Richters, S. 43.
[60] Simon, Die Unabhängigkeit des Richters, S. 43.
[61] Simon, Die Unabhängigkeit des Richters, S. 44.

Androhung, sie bei Beförderungen zu übergehen, gefügig zu machen[62]. Das politische Bild des deutschen Richters ist daher bei weiten Teilen der Öffentlichkeit reduziert auf das eines stramm obrigkeitstreuen und illiberalen Monarchisten[63]. Zudem gelten ab den 1870er Jahren der preußische Offizier und der hohe Verwaltungsbeamte als gesellschaftliche Leitpersönlichkeiten. Der Richterstand verliert dadurch gegenüber der Zeit der Frankfurter Nationalversammlung stark an gesellschaftlichem und politischem Einfluss, was auch an neuen politischen Kräften, wie der Arbeiterschaft, liegt[64].

5. Der Richter in der Weimarer Republik

Wiederum verstärkt wird die Stellung der Rechtsprechung zumindest theoretisch in der Weimarer Zeit. Eine Staatsgerichtsbarkeit wird eingeführt, die Verwaltungsgerichtsbarkeit ausgebaut[65]. Die sachliche und persönliche Unabhängigkeit der Richter wird in der Weimarer Reichsverfassung vom 11. August 1919 in zwei selbständigen Artikeln garantiert. Während die sachliche Komponente dem Wortlaut der preußischen Verfassung von 1850 und § 1 GVG von 1879 folgend, verfassungsrechtlich in Art. 102 WRV manifestiert ist, gilt Art. 104 WRV hinsichtlich der persönlichen Unabhängigkeit, wenn auch lediglich für Richter der ordentlichen Gerichtsbarkeit[66]. Sogar ein Prüfungsrecht hinsichtlich der materiellen und formellen Verfassungsmäßigkeit von Gesetzen setzt sich ab etwa 1925 in der Rechtsprechung des Reichsgerichts durch, gleichwohl ohne in der WRV geregelt zu sein[67].

---

[62] Simon, Die Unabhängigkeit des Richters, S. 44; Gleichzeitig wird in § 1 GVG, der in dieser Fassung noch heute gilt, die sachliche Unabhängigkeit der Gerichte ausdrücklich festgeschrieben. § 8 GVG regelt daneben die persönliche Unabhängigkeit der Richter, wonach eine Amtsenthebung oder eine Versetzung an eine andere Stelle oder in den Ruhestand nur aus gesetzlichen Gründen und nur in den gesetzlich vorgeschriebenen Formen möglich ist.

[63] Ormond, Richterwürde und Regierungstreue, S. 2.

[64] Schaffer in BayVBl. 1991, S. 641, 645.

[65] Zätzsch, Richterliche Unabhängigkeit und Richterwahl in den USA und Deutschland, S. 79.

[66] Vgl. Art. 104 Abs. 1 WRV.

[67] RGZ 111, S. 320, 322 ff.; über ein solches Prüfungsrecht verfügt der U.S. Supreme Court zu diesem Zeitpunkt schon seit über einem Jahrhundert.

Trotz dieser Maßnahmen entsteht kein selbstbewusstes, aus obrigkeitlichem Denken heraus gelöstes, ausschließlich der Idee der Demokratie verpflichtetes Richtertum[68]. Fast alle Richter stammen noch aus der obrigkeitsstaatlich-wilhelminischen Zeit, treten für nationale, antiliberale Anschauungen ein und haben gegenüber der Weimarer Republik erhebliche Vorbehalte. Dies macht sich in ihrer als Boykott der Demokratie bezeichneten Rechtsprechung derart bemerkbar, dass die geltend gemachte „Einzelfallentgleisungsapologie" als ideologisch beschränkte Schönfärberei erscheinen muss[69]. Es entwickelt sich eine tiefe Vertrauenskrise des Volkes gegenüber der Justiz, in deren Gefolge die Tragweite und Bedeutung richterlicher Unabhängigkeit zum ersten Mal, seit sie dem Absolutismus abgetrotzt worden ist, nun auch theoretisch wieder in Frage gestellt wird[70]. Erst die Weltwirtschaftskrise 1929 kann von diesen Problemen der Justiz wieder weitläufig ablenken.

Insgesamt vermag die Weimarer Reichsverfassung letztlich nicht ein Richtertum zu schaffen, das sich ganz von der Obrigkeit lösen kann[71]. Richter sind dem Grundsatz nach weiterhin Beamte und die Justiz ist formell noch nicht als eine von Exekutive und Legislative getrennte, eigenständige und gleichberechtigte Gewalt erwähnt, sondern existiert lediglich als dritte Staatsfunktion[72].

6. Der Richter im Nationalsozialismus

Im Dritten Reich kommt es in kurzer Zeit zu einer völligen Beseitigung der richterlichen Unabhängigkeit. Ausgangspunkt hierfür ist das Grundprinzip des nationalsozialistischen Staates, die Machtkonzentration[73]. An die Stelle der Gewaltenteilung tritt die Einheit der Staatsgewalt. Der Führer wird zugleich oberster

---

[68] Schaffer in BayVBl. 1991, S. 641, 645.
[69] Simon, Die Unabhängigkeit des Richters, S. 49, 50, 51.
[70] Simon, Die Unabhängigkeit des Richters, S. 51.
[71] Kissel, GVG- Kommentar, § 1, Rn. 21.
[72] Stern, Das Staatsrecht der BRD, Bd. II, § 33 I 2 (S. 377).
[73] Zätzsch, Richterliche Unabhängigkeit und Richterwahl in den USA und Deutschland, S. 80.

Richter und höhlt die Unabhängigkeitsgarantie als in einem totalitären Staat sinnlose Verbürgung immer weiter aus[74].

Zudem erleichtert die positivistische Einstellung der Richter zum Gesetz sowie die instabile gesellschaftliche und staatliche Situation den nationalsozialistischen Machthabern, den Rechtsstaat und mit ihm die richterliche Unabhängigkeit Schritt für Schritt abzubauen[75]. So bestimmt das Gesetz zur Wiederherstellung des Berufsbeamtentums vom 07. April 1933 in den dortigen § 3 Abs. 1 und § 4, dass Richter aus rassistischen oder politischen Motiven aus dem Dienst entlassen oder in den Ruhestand versetzt werden können. Die persönliche Unabhängigkeit der Richter ist durch diese Normen de facto aufgehoben. Geltendes Recht und der Wille des Führers werden gleichgesetzt, Lenkungsmaßnahmen wie die Richterschulung und Richterbriefe sind Alltag[76]. Auch eine sachlich unabhängige Entscheidung wird dadurch unmöglich.

Endgültig ausgelöscht werden die Überbleibsel richterlicher Unabhängigkeit durch den Reichstagsbeschluss vom 26. April 1942, in dem Hitler sich dazu ermächtigen lässt, Richter ohne Rücksicht auf wohlerworbene Rechte und ohne jegliches Verfahren aus dem Amt zu entfernen[77]. Der Richter ist wieder ein unmündiger und abhängiger Staatsdiener. Damit gelingt es in nur gut einem Jahrzehnt, 200 Jahre Kampf um Unabhängigkeit zu zerstören und die Richterschaft zurück in das Zeitalter des Absolutismus zu befördern.

7. Der Richter in den Herrenchiemseeer Entwürfen und im GG

Nach Ende des Zweiten Weltkrieges am 08. Mai 1945 und der Teilung Deutschlands in vier Besatzungszonen dauert es mehr als drei Jahre, bis die westlichen Besatzungsmächte U.S.A., Frankreich und Großbritannien am 1. Juli 1948 den Ministerpräsidenten der westdeutschen Länder den Auftrag geben, eine ver-

---

[74] Vgl. Wagner, Die Umgestaltung der Gerichtsverfassung und des Verfahrens- und Richterrechts im nationalsozialistischen Staat, S. 205; Simon, Die Unabhängigkeit des Richters, S. 54.

[75] Schaffer in BayVBl. 1991, S. 641, 645.

[76] Simon, Die Unabhängigkeit des Richters, S. 55.

[77] Zätzsch, Richterliche Unabhängigkeit und Richterwahl in den USA und Deutschland, S. 80.

fassungsgebende Versammlung einzuberufen und über diese eine demokratische Verfassung auszuarbeiten[78]. Damit eröffnet sich auch die Möglichkeit, das Prinzip richterlicher Unabhängigkeit infolge der verheerenden Erfahrungen in der Zeit des NS-Regimes von Grund auf neu zu gestalten.

In der Praxis erweist sich ein solches Denken indes schon bald als nicht umsetzbar. *Simon* äußert sich hierzu folgendermaßen:

„Für die verstörten Zeitgenossen bestand weder Gelegenheit noch Veranlassung, den Komplex „richterliche Unabhängigkeit" von Grund auf neu zu durchdenken"[79].

Dies bestätigt der Herrenchiemseeer Verfassungskonvent, ein Sachverständigenausschuss für Verfassungsfragen, dem die Ausarbeitung des Verfassungsentwurfs für die spätere BRD obliegt. In Art. 132 des Entwurfes heißt es: die Richter sind unabhängig und nur dem Gesetz und ihrem Gewissen unterworfen[80]. Insbesondere dieser, die sachliche Unabhängigkeit regelnde Normtext, stößt auf erhebliche Bedenken und wird von Beginn an scharf kritisiert. Eine Unterwerfung unter das Gewissen, also unter ungeschriebenes Recht, dürfe auf keinen Fall erfolgen, da hierdurch der Anschein erweckt werde, als ob das Gewissen des Richters eine dem Gesetz gleich- oder übergeordnete Rechtsquelle darstelle; vielmehr müsse der Richter, der ein Gesetz mit seinem Gewissen nicht vereinbaren könne, dem Gesetz weichen und aus seinem Amt ausscheiden, niemals aber dürfe das Gesetz dem Gewissen des Richters weichen[81].

Auch Art. 133 HChE, der unterschiedslos allen Richtern und damit auch Schöffen und Geschworenen persönliche Unabhängigkeit zuweist, stößt auf Ablehnung[82]. So bedarf es im Anschluss an den Herrenchiemseeer Entwurf aufgrund der monierten Formulierungen noch mehrerer Lesungen und inhaltlicher Ver-

---

78 Kröger in NJW 1989, S. 1318, 1319.
79 Simon, Die Unabhängigkeit des Richters, S. 55.
80 Abgedruckt in Umbach/Clemens, Mitarbeiterkommentar GG, Art. 97, Rn. 4.
81 Bernsdorff in Umbach/Clemens, Mitarbeiterkommentar GG, Art. 97, Rn. 5.
82 Bernsdorff in Umbach/Clemens, Mitarbeiterkommentar GG, Art. 97, Rn. 5.

änderungen durch den Parlamentarischen Rat, in denen bezüglich der sachlichen Unabhängigkeit der Zusatz „ihrem Gewissen unterworfen“ zwar gestrichen wird, Änderungen hinsichtlich der persönlichen Unabhängigkeit jedoch kaum Anklang finden. Erst in der 58. Sitzung des zuständigen Ausschusses steht am 6. Mai 1949 der Wortlaut des heutigen Art. 97 GG endgültig fest[83]. Letztlich entspricht die Regelung der sachlichen Unabhängigkeit exakt dem Wortlaut des Art. 102 WRV, während die persönliche richterliche Unabhängigkeit weitergehend als Art. 104 WRV nun die Unabsetzbarkeit und Unversetzbarkeit über die ordentlichen Gerichte hinaus auf alle hauptamtlich und planmäßig endgültig angestellten Richter ausdehnt.

III. Zusammenfassung

Der Kampf um die richterliche Unabhängigkeit ist der Kampf um eine der Grundlagen modernen rechtsstaatlichen Denkens[84]. Vom Absolutismus über das Zeitalter der Aufklärung bis hin zum demokratischen Rechtsstaat im 20. Jahrhundert ist die Unabhängigkeit der Richter nie unumstritten. Sie erfährt vermehrt Zustimmung, aber auch starken Gegenwind. Richterliche Unabhängigkeit ist historisch betrachtet ein äußerst sensibles Gebilde. Sie ist stets den verschiedensten Interessen und Einflüssen diverser gesellschaftlicher und politischer Gruppierungen ausgesetzt, um, wie es gerade beliebt, eigene Macht zu erhalten, zu schützen und zu stärken.

Existiert die Unabhängigkeitsgarantie im absolutistischen Staat noch überhaupt nicht, so korrespondiert der im 18. Jahrhundert aufflammende Ruf Montesquieus nach Gewaltenteilung mit ersten Gedanken einer Stärkung der Justiz gegenüber dem Monarchen. Dies manifestiert sich in dem Verbot von Machtsprüchen des Landesherrn, das die immer selbstbewusstere Justiz und das dominante Bürgertum im späten 18. und frühen 19. Jahrhundert weitreichend

---

[83] Bernsdorff in Umbach/Clemens, Mitarbeiterkommentar GG, Art. 97, Rn. 8.
[84] Conrad, Richter und Gesetz im Übergang vom Absolutismus zum Verfassungsstaat, S. 33.

durchzusetzen vermögen. Restaurative Tendenzen und eine interessengesteuerte Personalpolitik in der zweiten Hälfte des Saeculums sorgen ab 1850 wieder für eine uniform im Sinne der Machthaber handelnde Justiz. Das Image des Richters als das eines stramm obrigkeitstreuen und illiberalen Monarchisten kann die Richterschaft in der Folge trotz einer Stärkung der Unabhängigkeit in der WRV selbst in der Weimarer Republik überwiegend nicht ablegen.

Endgültig am Ausgangspunkt befinden sich die Bemühungen um richterliche Unabhängigkeit alsbald zur Zeit der NS-Diktatur, in der die Justiz als Instrument missbraucht wird, um politisch Andersdenkende zu unterdrücken oder gar auszuschalten und Richter zu abhängigen Beamten degradiert werden. Gerade an der Entartung des Rechts in der NS-Zeit lässt sich auch feststellen, dass juristisches Handwerkszeug nicht davor bewahrt, dass richterliche Entscheidungen und Freiräume durch menschenverachtende Ideologien determiniert werden[85]. Erst mit Schaffung des Art. 97 GG wird das Prinzip richterlicher Unabhängigkeit wieder einem rechtsstaatlichen, demokratischen Fundament zugeführt.

Letztlich kann die Unabhängigkeitsgewähr heute nur existieren, weil sie alle Wandlungen der Justizgeschichte in erstaunlicher Flexibilität mitgemacht hat[86]. Gerade jene Wandlungen gilt es auch heute noch zu meistern. Die Geschichte zeigt, dass die richterliche Unabhängigkeit ein Prinzip ist, das stetigen Änderungen unterliegt und sich gegen verschiedenste Einflüsse immer behaupten muss.

---

85 Limbach in NJ 1995, S. 281, 283.

86 In diesem Sinne auch Simon, Die Unabhängigkeit des Richters, S. 7.

C. RICHTERLICHE UNABHÄNGIGKEIT: VERFASSUNGSRECHTLICHER UMFANG

I. Richterliche Unabhängigkeit im Grundgesetz

1. Einführung in die richterliche Unabhängigkeit

Das Prinzip richterlicher Unabhängigkeit gilt als zentrale Voraussetzung einer rechtsstaatlichen Rechtsprechung[87]. Es stellt durch seine Verzahnung und Wechselwirkung mit verschiedenen fundamentalen Regelungen staatlicher Machtausübung einen wesentlichen und unverzichtbaren Bestandteil der verfassungsrechtlichen Ordnung dar[88].

a. Ausgangspunkt der Darstellung

Verfassungsrechtlich explizit normiert ist die Unabhängigkeitsgarantie in Art. 97 GG, wie schon dessen Überschrift „Unabhängigkeit der Richter" zu entnehmen ist. Art. 97 Abs. 1 GG besagt:

„Die Richter sind unabhängig und nur dem Gesetz unterworfen".

Mit diesem kurzen Satz sind entscheidende, Rechtsprechung und Richteramt prägende Prinzipien genannt, die eine lange geschichtliche Tradition besitzen[89]. Allerdings kann der pauschalen Formulierung des Art. 97 Abs. 1 GG nicht entnommen werden, wie weit richterliche Unabhängigkeit überhaupt reicht und welche Verhaltensweisen sie schützt. Eine explizite Definition des Umfanges

---

[87] Classen in v. Mangoldt/Klein/Starck, Bonner GG-Kommentar, Art. 97, Rn. 1.
[88] BVerfGE 2, S. 307, 320; Leibholz/Rinck/Hesselberger/Burghart, Rspr. des BVerfG, Art. 97, Rz. 1; Bernsdorff in Umbach/Clemens, Mitarbeiterkommentar GG, Art. 97, Rn. 10; Detterbeck in Sachs, GG-Kommentar, Art. 97, Rn. 1.
[89] Vgl. zur historischen Entwicklung richterlicher Unabhängigkeit oben, S. 6 ff.

richterlicher Unabhängigkeit sucht man auch in den weiteren Vorschriften des Grundgesetzes vergebens. Weder im Deutschen Richtergesetz noch in anderen Gesetzen findet sich eine Begriffsbestimmung der richterlichen Unabhängigkeit. Die Zurückhaltung des Gesetzgebers bei der Normierung der Unabhängigkeitsgarantie ändert jedoch nichts an der objektiven Notwendigkeit, deren Inhalt festlegen zu müssen[90]; denn ungerechtfertigte staatliche Eingriffe oder sonstige potentiell manipulierende Einflussnahmen auf richterliches Entscheidungsverhalten können nur nachgewiesen werden, wenn der „Schutzbereich" der Unabhängigkeitsgarantie definiert ist. Überdies ist ihre Inhaltsbestimmung im Hinblick auf die nachfolgende verfassungsrechtliche Legitimation richterlicher Unabhängigkeit essentiell, denn nur wenn ihr Gewährleistungsbereich hinreichend dokumentiert ist, lassen sich Zwecke und Grenzen der Unabhängigkeitsgewähr umfassend formulieren.

Vorzugehen sein wird anhand einer strukturierten Herleitung des Gewährleistungsbereiches richterlicher Unabhängigkeit, in dessen Folge sich berechtigte von unberechtigten Eingriffen in die rechtsprechende Tätigkeit separieren lassen. Der Inhalt richterlicher Unabhängigkeit muss dabei aus seiner Bedeutung einerseits für das Zusammenwirken der staatlichen Organe, andererseits für die Durchsetzung des Rechts im gerichtlichen Verfahren erschlossen werden[91]. In diesem Abschnitt gilt es daher unter Berücksichtigung aller relevanten verfassungsrechtlichen Normen und unter Einbeziehung von Präjudizien, den „Schutzbereich" richterlicher Unabhängigkeit zu skizzieren, ohne die Einbettung in das Gesamtgefüge des Grundgesetzes aus dem Auge zu verlieren.

b. Systematisierung und Grundlegendes

Eine Untersuchung richterlicher Unabhängigkeit kann zuvörderst nicht auf Art. 20 GG als zentrale Bestimmung im Verfassungsrecht der BRD verzichten. So verortet auch das Bundesverfassungsgericht die „Unabhängigkeit der Gerichte"

---

[90] So auch Schütz, Der ökonomisierte Richter, S. 189.
[91] BGH NJW 1978, S. 1425.

in einer Zusammenschau der Art. 20 Abs. 2 und 3, 92, 97 GG[92]. Ausgangspunkt ist damit Art. 20 Abs. 2 GG, der normiert:

„Alle Staatsgewalt geht vom Volke aus. Sie wird vom Volke in Wahlen und Abstimmungen und durch besondere Organe der Gesetzgebung, der vollziehenden Gewalt und der Rechtsprechung ausgeübt".

Diese verfassungsrechtlich vorausgesetzten besonderen Organe der Rechtsprechung sind die Richter: Art. 92 1. Hs. GG bestimmt hierzu, dass die rechtsprechende „Gewalt" den Richtern anvertraut ist und dass sie durch das Bundesverfassungsgericht, durch die im Grundgesetz vorgesehenen Bundesgerichte und durch die Gerichte der Länder ausgeübt wird, Art. 92 2. Hs. GG. Konkretisiert wird Art. 92 1. Hs. GG durch Art. 97 GG, der sich zur sachlichen und persönlichen Unabhängigkeit der Richter verhält; er stellt über Art. 92 GG als Grundnorm zur Rechtsprechung eine Teilkonkretisierung des in Art. 20 Abs. 2 S. 2 GG enthaltenen Gewaltenteilungsprinzips im Hinblick auf die Dritte Gewalt dar[93]. Explizit bestimmt Art. 97 Abs. 1 GG, dass Richter unabhängig und nur dem Gesetz unterworfen sind. Das Gesetz ist dann prinzipiell der einzige Bestimmungsfaktor des „Recht" sprechenden Richters[94], wobei dieses Postulat keine Ausnahme kennt und für jeden Richter zwingend ist[95].

Gleichwohl ist der Richter kein Subsumtionsautomat, mit den Worten Montesquieus gesprochen kein „bouche qui prononce les paroles de la loi", also kein Mund, der bloß den Gesetzestext wiedergibt[96]. Gesetzesbindung meint damit nicht Bindung an die Buchstaben einer Norm oder den Zwang der wörtlichen Auslegung, sondern vielmehr die Bindung an Systematik sowie Sinn

---

[92] BVerfGE 60, S. 253, 296.
[93] Bernsdorff in Umbach/Clemens, Mitarbeiterkommentar GG, Art. 97, Rn. 10; Detterbeck in Sachs, GG-Kommentar, Art. 97, Rn. 1; Herzog in Maunz/Dürig, GG-Kommentar, Art. 97, Rn. 2.
[94] Ergänzt um ein Korrektiv durch das „Recht" im Sinne des Art. 20 Abs. 3 GG, für den Fall, dass die „lex" nicht „ius" ist; siehe ausführlich hierzu S. 105, 120 f.
[95] Stern, Das Staatsrecht der BRD, Bd. II, § 43 II 4 (S. 912).
[96] BVerfGE NJW 1973, S. 1221, 1225; Sommermann in v. Mangoldt/Klein/Starck, Bonner GG-Kommentar, Art. 20, Rn. 286; Montesquieu, Vom Geist der Gesetze, S. 225; umfassend Ogorek, Richterkönig oder Subsumtionsautomat? Zur Justiztheorie im 19. Jahrhundert, 1986.

und Zweck, die zugleich die Grenze der verfassungskonformen Auslegung eines Gesetzes darstellen[97]. Daher wird auch das „Recht“, das der unabhängige Richter „sprechen“ soll, im demokratischen System des Grundgesetzes ganz überwiegend vom Gesetzgeber, also von dem vom Volk gewählten Parlament in Form von „Gesetzen“ geschaffen. Nur deswegen ergehen Urteile „im Namen des Volkes“ und nicht „im Namen des Rechts“[98].

c. Bedeutung und Rechtscharakter

Richterliche Unabhängigkeit wird dem Richter gewährt, um eine gerechte, von sachfremden Einflüssen freie Rechtsprechung im Interesse der Allgemeinheit zu ermöglichen[99]. Sie ist nicht mehr und nicht weniger als das Korrelat zu seiner ausschließlichen Unterworfenheit unter das Recht, soweit er rechtsprechende Tätigkeit ausübt und dient letztlich einer an der Gerechtigkeit orientierten, unparteiischen und objektiven richterlichen Spruchtätigkeit[100]. Richterliche Unabhängigkeit ist dann weder Standesprivileg noch Selbstzweck, sondern vielmehr ein Privileg, das Recht zu schützen und es durchzusetzen.

Gleichwohl ist die Unabhängigkeitsgarantie kein Individualgrundrecht und kann folglich auch nicht Gegenstand einer Verfassungsbeschwerde sein[101]. Sie gehört aber zu den hergebrachten Grundsätzen des Berufsbeamtentums nach Art. 33 Abs. 5 GG, das seinerseits ein grundrechtsgleiches Recht verleiht[102]. Insofern können Richter bei potentiell ungerechtfertigten Eingriffen in ihre Unabhängigkeit Rechtsschutz durch Einlegung einer Verfassungsbeschwerde bezüglich einer Verletzung in ihren subjektiven Rechten aus Art. 33 Abs. 5 GG begehren.

---

97 BVerfGE NJW 2004, S. 2662; BVerfGE NJW 1973, S. 1491, 1494; Bernsdorff in Umbach/Clemens, Mitarbeiterkommentar GG, Art. 97, Rn. 24; vgl. auch unten, S. 102 f.
98 Classen in v. Mangoldt/Klein/Starck, Bonner GG-Kommentar, Art. 97, Rn. 6.
99 Papier in NJW 2001, S. 1089, 1090; Limbach in NJ 1995, S. 281, 282.
100 Siebert, Die Auswahl der Richter am Gerichtshof der Europäischen Gemeinschaften, S. 79; Geiger in FS Schäfer, S. 79, 85.
101 Ständige Rechtsprechung, vgl. etwa: BGH NJW 2002, S. 359, 360; BVerwGE NJW 1988, S. 1748, 1749; BVerfGE NJW 1970, S. 505, 506.
102 Vgl. BVerfGE NJW 1996, S. 2149, 2150; BVerfGE NJW 1969, S. 1806, 1808; Classen in v. Mangoldt/Klein/Starck, Bonner GG-Kommentar, Art. 97, Rn. 6.

Weil Art. 97 GG notwendige Folgerungen aus den Geboten des Art. 20 Abs. 2 und 3 GG sowie des Art. 92 GG ausspricht, ist sein Inhalt überdies gemäß Art. 79 Abs. 3 GG einer Verfassungsänderung insoweit entzogen, als dass die sachliche Unabhängigkeit sowie das Vorhandensein eines Mindestmaßes persönlicher Unabhängigkeit vorgeschrieben wird[103].

Im Übrigen ist die richterliche Unabhängigkeit eine notwendige Voraussetzung für die Verwirklichung des Justizgewährungsanspruchs[104] und verpflichtet den Gesetzgeber insoweit, bestimmte normative Vorkehrungen für eine möglichst effektive Entfaltung der richterlichen Unabhängigkeit zu schaffen[105].

2. Sachliche Unabhängigkeit der Richter

a. Anwendungsbereich der sachlichen Unabhängigkeit

Die Unabhängigkeitsgarantie erfasst in sachlicher Hinsicht alle Personen, die rechtsprechende Gewalt im Sinne von Art. 92 GG ausüben, also Berufs- und Laienrichter, haupt-, neben- und ehrenamtliche Richter, Richter auf Lebenszeit und Richter kraft Auftrags oder auf Probe[106]. Daher besitzt die Unabhängigkeit einen sich aus der richterlichen Tätigkeit ergebenden funktionsbezogenen Charakter[107]. Dies hat zur Folge, dass eine Berufung des Richters auf seine Unabhängigkeit nur möglich ist, wenn er in seiner spezifischen Eigenschaft tätig wird.

---

[103] Meyer in v. Münch/Kunig, GG-Kommentar, Art. 97, Rn. 6; Bernsdorff in Umbach/Clemens, Mitarbeiterkommentar GG, Art. 97, Rn. 11; Hillgruber in Maunz/Dürig, GG-Kommentar, Art. 97, Rn. 2; Detterbeck in Sachs, GG-Kommentar, Art. 97, Rn. 2.

[104] Bernsdorff in Umbach/Clemens, Mitarbeiterkommentar GG, Art. 97, Rn. 10; ferner Pieroth in Jarass/Pieroth, Kommentar zum GG für die BRD, Art. 97, Rn. 1; Detterbeck in Sachs, GG-Kommentar, Art. 97, Rn. 1; Kramer in ZZP (114) 2001, S. 267, 301; Papier in NJW 2001, S. 1089, 1091; Papier in NJW 1990, S. 8, 9; vgl. im Einzelnen auch auf S. 108 ff.

[105] Detterbeck in Sachs, GG-Kommentar, Art. 97, Rn. 2 m.w.N.

[106] BVerfGE NJW 1996, S. 2149, 2150; Pieroth in Jarass/Pieroth, Kommentar zum GG für die BRD, Art. 97, Rn. 2a; Meyer in v. Münch/Kunig, GG-Kommentar, Art. 97, Rn. 7; zum Richterbegriff etwa Herzog in Maunz/Dürig, GG-Kommentar, Art. 97, Rn. 6, 7.

[107] Classen in v. Mangoldt/Klein/Starck, Bonner GG-Kommentar, Art. 97, Rn. 3 m.w.N.

b. Kategorisierung der Elemente sachlicher Unabhängigkeit

Prinzipiell richtete sich die Unabhängigkeitsgarantie - wie bereits dargelegt - von Anfang an gegen alle Arten von Fremdeinwirkung, schloss aber nicht jede Bindung aus[108]. Der Vergleich mit der Freiheit des Individuums und seiner Eingebundenheit in die Rechtsordnung ist insoweit berechtigt[109]. Aufgrund der Eigenschaft von richterlicher Unabhängigkeit als Teilkonkretisierung des Gewaltentrennungsaspektes des Gewaltenteilungsprinzips dürfen aber keinerlei Mäßigungs- oder Kontrollmechanismen die Ausschließlichkeit der inhaltlichen Ausübung von rechtsprechender Gewalt durch Richter antasten[110]. Konkret sind es indes drei Kräfte, die die Unabhängigkeit des Richters bedrohen: Staatsorgane, Prozessbeteiligte und gesellschaftliche Gruppierungen.

Richterliche Unabhängigkeit bedeutet daher zuvörderst Staats-, Partei- und Gesellschaftsunabhängigkeit[111]. Diese Teilausprägungen erfahren ihre Existenzberechtigung daraus, dass einer unabhängigen Justiz stets Beschränkungen von Prozessparteien, Trägern öffentlicher Gewalt, von gesellschaftlichen Mächten und insbesondere von politischen Parteien sowie der Presse drohen und diese Einflüsse zur Sicherung der unabhängigen Position des Richters ausgeblendet werden müssen.

Um die genauen Inhalte des Schutzes richterlicher Unabhängigkeit vor eben solchen Einflüssen konturieren zu können, wird im Folgenden detailliert auf die drei oben aufgezeigten Aspekte einzugehen sein.

---

[108] Vgl. schon oben, S. 10 f.

[109] Zutreffend etwa Stern, Das Staatsrecht der BRD, Bd. II, § 43 II 4 (S. 909).

[110] BVerfGE NJW 2001, S. 1048, 1052; Detterbeck in Sachs, GG-Kommentar, Art. 97, Rn. 1; Bernsdorff in Umbach/Clemens, Mitarbeiterkommentar GG, Art. 97, Rn. 10; ebenso Geiger in FS Schäfer, S. 79, 82; im Einzelnen auch unten, S. 56 ff.

[111] Bernsdorff in Umbach/Clemens, Mitarbeiterkommentar GG, Art. 97, Rn. 11; Stern, Das Staatsrecht der BRD, Bd. II, § 43 II 4 (S. 909); ähnlich auch Meyer in v. Münch/Kunig, GG-Kommentar, Art. 97, Rn. 11, der die richterliche Neutralität im Streit von Parteien um staatlich gesetztes Recht als sekundär bezeichnet.

aa. Staatsunabhängigkeit

Unabhängigkeit gegenüber staatlichen Einwirkungen bedeutet eine strikte Trennung der rechtsprechenden Organe von der Legislative und der Exekutive. Dabei wird die organisatorische Trennung der Gerichte von den anderen Staatsgewalten nicht explizit im IX. Abschnitt des Grundgesetzes erwähnt. Sie ist jedoch unter Rückgriff auf das in Art. 20 Abs. 2 S. 2 GG verankerte Gewaltenteilungsprinzip allgemein anerkannt[112]. Neben dem hiermit gebotenen Schutz vor der Ersten und Zweiten Gewalt gilt es die Rechtsprechung aber auch vor sachfremden Einflüssen durch Judikativorgane selbst zu bewahren.

aaa. Unabhängigkeit gegenüber der Exekutive

Das zentrale Element richterlicher Unabhängigkeit ist dort angesprochen, wo es um die Unabhängigkeit der Gerichte gegenüber Direktiven der Exekutive geht. So war die Unabhängigkeit von exekutivischen Weisungen ursprünglich gar alleine gemeint, wenn von der Unabhängigkeit der Richter gesprochen wurde[113].

Man wird deshalb auch nicht fehlgehen, wenn man annimmt, dass die erste Fallvariante des Art. 97 Abs. 1 GG überwiegend gerade einen hierauf bezogenen Schutz im Auge hat[114]. Inhaltlich verfolgt sie den Schutz gegenüber einem weiten Raum möglicher sachfremder Eingriffe der Exekutive. Keinem Richter soll die Freiheit zu selbständigen und eigenverantwortlichen Entscheidungen unter ausschließlicher Bindung an Gesetz (und Recht), wie sie sich aus Art. 20 Abs. 3 GG und Art. 97 Abs. 1 GG ergibt, verwehrt sein. Daher sind Richter im Kernbereich ihrer richterlichen Tätigkeit insbesondere nicht an Weisungen von Exekutivorganen gebunden[115].

---

[112] Classen in v. Mangoldt/Klein/Starck, Bonner GG-Kommentar, Art. 97, Rn. 47; Herzog in Maunz/Dürig, GG-Kommentar, Art. 97, Rn. 10.
[113] Insoweit belegt durch die Historie, vgl. S. 6 ff.
[114] Herzog in Maunz/Dürig, GG-Kommentar, Art. 97, Rn. 23.
[115] BVerfGE NJW 2008, S. 2568 f.; BVerfGE DtZ 1993, S. 20, 21; BVerfGE NJW 1954, S. 30, 31.

Im Einzelnen umfasst die Unabhängigkeit gegenüber der Exekutive die Unzulässigkeit von Einzelweisungen, von Verwaltungsvorschriften und sonstiger vermeidbarer Einflussnahme durch die zweite Gewalt, bezogen auf die rechtsprechende Tätigkeit[116]. Der Schutz erstreckt sich aber nicht nur auf den Entscheidungsausspruch selbst. Erfasst werden auch die verfahrensleitenden und verfahrensbegleitenden Anordnungen, wie Terminanberaumung, Fristsetzung, sitzungspolizeiliche Maßnahmen, Beweiserhebung und Geschäftsverteilung[117], daneben aber ebenso die Kalkulation des benötigten Zeitaufwandes pro Fall[118].

Nehmen Richter hingegen funktionelle Aufgaben der Exekutive wahr - insbesondere solche der Justizverwaltung - unterfallen diese nicht Art. 97 Abs. 1 GG[119]. Soll der eben dokumentierte Bereich der Weisungsfreiheit letztlich effektive Geltung entfalten, muss sowohl organisatorisch als auch personell eine klare Trennung zwischen Richteramt und vollziehender Gewalt bestehen[120]. Dieses Erfordernis wird durch die Inkompatibilitätsregelungen in Art. 137 GG und § 4 DRiG verdeutlicht.

bbb. Unabhängigkeit gegenüber der Legislative

Die Bindung der Rechtsprechung an Gesetz (und Recht) ist verfassungsrechtlich in Art. 20 Abs. 3 GG und Art. 97 Abs. 1 GG manifestiert. Gesetzesbindung meint dabei - wie schon festgestellt - nicht die Bindung an die Buchstaben einer Norm oder den Zwang der wörtlichen Auslegung, sondern die Bindung an Systematik sowie Sinn und Zweck, die zugleich die Grenze der verfassungskonformen Aus-

---

[116] Vgl. BVerfGE NJW 1974, S. 1940, 1944; BVerfGE NJW 1962, S. 1611; BVerfGE NJW 1961, S. 915; Pieroth in Jarass/Pieroth, Kommentar zum GG für die BRD, Art. 97, Rn. 3; Bernsdorff in Umbach/Clemens, Mitarbeiterkommentar GG, Art. 97, Rn. 14 m.w.N.
[117] Detterbeck in Sachs, GG-Kommentar, Art. 97, Rn. 13 m.w.N.; Bernsdorff in Umbach/ Clemens, Mitarbeiterkommentar GG, Art. 97, Rn. 14 m.w.N.
[118] Vgl. etwa Schulte-Kellinghaus in ZRP 2006, S. 169, 170; Hochschild/Schulte-Kellinghaus in DRiZ 2003, S. 413, 414 ff.; Papier in NJW 2001, S. 1089, 1094; in diesem Sinne auch Sodan in NJW 2003, S. 1494, 1495.
[119] Detterbeck in Sachs, GG-Kommentar, Art. 97, Rn. 11a.
[120] Stern, Das Staatsrecht der BRD, Bd. II, § 43 II 4 (S. 909).

legung eines Gesetzes darstellen[121]. Die Gesetzesbindung kann folglich selbst nicht Gegenstand der richterlichen Unabhängigkeit sein.

Vielmehr äußert sich die Unabhängigkeit des Richters von der Legislative darin, dass es dem Gesetzgeber untersagt ist, unmittelbaren Einfluss auf die Entscheidung konkreter Fälle in laufenden Verfahren zu nehmen[122]. Dies gilt sowohl für Maßnahmen informeller Art als auch für schlichte Parlamentsbeschlüsse oder Einzelfallgesetze[123].

ccc. Unabhängigkeit gegenüber der Judikative selbst

Staatsunabhängigkeit umfasst nicht nur die Unabhängigkeit der Richter gegenüber Akten der Exekutive und Legislative, sondern auch gegenüber bestimmten Einflüssen durch die Judikative selbst. Diese rechtsprechungsinterne Ausprägung der Unabhängigkeitsgarantie hat insbesondere zur Folge, dass Richter von den Rechtsauffassungen übergeordneter Gerichte abweichen können und ihre bisherige Rechtsprechung ändern oder aufgeben dürfen[124]. In Fortführung dieser Wertung sind Einzelrichter gegen eigenmächtige Änderungen ihrer Entscheidungen durch den Kammervorsitzenden geschützt und können ihre eigene Rechtsauffassung vertreten[125]. Auch Art. 3 Abs. 1 GG verlangt nicht, dass eine einmal höchstrichterlich entschiedene Frage nicht mehr anders entschieden werden darf, da sonst jegliche Rechtsentwicklung und Rechtsfortbildung ausge-

---

[121] BVerfGE NJW 2004, S. 2662; BVerfGE NJW 1973, S. 1491, 1494; Bernsdorff in Umbach/Clemens, Mitarbeiterkommentar GG, Art. 97, Rn. 24.

[122] Zur grundsätzlichen Unabhängigkeit gegenüber der Legislative etwa BVerfGE NJW 1974, S. 1940, 1944; BVerfGE NJW 1961, S. 665; im Einzelnen vgl. Herzog in Maunz/Dürig, GG-Kommentar, Art. 97, Rn. 22; Detterbeck in Sachs, GG-Kommentar, Art. 97, Rn. 12.

[123] Detterbeck in Sachs, GG-Kommentar, Art. 97, Rn. 12.

[124] BVerfGE NJW 1998, S. 3033, 3037; BVerfGE NJW 1993, S. 996; Pieroth in Jarass/Pieroth, Kommentar zum GG für die BRD, Art. 97, Rn. 5; Herzog in Maunz/Dürig, GG-Kommentar, Art. 97, Rn. 34; gegen eine rechtsprechungsinterne Wirkung richterlicher Unabhängigkeit bzw. für eine Adressierung nur an Träger nichtrichterlicher Gewalt etwa BVerfGE NJW 1961, S. 655; für Classen in v. Mangoldt/Klein/Starck, Bonner GG-Kommentar, Art. 97, Rn. 18 ist dieses Urteil richtigerweise aber nur einzelfallbezogen zu verstehen, nicht hingegen abstrakt.

[125] BVerfGE NJW 1993, S. 996; Detterbeck in Sachs, GG-Kommentar, Art. 97, Rn. 15.

schlossen wäre[126]. Die Rechtspflege gilt aus diesem Grund als „konstitutionell uneinheitlich"[127]. Wird eine Entscheidung eines Richters dennoch ohne dessen Einwilligung und ohne rechtliche Grundlage von einem anderen Richter - z. B. vom Kammervorsitzenden - inhaltlich abgeändert, so bedeutet dies einen rechtswidrigen Eingriff in die richterliche Unabhängigkeit des ursprünglich Entscheidenden[128]. Das Vorgehen des ungerechtfertigt handelnden Richters stellt dann funktionell keine Rechtsprechung mehr im Sinne des Art. 92 GG dar und eine Berufung auf seine Unabhängigkeit ist dem insoweit ultra-vires handelnden Richter versagt[129]. Vielmehr ist sein Eingriff rechtswidrig und die richterliche Unabhängigkeit des ursprünglich entscheidenden Richters verletzt.

An gewisse Vorgaben gebunden können Richter dennoch sein. Ihre Position wird durch bestimmte Teildurchbrechungen der Unabhängigkeitsgarantie allerdings nicht tangiert, wenn es sich dabei um typische und herkömmliche Funktionsbedingungen der Dritten Gewalt handelt[130]. Hierzu gehören primär die Tatbestandswirkung, Feststellungswirkung, Rechtskraft, Gesetzeskraft gemäß § 31 Abs. 2 BVerfGG, Bindungswirkung nach § 31 Abs. 1 BVerfGG und die sonstigen Bindungswirkungen von gerichtlichen Entscheidungen[131].

Diese Bindungen stehen indes der sachlichen Unabhängigkeit nicht entgegen, weil sie gesetzlich angeordnet sind und kein Richter Anspruch auf bestimmte allein und endgültig nur von ihm zu treffende Entscheidungen besitzt[132].

---

[126] BVerfGE NJW 1965, S. 1323, 1324; Herzog in Maunz/Dürig, GG-Kommentar, Art. 97, Rn. 34; Bernsdorff in Umbach/Clemens, Mitarbeiterkommentar GG, Art. 97, Rn. 21.
[127] Ständige Rechtsprechung ab BVerfGE NJW 1988, S. 2787; BVerfGE NJW 1993, S. 996.
[128] Detterbeck in Sachs, GG-Kommentar, Art. 97, Rn. 16.
[129] BVerfGE NJW 1996, S. 2149, 2150, 2151; Bernsdorff in Umbach/Clemens, Mitarbeiterkommentar GG, Art. 97, Rn. 23.
[130] Pieroth in Jarass/Pieroth, Kommentar zum GG für die BRD, Art. 97, Rn. 5.
[131] Herzog in Maunz/Dürig, GG-Kommentar, Art. 97, Rn. 30 ff., 35 ff.; Detterbeck in Sachs, GG-Kommentar, Art. 97, Rn. 14; Pieroth in Jarass/Pieroth, Kommentar zum GG für die BRD, Art. 97, Rn. 5; Meyer in v. Münch/Kunig, GG-Kommentar, Art. 97, Rn. 22.
[132] Stern, Das Staatsrecht der BRD, Bd. II, § 43 II 4 (S. 912) m.w.N.

bb. Parteiunabhängigkeit

Richterliche Unparteilichkeit ist kein wertfreies Prinzip, sondern an den Grundwerten der Verfassung orientiert, sodass für den Richter das Gebot sachgerechter Entscheidung im Rahmen der Gesetze unter dem Blickpunkt materialer, wertorientierter Gerechtigkeit gilt[133]. Der Richter muss folglich immer unparteilich und neutral entscheiden, seine richterliche Tätigkeit erfordert Neutralität und Distanz gegenüber den Verfahrensbeteiligten[134]. Diese Wertung ist eine Voraussetzung rechtsstaatlicher Rechtsprechung[135]. Insoweit erstreckt sich die Unabhängigkeitsgarantie auch auf das Verhältnis zu den Prozessparteien[136].

Insbesondere ist die Ausübung der rechtsprechenden Gewalt durch einen unbeteiligten Dritten mit dem Begriff des Richters untrennbar verknüpft und diesem immanent[137]. Dies bedeutet dann auch: niemand darf Richter in eigener Sache sein. Allerdings ist es in der Praxis oftmals problematisch festzustellen, ob sich ein Richter tatsächlich neutral oder parteiisch verhält. Um trotz dieser Widrigkeit generell die Rahmenbedingungen für eine unbefangene Rechtsprechung durch den beteiligten Richter gewährleisten zu können, wirken verschiedene Mechanismen.

Zum einen ergibt sich aus dem Neutralitätsgebot die Verpflichtung des Richters, vor Erlass eines Urteils alles zu unterlassen, was seine Voreingenommenheit begründen und damit eine unabhängige Rechtsfindung beeinträchtigen könnte[138]. Da die Frage der tatsächlichen Unabhängigkeit vor allem auch die

---

[133] BVerfGE NJW 1976, S. 1391, 1392.

[134] BVerfGE NJW 1967, S. 1123; danach muss auch gewährleistet sein, dass der Rechtsuchende nicht vor einem Richter steht, der - etwa wegen naher Verwandtschaft, Freundschaft oder Verfeindung mit einer Partei - die gebotene Neutralität und Distanz vermissen lässt.

[135] Classen in v. Mangoldt/Klein/Starck, Bonner GG-Kommentar, Art. 97, Rn. 33 m.w.N.

[136] Vgl. Classen in v. Mangoldt/Klein/Starck, Bonner GG-Kommentar, Art. 97, Rn. 33; Meyer in v. Münch/Kunig, GG-Kommentar, Art. 97, Rn. 11; Stern, Das Staatsrecht der BRD, Bd. II, § 43 II 4 (S. 909).

[137] BVerfGE NJW 1970, S. 1227, 1228; BVerfGE NJW 1965, S. 343, 345; BVerfGE NJW 1962, S. 1611; BVerfGE NJW 1956, S. 137, 138; BVerfGE NJW 1954, S. 833.

[138] Etwa Classen in v. Mangoldt/Klein/Starck, Bonner GG-Kommentar, Art. 97, Rn. 34.

innere Unabhängigkeit[139] eines jeden Richters betrifft, haben zum anderen alle Maßnahmen hinsichtlich der Sicherung der Unbefangenheit bereits im Vorfeld anzusetzen, also schon dann, wenn die Besorgnis von Befangenheit besteht[140].

Die für die richterliche Tätigkeit dargelegte erforderliche Distanz und Unparteilichkeit - auch gegenüber den Prozessbeteiligten - sichern zudem die Prozessgesetze durch einen Katalog von Ausschließungs- und Ablehnungsgründen. Ausschließungs- und Ablehnungsgründe sind ein Merkmal der besonderen Stellung des Richters und daher in ihren Grundzügen verfassungsrechtlich geboten[141]. Solche Gründe finden sich insbesondere in §§ 18, 19 BVerfGG, §§ 41 ff. ZPO, §§ 22 ff. StPO, § 54 VwGO i.V.m. §§ 41 - 49 ZPO. Diese Vorschriften sind seit langem ein selbstverständlicher und unentbehrlicher Bestandteil der Gerichtsverfassung, der in seiner Bedeutung auch dem Grundgesetzgeber vertraut war[142].

Die richterliche Unparteilichkeit wird darüber hinaus durch eine Reihe von Strafvorschriften im 30. Abschnitt des StGB („Straftaten im Amt") geschützt. Strafebewährt sind die Vorteilsannahme durch Richter (§ 331 Abs. 2 StGB), die Vorteilsgewährung an Richter (§ 333 Abs. 2 StGB), die Bestechlichkeit von Richtern (§ 332 Abs. 2 StGB), die Bestechung der Richter durch Dritte (§ 334 Abs. 2 StGB) sowie die Rechtsbeugung durch Richter (§ 339 StGB). Damit wird strafrechtlich sowohl deviantes Verhalten von Richtern als auch von Personen, die die richterliche Unparteilichkeit zu beeinflussen versuchen, erfasst.

---

139 Vgl. unten, S. 41 ff.

140 In diesem Sinne BVerfGE NJW 1971, S. 1029, 1030; explizit Classen in v. Mangoldt/Klein/Starck, Bonner GG-Kommentar, Art. 97, Rn. 8, 34; in einem solchen Fall haben die Parteien ein Recht auf Ablehnung des Richters, das über Art. 101 Abs. 1 S. 2 GG mit der Verfassungsbeschwerde geltend gemacht werden kann.

141 BVerfGE NJW 1967, S. 1123, 1124; wohl auch BVerfGE NJW 1971, S. 2029, 1030 wonach der Gesetzgeber zwar in Einzelheiten, etwa bezüglich des Katalogs der Ausschließungs- und Ablehnungsgründe, nicht gebunden ist, der Grundsatz aber nicht derart außer acht gelassen werden dürfe, dass das Ziel, die Unparteilichkeit und Neutralität des Richters zu sichern, gefährdet wird; ferner Stern, Das Staatsrecht der BRD, Bd. II, § 43 II 4 (S. 909).

142 BVerfGE NJW 1967, S. 1123, 1124.

cc. Gesellschaftsunabhängigkeit

Die Notwendigkeit der richterlichen Unabhängigkeit vom Staat sowie von Einflüssen seitens bzw. gegenüber den Parteien ist eingehend dargelegt worden. Gefährdungen der Unabhängigkeitsgarantie drohen jedoch auch, wenn richterliches Entscheidungsvermögen von privaten Gruppierungen oder von sonstigen nicht-öffentlichen Interessenverbänden und der Presse konterkariert wird. So stellt ein Gutteil der Justizforschung zum Beispiel eine Klassenzugehörigkeit der Richter fest und konstruiert daraus eine Abhängigkeit gegenüber Oberschichten[143]. Die Macht der Gesellschaft kann dabei ebenso schnell zu einer - zumindest gefühlten - Abhängigkeit der Richter führen, wie dies die bereits beschriebenen politischen (exekutivischen) Einflüsse vermögen. Gesellschaftsunabhängigkeit muss daher zuvörderst die Möglichkeit bedeuten, frei von gesellschaftlichen oder privaten Zwängen und Pressionen judizieren zu können.

Art. 97 Abs. 1 GG als unmittelbar geltendem Recht ist die objektive Wertentscheidung des Verfassungsgebers zu entnehmen, dass die Gerichte in voller sachlicher Unabhängigkeit entscheiden dürfen und müssen, also auch frei von gesellschaftlichen Einflüssen[144]. Daher wird weit überwiegend angenommen, dass die Gesellschaftsunabhängigkeit als eine Ausprägung der Unabhängigkeitsgarantie auch tatsächlich verfassungsrechtlich geschützt ist[145]. Die Reichweite des zu gewährenden Schutzes ist indes nicht ohne weiteres bestimmbar.

---

[143] Stern, Das Staatsrecht der BRD, Bd. II, § 43 II 4 (S. 910) m.w.N.

[144] Detterbeck in Sachs, GG-Kommentar, Art. 97, Rn. 17; Classen in v. Mangoldt/Klein/Starck, Bonner GG-Kommentar, Art. 97, Rn. 35; äußerst zweifelhaft ist indes, ob sich eine Gesellschaftsunabhängigkeit der Richter schon alleine aus dem Gewaltenteilungsgrundsatz ableiten lässt, vgl. insoweit S. 65 f.

[145] Vgl. Pieroth in Jarass/Pieroth, GG-Kommentar, Art. 97, Rn. 5; Meyer in v. Münch/Kunig, GG-Kommentar, Art. 92, Rn. 16; Classen in v. Mangoldt/Klein/Starck, GG-Kommentar, Art. 97, Rn. 35; Detterbeck in Sachs, GG-Kommentar, Art. 97, Rn. 17; kritisch zu einem Verweis auf die Gesellschaftsunabhängigkeit, etwa in Zusammenhang mit Erwartungsbekundungen von Politikern oder Medien als Versuch der Einflussnahme auf richterliches Entscheidungsverhalten Sendler in NJW 2001, S. 1909, 1910; so auch Papier in NJW 2001, S. 1089, 1091, der ein richterliches Amtsethos fordert, dass die Richter befähigt sich von den Erwartungen und Wünschen Dritter frei zumachen.

Unzulässig ist jedenfalls die nicht grundrechtlich geschützte Druckausübung[146] bezogen auf die rechtsprechende Tätigkeit[147]. Hingegen sind kritische Meinungskundgaben sowie mediale Kritik wegen des in Art. 5 Abs. 1 GG verbürgten Grundrechts auf Meinungsfreiheit nicht per se verboten: die kollidierenden Verfassungsgüter müssen vielmehr im Wege der praktischen Konkordanz zum Ausgleich gebracht werden. Erst dann kann festgestellt werden, ob ein ungerechtfertigter Eingriff in die richterliche Unabhängigkeit gegeben ist oder nicht.

Damit besteht in der BRD im Gegensatz zur angelsächsischen Rechtstradition, die einen sehr weiten Schutz richterlicher Unabhängigkeit in Form des „contempt of court" kennt und eine gesellschaftliche Form der Beeinflussung der Rechtspflege bezüglich eines laufenden Verfahrens für strafbar erklärt, ein weit aus niedrigerer Schutz richterlicher Gesellschaftsunabhängigkeit[148]. Immerhin dürfte das häufig in der Diskussion stehende Verbot von Fernseh- und Filmaufnahmen von Gerichtsverhandlungen, § 169 S. 2 GVG, hier zumindest teilweise eine Rechtfertigung finden[149].

3. Persönliche Unabhängigkeit der Richter

a. Anwendungsbereich der persönlichen Unabhängigkeit

Art. 97 Abs. 2 S. 1 GG bestimmt:

„Die hauptamtlich und planmäßig endgültig angestellten Richter können wider ihren Willen nur kraft richterlicher Entscheidung und nur aus Gründen und unter den Formen, welche die Gesetze bestimmen, vor Ablauf ihrer Amtszeit entlassen

---

146 Insbesondere denkbar bei einer Kollision zwischen richterlicher Unabhängigkeit mit der Meinungsfreiheit eines Dritten, Art. 5 Abs. 1 GG, wenn im Rahmen der praktischen Konkordanz kein Ausgleich gefunden werden kann und die Unabhängigkeit überwiegt.

147 Pieroth in Jarass/Pieroth, GG-Kommentar, Art. 97, Rn. 5.

148 Herzog in Maunz/Dürig, GG-Kommentar, Art. 97, Rn. 44; Classen in v. Mangoldt/Klein/Starck, Bonner GG-Kommentar, Art. 97, Rn. 35.

149 So Classen in v. Mangoldt/Klein/Starck, Bonner GG-Kommentar, Art. 97, Rn. 35.

oder dauernd oder zeitweise ihres Amtes enthoben oder an eine andere Stelle oder in den Ruhestand versetzt werden".

Durch diese Formulierung wird der Anwendungsbereich der persönlichen Unabhängigkeit explizit nur auf hauptamtlich und planmäßig endgültig angestellte Richter erstreckt. Damit lässt sich zunächst festhalten, dass der Anwendungsbereich der persönlichen Unabhängigkeit enger gefasst ist als dieser der sachlichen Unabhängigkeit, von dem alle Richter mit Schutz ausgestattet werden.

Hauptamtlich angestellt ist ein Richter, der keine andere Haupttätigkeit ausübt, sodass auch Teilzeitbeschäftigung prinzipiell nicht schadet[150]. Ein Richter ist planmäßig angestellt, wenn er auf eine im Haushaltsplan vorgesehene Planstelle für die Dauer seiner Amtszeit berufen ist[151]. Letztlich liegt auch eine endgültige Anstellung vor, wenn ein Richter auf Lebenszeit oder für eine feste Zeit beschäftigt wird, sodass eine Beendigung des Anstellungsverhältnisses nicht ohne weiteres möglich ist[152]. Zu beachten gilt es somit, dass ein verfassungsrechtlicher Grundsatz, nach dem zur persönlichen Unabhängigkeit eines Richters eine Anstellung auf Lebenszeit erforderlich wäre, nicht existiert[153]. Dies folgt aus dem Umkehrschluss zu Art. 97 Abs. 2 S. 2 GG, der normiert:

„Die Gesetzgebung kann Altersgrenzen festsetzen, bei deren Erreichung auf Lebenszeit angestellte Richter in den Ruhestand treten".

Damit die auf Lebenszeit angestellten Richter an dieser Stelle explizit benannt werden, muss es auch Richter geben, die nicht auf Lebenszeit ernannt sind.

---

[150] Classen in v. Mangoldt/Klein/Starck, Bonner GG-Kommentar, Art. 97, Rn. 38 m.w.N.

[151] BVerfGE NJW 1954, S. 137, 138; Classen in v. Mangoldt/Klein/Starck, Bonner GG-Kommentar, Art. 97, Rn. 38; Meyer in v. Münch/Kunig, GG-Kommentar, Art. 97, Rn. 27.

[152] Detterbeck in Sachs, GG-Kommentar, Art. 97, Rn. 23; Classen in v. Mangoldt/Klein/Starck, Bonner GG-Kommentar, Art. 97, Rn. 38.

[153] Meyer in v. Münch/Kunig, GG-Kommentar, Art. 97, Rn. 31; die Ernennung auf Lebenszeit ist nach Art. 97 Abs. 2 GG nur noch ein vom Gesetzgeber steuerbares Regelmodell und abweichend von Art. 104 WRV nicht mehr zwingend erforderlich. Nach BVerfGE NJW 1954, S. 137, 138 kommt es damit nicht darauf an, ob der Richter auf Lebenszeit ernannt worden ist, entscheidend ist vielmehr die Einweisung des Richters in eine Planstelle für die Dauer seiner Amtszeit.

Persönliche Unabhängigkeit wird folglich auch bei einer Anstellung nicht auf Lebenszeit gewährt. Die Heranziehung von Richtern, deren persönliche Unabhängigkeit mangels hauptamtlich und endgültig planmäßiger Anstellung ungenügend gesichert ist, darf gleichwohl nur in Grenzen erfolgen, die sich nach verständigem Ermessen aus der Notwendigkeit, Nachwuchs heranzubilden, oder aus anderen zwingenden Gründen ergeben[154]. Auch für sie und die weiteren Richter, die nicht die Qualifikation des Art. 97 Abs. 2 GG aufweisen, - so z. B. Richter auf Probe, kraft Auftrags, im Nebenamt sowie ehrenamtliche und abgeordnete Richter - muss ein Minimum persönlicher Unabhängigkeit gegeben sein, wobei dieses durch Art. 33 Abs. 5 GG garantiert wird[155]. Die persönliche Unabhängigkeit muss nämlich jedenfalls soweit reichen, dass die sachliche Unabhängigkeit der betroffenen Richter auch gewährleistet bleibt[156].

Weiterhin leitet das Bundesverfassungsgericht aus Art. 97 Abs. 2 GG ab, dass die rechtsprechende Gewalt soweit sie von Berufsrichtern[157] ausgeübt wird, grundsätzlich von Richtern wahrgenommen werden muss, die dieser Norm unterfallen, und somit in angemessener Frist über die endgültige Anstellung entschieden werden muss, da anderenfalls die Gefahr der Unterlaufung der (persönlichen) Unabhängigkeit droht[158].

b. Wirkungsweisen persönlicher Unabhängigkeit

Die Garantie der persönlichen richterlichen Unabhängigkeit umfasst als Kurzformel dargestellt insbesondere die „Unabsetzbarkeit und Unversetzbarkeit" (Grundsatz der Inamovibilität) derjenigen Richter, die in den Anwendungsbe-

---

[154] BVerfGE NJW 1962, S. 1611; BVerfGE NJW 1954, S. 137, 138.

[155] BVerfGE NJW 1961, S. 915, wonach die Vorschrift auch die für das Amtsrecht der Richter charakteristischen Grundsätze gewährleistet; ferner Detterbeck in Sachs, GG-Kommentar, Art. 97, Rn. 32; Pieroth in Jarass/Pieroth, GG-Kommentar, Art. 97, Rn. 6.

[156] BVerfGE NJW 1962 S. 1611; Bernsdorff in Umbach/Clemens, Mitarbeiterkommentar GG, Art. 97, Rn. 40; Herzog in Maunz/Dürig, GG-Kommentar, Art. 97, Rn. 61, 62.

[157] In Abgrenzung zu ehrenamtlichen Richtern, die bezüglich ihrer beruflichen Existenz nicht vom Richteramt abhängig sind und insoweit auch persönlich in niedrigerem Maße gegenüber dem Staat Schutz benötigen.

[158] Classen in v. Mangoldt/Klein/Starck, Bonner GG-Kommentar, Art. 97, Rn. 44 m.w.N.

reich des Art. 97 Abs. 2 GG fallen[159]. Für den vorstehend beschriebenen richterlichen Adressatenkreis normiert Art. 97 Abs. 2 GG mithin ein grundsätzliches Verbot der Amtsenthebung oder Versetzung. Unzulässig sind auch alle Maßnahmen, die den gleichen materiellen Effekt haben, durch die der Richter also von seiner richterlichen Tätigkeit de facto ausgeschlossen wird[160]. In diesem Rahmen zu nennen ist beispielsweise eine Geschäftsverteilung, die den Richter praktisch „kaltstellt" und somit von der rechtsprechenden Tätigkeit fernhält[161] und die einer Versetzung gleichkommende Übertragung eines weiteren Richteramtes mit mehr als der Hälfte der Arbeitskraft des Richters[162], hingegen nicht aber, wenn bloß Verwaltungsbefugnisse entzogen werden[163].

Eine Absetzung oder Versetzung mit Willen des Richters kann stets vorgenommen werden. Gegen den Willen des Richters darf sie nur Kraft richterlicher Entscheidung und nur aus Gründen und unter Formen erfolgen, die die Gesetze bestimmen, Art. 97 Abs. 2 S. 1 GG. Damit beinhaltet der Art. 97 Abs. 2 S. 1 GG für die Entfernung eines Richters von seinem bisherigen Amt sowohl einen Gesetzesvorbehalt hinsichtlich der Gründe und der Form, als auch einen Richtervorbehalt hinsichtlich der konkreten Einzelentscheidung[164]. Gesetzliche Normierungen zu der Thematik enthalten die §§ 18, 30 ff. DRiG, die Landesrichtergesetze, die Vorschriften über die Richteranklage, das Bundesverfassungsgerichtsgesetz (§ 105 BVerfGG) und die Verfassungsgerichtsgesetze der Länder.

---

159 Bernsdorff in Umbach/Clemens, Mitarbeiterkommentar GG, Art. 97, Rn. 39; Detterbeck in Sachs, GG-Kommentar, Art. 97, Rn. 22; Herzog in Maunz/Dürig, GG-Kommentar, Art. 97, Rn. 57; Stern, Das Staatsrecht der BRD, Bd. II, § 43 II 4 (S. 911).

160 BVerfGE NJW 1964, S. 1019, 1020; Herzog in Maunz/Dürig, GG-Kommentar, Art. 97, Rn. 57; generell betrachtet handelt es sich um Maßnahmen, die materiell einer Entlassung, einer dauernden oder zeitweisen Amtsenthebung oder einer Versetzung in den Ruhestand gleichkommen, durch die also praktisch dasselbe wie durch förmliche Maßnahmen erreicht wird, denn der Richter hat quasi ein Recht auf „Beschäftigung".

161 BVerfGE NJW 1964, S. 1019, 1020.

162 BGHZ NJW 1977, S. 248, 249.

163 BVerfGE 38, S. 139, 153.

164 BVerfGE NJW 1962, S. 1611; Classen in v. Mangoldt/Klein/Starck, Bonner GG-Kommentar, Art. 97, Rn. 42; Herzog in Maunz/Dürig, GG-Kommentar, Art. 97, Rn. 58; Bernsdorff in Umbach/Clemens, Mitarbeiterkommentar GG, Art. 97, Rn. 41.

Letztlich muss allen Richtern als Minimum persönlicher Unabhängigkeit garantiert sein, dass sie vor Ablauf ihrer Amtszeit nur unter den gesetzlichen Voraussetzungen und gegen ihren Willen nur Kraft richterlicher Entscheidung (und aufgrund eines Gesetzes) abberufen werden können[165]. Unter diesem Aspekt ist daher einem „Gremium“ in Folge der Normierungen des Art. 97 Abs. 2 GG der Charakter als „Gericht“ abzusprechen, wenn nach den gesetzlichen Bestimmungen eines oder mehrere Mitglieder persönlich abhängige Beamte sind, die innerhalb ihrer Amtszeit ohne Gerichtsverfahren jederzeit versetzt oder entlassen werden können[166].

In Art. 97 Abs. 2 S. 2 GG wird ergänzend zu Art. 97 Abs. 2 S. 1 GG bestimmt, dass die Gesetzgebung Altersgrenzen festsetzen kann, bei deren Erreichung auf Lebenszeit angestellte Richter in den Ruhestand treten. Damit besteht für die Festlegung von Altersgrenzen im Gegensatz zu einer Absetzung oder Versetzung im Sinne des Art. 97 Abs. 2 S. 1 GG lediglich ein Gesetzes- und kein Richtervorbehalt. Die konkrete Entscheidung im jeweiligen Einzelfall bedarf dann mangels Richtervorbehalts keiner gerichtlichen Entscheidung und kann folglich von der (Justiz)-Verwaltung selbst getroffen werden[167].

Ähnliche Vorbehalte gelten bei Art. 97 Abs. 2 S. 3 GG, der regelt, dass die Einrichtung der Gerichte und ihrer Bezirke verändert werden darf: die Festlegung eines Gerichtsbezirkes und folglich der örtlichen Zuständigkeit eines Gerichts gehört zu den Maßnahmen, die Eingriffe in die persönliche Unabhängigkeit ermöglichen, da nach Art. 97 Abs. 2 S. 3 GG ein Richter bei der Veränderung der Einrichtung der Gerichte oder ihrer Bezirke auch gegen seinen Willen an ein anderes Gericht versetzt oder aus dem Amt entfernt werden kann[168]. Eine solche Maßnahme gehört unter Berücksichtigung rechtsstaatlicher Erwägungen sowie unter dem Gesichtspunkt des „gesetzlichen Richters“ wiederum nicht zum Zuständigkeitsbereich der Exekutive, sondern der Legislative, sodass auch hier ein Gesetzesvorbehalt besteht, der allerdings eine den Erfordernissen des

---

[165] BVerfGE NJW 1970, S. 1227, 1228; BVerfGE NJW 1965, S. 343, 345.
[166] BVerfGE NJW 1956, S. 137.
[167] Classen in v. Mangoldt/Klein/Starck, Bonner GG-Kommentar, Art. 97, Rn. 42.
[168] BVerfGE 2, S. 307, 320.

Art. 80 GG genügende Ermächtigung der Exekutive enthalten darf[169]. Die Einzelfallentscheidung obliegt hingegen der Verwaltung und somit der Exekutive.

c. Einfluss auf den richterlichen Status

Durch die persönliche Unabhängigkeit wird überdies der Status der Richter an sich tangiert[170]. Sie ist insoweit auch ein Schutz gegen Maßnahmen der Dienstaufsicht, deren Wahrnehmung stets in ein Spannungsverhältnis mit der Unabhängigkeit gerät, sofern Statusfragen berührt werden[171]. Allerdings begründet die persönliche Unabhängigkeit keine richterlichen Standesprivilegien[172].

Erhebliche Bedeutung kommt der Garantie der persönlichen Unabhängigkeit abschließend auch zu, wenn man berücksichtigt, dass gerade sie es ist, die die sachliche Unabhängigkeit der Richter institutionell sichert[173]. So schafft Art. 97 Abs. 2 GG gewisse tatsächliche Voraussetzungen der sachlichen Unabhängigkeit, indem er das Statusrecht der Richter und auch die Besetzung der Gerichte so regelt, dass auch die tatsächliche Ausübung der sachlichen Unabhängigkeit (einigermaßen) gesichert erscheint[174]. Bezweckt wird die Gewährleistung einer persönlich unabhängigen Rechtsstellung des Richters gegenüber seinem Vorgesetzten. Die sachliche Unabhängigkeit kann nämlich - das entspricht auch der geschichtlichen Erfahrung - nur bestehen, wenn die Richter in persönlicher Hinsicht eine vor Eingriffen von außen weitgehend gesicherte Rechtsstellung haben und ihre sachliche Unabhängigkeit ohne Befürchtung von beruflichen Konsequenzen, so zum Beispiel vor einer Versetzung oder gar einer Entlassung, real ausleben können[175].

---

[169] BVerfGE NJW 1969, S. 1291, 1292 unter Verweis auf BVerfGE 2, S. 307, 320, 326.
[170] Stern, Das Staatsrecht der BRD, Bd. II, § 43 II 4 (S. 911).
[171] Vgl. Haberland in DRiZ 2002, S. 301 ff.; Papier in NJW 2001, S. 1089, 1091; Papier in NJW 1990, S. 8 ff.
[172] Detterbeck in Sachs, GG-Kommentar, Art. 97, Rn. 3; Bernsdorff in Umbach/Clemens, Mitarbeiterkommentar GG, Art. 97, Rn. 39 m.w.N.; Papier in NJW 2001, S. 1089 m.w.N.
[173] Ständige Rechtsprechung: BVerfGE LKV 2007, S. 79; BVerfGE DtZ 1993, S. 20, 21 m.w.N.
[174] Herzog in Maunz/Dürig, GG-Kommentar, Art. 97, Rn. 47.
[175] Pfeiffer in KK-StPO, GVG, § 1, Rn. 5; ebenso Achterberg in NJW 1985, S. 3041, 3042.

4. Innerliche Unabhängigkeit der Richter

Jeder Richter kann und muss eigenverantwortlich, in innerer Unabhängigkeit, entscheiden, was nach seiner Einschätzung im Einzelfall Recht darstellt[176]. Diese innerliche Komponente des Unabhängigkeitsgrundsatzes verlangt eine interne Freiheit des Richters, so dass dieser sich in seiner allein nach Gesetz und Recht getroffenen Entscheidung nicht gegenüber Dritten verantworten muss[177]. Dabei ist die innere Unabhängigkeit keine dem Richter durch Verfassung oder Gesetz gegebene Garantie, sondern eine ihm persönlich gestellte Aufgabe, die er gerade gegenüber den rechtlich nicht fassbaren Einwirkungen bewahren muss[178]. Die Innere Unabhängigkeit weist damit starke inhaltliche Bezüge und Überschneidungen zu anderen Ausprägungen der Unabhängigkeitsgarantie auf, insbesondere zur Gesellschafts- und zur Parteiunabhängigkeit. Sie alle fordern eine eigenverantwortliche, von inneren und äußeren Einflüssen freie richterliche Entscheidung.

Derartige Einflüsse und Gefahren für die richterliche Unabhängigkeit können durch den starken Einfluss der politischen Parteien auf die Besetzung von Richterstellen entstehen[179]. So können heute Medien durch die Art und Weise ihrer Berichterstattung und Kommentierung einen Druck erzeugen, dem nicht nur Politiker bei den von ihnen zu treffenden Entscheidungen kaum auszuweichen wissen, sondern der sich auch auf die Richter und Gerichte auswirkt; verstärkt wird dieser Druck noch, wenn Politiker, um dieser veröffentlichten Meinung zu entsprechen, ihre Erwartungen an die Gerichte in diesem Sinne zum Ausdruck bringen: gegen solche Einflussnahmen helfen keine gesetzlichen Vorschriften, zumal es auch das gute Recht der Medien ist, die Rechtsprechung der Gerichte

---

176 Classen in v. Mangoldt/Klein/Starck, Bonner GG-Kommentar, Art. 97, Rn. 8 m.w.N.

177 Albrecht, Kriminologie, Eine Grundlegung zum Strafrecht, S. 240.

178 Pfeiffer in KK-StPO, Einleitung, Rn. 24; Papier in NJW 2001, S. 1089, 1091 m.w.N.; das Bild eines innerlich unabhängigen Richters erhält allenfalls normative Konturen, in dem Richter per Gesetz zu prononcierter politischer, insbesondere parteipolitischer und verbandspolitischer Zurückhaltung verpflichtet werden (§ 39 DRiG), vgl. insoweit Stern, Das Staatsrecht der BRD, Bd. II, § 43 II 4 (S. 910).

179 Stern, Das Staatsrecht der BRD, Bd. II, § 43 II 4 (S. 910).

kritisch zu begleiten[180]. Gleichzeitig sind Richter aber verpflichtet, gegenüber äußeren und inneren Einflüssen ihre Unabhängigkeit ständig neu zu gewinnen[181]. Denn richterliche Unabhängigkeit umfasst die Verantwortungsfreiheit gegenüber Dritten[182], sodass Richter losgelöst von Fremdeinwirkungen unter ausschließlicher Bindung an das Gesetz urteilen sollen. Um dies sicherzustellen gilt es bereits den Anschein einer abhängigen, befangenen Justiz zu vermeiden:

„Justice must not only be done, it must also be seen to be done"

heißt es hierzu in einer klassischen Regel des angelsächsischen Rechtsraums[183].

So dienen auch die Institute des Ausgeschlossenseins eines Richters und der Richterablehnung unter anderem diesem Ziel: die Richterbank freihalten von Richtern, die dem rechtlich zu würdigenden Sachverhalt und den daran Beteiligten nicht mit der erforderlichen Distanz des Unbeteiligten und deshalb am Verfahrensausgang uninteressierten „Dritten" gegenüberstehen[184].

Noch wichtiger erscheint ein Schutz der inneren Unabhängigkeit des Richters gegen solche Einwirkungspotentiale zudem vor dem Hintergrund, dass diese als ganz entscheidend für die Funktionsfähigkeit der Rechtsprechung im Sinne ei-

---

[180] Papier in NJW 2001, S. 1089, 1091.

[181] Pfeiffer in KK-StPO, Einleitung, Rn. 24; Sendler in NJW 2001, S. 1909, 1910; dabei vermag schon eine oberflächliche Skizzierung der Ausgangslage der Problematik das richterliche Dilemma zu verdeutlichen: stehen Beförderungen an, welche weitgehend von der Exekutive und somit letztlich mittelbar von politischen Kräften gesteuert werden, hat derjenige bessere Karrierechancen, der im Zweifel linienkonform handelt und dies in seiner rechtsprechenden Tätigkeit nachgewiesen hat. Kaum ein Mitarbeiter der Exekutive wird einen Richter an bedeutende Stelle befördern oder versetzen, wenn dieser im deutlichen Widerspruch zu den herrschenden parteipolitischen Vorstellungen der Entscheidungsträger judiziert. Es erscheint daher befremdlich anzunehmen, dass politische Aspekte im Gedankengut eines Richters keine Rolle spielen, bzw. dass richterliches Entscheidungsverhalten nicht durch karriereorientierte Erwägungen zumindest teilweise determiniert wird.

[182] Albrecht in DRiZ 1998, S. 326.

[183] Classen in v. Mangoldt/Klein/Starck, Bonner GG-Kommentar, Art. 97, Rn. 8 m.w.N.; diese Regel hat der EGMR vielfach im Zusammenhang mit Art. 6 EMRK betont.

[184] BVerfGE NJW 1967, S. 1123, 1124; Pfeiffer in KK-StPO, Einleitung, Rn. 24.

ner den Rechtsstaat verwirklichenden unparteilichen Rechtsfindung und ihrer Glaubwürdigkeit im sozialen Rechtsstaat angesehen wird[185].

II. Zusammenfassung

Richterliche Unabhängigkeit bedeutet sachliche, persönliche und innere Unabhängigkeit im Rahmen der rechtsprechenden Tätigkeit. Verstanden als sachliche Unabhängigkeit meint richterliche Unabhängigkeit zuvörderst Staats-, Partei- und Gesellschaftsunabhängigkeit. Staatsunabhängigkeit bezweckt Schutz gegenüber sachfremden Eingriffen der Exekutive, der Legislative und der Judikative selbst. Die Parteiunabhängigkeit soll garantieren, dass der Richter immer unparteilich und neutral entscheidet, denn seine richterliche Tätigkeit erfordert Neutralität und Distanz gegenüber den Verfahrensbeteiligten. Gesellschaftsunabhängigkeit bedeutet primär die Möglichkeit, frei von gesellschaftlichen oder privaten Zwängen und Pressionen judizieren zu können.

Als zweiter Aspekt der Unabhängigkeitsgarantie umfasst die persönliche Unabhängigkeit insbesondere die „Unabsetzbarkeit und Unversetzbarkeit" von Richtern und stellt hierfür geeignete Schutzmechanismen zur Verfügung. Daneben zielt die innere Unabhängigkeit auf die interne Freiheit des Richters ab, so dass dieser sich in seiner allein nach Gesetz und Recht getroffenen Einschätzung, was im Einzelfall Recht darstellt, nicht gegenüber Dritten verantworten muss.

Dabei ist weder die innere noch die äußere (sachliche und persönliche) Unabhängigkeit des Richters eine sich selbst erfüllende Garantie, sondern vielmehr eine Geisteshaltung, die in der Auseinandersetzung mit den eigenen subjektiven Wertvorstellungen und denen anderer sozialer Gruppen vor dem Hintergrund der Werte unserer Verfassung alltäglich erkämpft werden will[186].

---

[185] BGH NJW 1995, S. 2495, 2496; Sendler in NJW 1983, S. 1449, 1451, 1452 m.w.N.
[186] Limbach in NJ 1995, S. 281, 283.

D. LEGITIMATION RICHTERLICHER UNABHÄNGIGKEIT AUS GEWALTENTEILUNG

Nach Art. 20 Abs. 2 S. 1 GG geht alle Staatsgewalt vom Volke aus. Sie wird vom Volke in Wahlen und Abstimmungen und durch besondere Organe der Gesetzgebung, der vollziehenden Gewalt und der Rechtsprechung ausgeübt (S. 2). Soweit das hier in Art. 20 Abs. 2 S. 2 GG normativ verankerte Gewaltenteilungsprinzip[187] die Ausübung der Staatsgewalt also in die Hände von „besonderen Organen“ legt, sind diese Organe für die rechtsprechende Gewalt gemäß des Art. 92 1. Hs. GG die Richter[188]. Aus der gewählten Formulierung des Art. 20 Abs. 2 S. 2 GG „durch besondere Organe der (...)Rechtsprechung ausgeübt“ könnte man zugleich aber auch schließen, dass es sich bei dem Gewaltenteilungsgrundsatz um die verfassungsrechtliche Grundlage des Prinzips richterliche Unabhängigkeit handelt. In der Folge soll daher untersucht werden, ob die Unabhängigkeitsgarantie aus dem Gewaltenteilungsprinzip legitimiert werden kann. Dabei gilt es insbesondere das verfassungsrechtliche Verhältnis von richterlicher Unabhängigkeit zur Gewaltenteilungsidee darzustellen und die beiden Prinzipien auf ihre gegenseitige Vereinbarkeit zu überprüfen.

Hierzu soll zunächst die historische Entwicklung der Gewaltenteilungsidee skizziert werden. Anschließend sind Funktionen, Zwecke und Ausprägungen des Gewaltenteilungsprinzips unter Geltung des Grundgesetzes vorzustellen. Darauf basierend ist auf die Beziehung von richterlicher Unabhängigkeit zum Aspekt der Gewaltentrennung einzugehen, ehe das Spannungsverhältnis zwischen richterlicher Unabhängigkeit und Gewaltenbalancierung analysiert wird.

---

[187] Herzog in Maunz/Dürig, GG-Kommentar, Art. 20 V, Rn. 1; Jarass in Jarass/Pieroth, Kommentar zum GG für die BRD, Art. 20, Rn. 23; Roellecke in Umbach/Clemens, Mitarbeiterkommentar GG, Art. 20, Rn. 122; Degenhardt, Staatsrecht I, Rn. 243; differenzierend Schmidt-Aßmann in Isensee/Kirchhof, Handbuch des Staatsrechts der BRD, § 26, Rn. 47: Art. 20 Abs. 2 S. 2 GG deute nur die Gliederung in verschiedene staatliche Funktionen und eine Trennung der Funktionsträger an, sage aber nichts über die Gewaltenzuordnung, die sich aus dem gesamten GG (u. a. Kompetenzvorschriften) ergebe.

[188] Vgl. oben, S. 24.

I. Das Gewaltenteilungsprinzip

Die Gewaltenteilung ist ein grundlegendes Prinzip der freiheitlichen demokratischen Grundordnung[189] und stellt als wesentlicher Grundsatz der freiheitlichen Demokratie ein „tragendes Organisations- und Funktionsprinzip" des Grundgesetzes dar[190]. Das Gewaltenteilungsprinzip fällt - wie alle Grundsätze des Art. 20 Abs. 1 bis 3 GG - unter die Ewigkeitsgarantie des Art. 79 Abs. 3 GG[191]. und gilt sowohl für den Bund wie für die Länder (Art 28 GG)[192].

1. Historie der Gewaltenteilungslehre

Bereits *Aristoteles* hat gesehen, dass eine Unterscheidung zwischen Gesetzgebung (Legislative) und Rechtsprechung (Judikative) beide zwingt, sich auf das Recht zu konzentrieren, denn Gesetzen lägen abstrakte, langwierige Überlegungen zugrunde, die den Richter daran hinderten, seinen jeweils gegenwärtigen speziellen Neigungen nachzugeben[193]. Diese aus der Antike überlieferte Aufteilung der Staatsgewalt erhält ihre zukunftsweisende Form ab Ende des 17. Jahrhunderts insbesondere bei *Locke* und *Montesquieu*.

a. Gewaltenteilung im Verständnis von John Locke

So unterscheidet der englische Philosoph Locke grundlegend zwischen drei Staatsaufgaben, nicht jedoch im Sinne des heutigen Verständnisses klassischer Gewaltenteilung. Er differenziert zwischen Legislative (Gesetzgebung), Exekutive (Vollzug) und der so genannten Föderativen Gewalt (Staatserhaltung), die er dem Inhaber der Exekutive zuspricht, so dass letztlich nur zwei Träger - Parla-

---

[189] Vgl. BVerfGE NJW 1952, S. 1407; Leibholz/Rinck/Hesselberger/Burghart, Rspr. des BVerfG, Art. 20, Rz. 461.

[190] BVerfGE NJW 1997, S. 383; BVerfGE NJW 1973, S. 451; BVerfGE NJW 1954, S. 65, 68; Jarass in Jarass/Pieroth, Kommentar zum GG für die BRD, Art. 20, Rn. 23; Schulze-Fielitz in Dreier, GG-Kommentar, Art. 20, Rn. 67; Degenhardt, Staatsrecht I, Rn. 243.

[191] di Fabio in Isensee/Kirchhof, Handbuch des Staatsrechts der BRD, § 27, Rn. 4 m.w.N.

[192] BVerfGE NJW 1973, S. 451; Schulze-Fielitz in Dreier, GG-Kommentar, Art. 20, Rn. 71.

[193] Roellecke in Umbach/Clemens, Mitarbeiterkommentar GG, Art. 20, Rn. 123.

ment und König - die drei Staatsgewalten innehaben[194]. Locke trennt strikt zwischen Legislative und Exekutive und unterwirft die Exekutive - und im Ergebnis auch die Rechtsprechung, die bei ihm noch nicht als eigenständige Staatsgewalt vorkommt - der Gesetzesbindung[195]. Die Legislative ist für ihn damit die höchste Gewalt, der alle übrigen unterworfen sind[196]. Allerdings ist die Macht der Legislative zur Gesetzgebung durch „das natürliche Gesetz" begrenzt, das zugleich den Zweck des Staates bildet: der Zweck ist die Sicherung von Leben, Freiheit und Vermögen der Bürger[197].

Die besondere Stellung der Legislative führt jedoch nicht zu deren absolutem Vorrang gegenüber den übrigen Staatsgewalten. Denn der Exekutive wird zugleich die Kompetenz (Prärogative) zugesprochen, Sachentscheidungen zu treffen, wo keine gesetzlichen Regelungen bestehen und sogar „zuweilen auch gegen den ausdrücklichen Buchstaben des Gesetzes zu handeln, wenn es dem öffentlichen Wohl dient" und das Volk dem zustimmt[198]. Zur Prärogative der Exekutive soll auch das Recht gehören, die Legislative einzuberufen und aufzulösen[199], wobei dieses Recht nur zum Wohl der Nation genutzt werden darf[200]. Das Gleichgewicht zwischen Verwaltung und Gesetzgebung soll demnach die Rechte der Bürger schützen[201]. Locke sieht jedoch keine Lösungsmöglichkeit für den Fall von Kompetenzstreitigkeiten zwischen Legislative und Exekutive - etwa über die Frage der richtigen Ausübung der Prärogative - oder gar den Fall eines Zusammenwirkens beider Staatsgewalten zu Lasten der Bürger, weil es für ihn „keinen Richter auf Erden" über Exekutive und Legislative geben konnte[202].

---

194 Locke, Zwei Abhandlungen über die Regierung, S. 298 ff.
195 Locke, Zwei Abhandlungen über die Regierung, S. 301.
196 Locke, Zwei Abhandlungen über die Regierung, S. 301.
197 Locke, Zwei Abhandlungen über die Regierung, S. 283, 289 ff., auf S. 283 fasst Locke diese drei Ziele unter dem Oberbegriff „Eigentum" zusammen.
198 Locke, Zwei Abhandlungen über die Regierung, S. 309, 312.
199 Locke, Zwei Abhandlungen über die Regierung, S. 305, 313: das erwähnte Vorrecht der Exekutive räumt dieser allerdings keinen Vorrang über die Legislative ein.
200 Locke, Zwei Abhandlungen über die Regierung, S. 305 ff., 313 f.
201 Locke, Zwei Abhandlungen über die Regierung, S. 283; v. Unruh in JA 1990, S. 290, 292.
202 Locke, Zwei Abhandlungen über die Regierung, S. 314; dieses Problem wird im Grundgesetz durch die Existenz einer Verfassungsgerichtsbarkeit gelöst, so dass es heute - anders als bei Locke - schon einen „Richter auf Erden" in diesem Sinne gibt.

b. Durchbruch der Gewaltenteilungsidee bei Montesquieu

Die in Europa wie auch in den übrigen westlichen Verfassungsordnungen übliche Vorstellung von Gewaltenteilung baut auf der aristotelischen Funktionengliederung zwischen Legislative, Exekutive und Judikative auf, die Charles Louis de Secondat Baron de la Brède et de Montesquieu in dem Werk „De l' Esprit des Lois" (1748) zur Grundlage seiner wegweisenden Darstellung von Gewaltenteilung gemacht hat[203].

Montesquieu orientiert sein Modell eng am englischen System und ordnet die Legislative (gesetzgebende Gewalt) als unverzichtbare Grundlage der gesetzmäßigen Freiheit einem Zweikammernparlament (Volkskammer, Adelskammer), die Exekutive (vollziehende Gewalt) dem König und die Judikative (richterliche Gewalt) den Gerichten zu[204]. Gewaltentrennung soll in diesem Verständnis Gewaltenhemmung verbürgen[205]. Montesquieus Doktrin von einer rechtsstaatlich strukturierten Hoheitsgewalt sieht indes ebenfalls Einwirkungsmöglichkeiten zwischen den einzelnen Staatsgewalten vor.

Wie Locke gesteht Montesquieu der Exekutive ein Entscheidungsrecht über die Einberufung der Legislative zu[206]. Zusätzlich soll der Monarch durch ein Vetorecht generell das Recht haben, die Gesetzgebung der Legislative aufzuhalten[207]. Hierin sieht Montesquieu ausdrücklich keine Abweichung von den von ihm postulierten verfassungspolitischen Überlegungen, sondern im Gegenteil

---

203 Herzog in Maunz/Dürig, GG-Kommentar, Art. 20 V, Rn. 18.

204 Stern, Das Staatsrecht der BRD, Bd. II, § 36 I 4 b (S. 517 f.) mit Verweis auf Montesquieu.

205 Stern, Das Staatsrecht der BRD, Bd. II, § 36 I 4 b (S. 518).

206 Montesquieu, Vom Geist der Gesetze, S. 224.

207 Montesquieu, Vom Geist der Gesetze, S. 224, 226 spricht von einem Verhinderungsrecht und von einer Beteiligung der Exekutive an der Gesetzgebung; wenn man dieses Montesquieu'sche Vetorecht mit dem von Locke konzipierten bloßen Notrecht der Exekutive als auch z. B. dem mit 2/3-Mehrheit überstimmbaren Vetorecht des amerikanischen Präsidenten (Art. I Section 7 der US-Verfassung) oder dem Zustimmungserfordernis der Bundesregierung zu ausgabeerhöhenden oder einnahmemindernden Gesetzen (Art. 113 Abs. 1 GG) vergleicht, geht Montesquieus Vorschlag eines generellen Vetorechts der Exekutive über diese Verschränkungen weit hinaus.

einen wesentlichen Bestandteil der Verteilung der drei Staatsgewalten[208]. Aus Montesquieus Sicht wäre die Legislative (Parlament) ohne ein generelles Verhinderungsrecht der Exekutive (König) despotisch; umgekehrt spricht er der Legislative kein Verhinderungsrecht gegenüber Akten der Exekutive zu, sondern lediglich ein allgemeines Kontrollrecht[209].

Im Bereich der Rechtsprechung soll für besondere Fälle eine höchste Autorität geschaffen werden, der es zusteht, „das Gesetz zugunsten des Gesetzes selbst zu mildern und weniger streng als das Gesetz zu entscheiden"[210]. Montesquieu sieht hierfür ebenfalls als Organ einen Teil der Adelskammer (Legislative, hier in einer Sonderfunktion als Judikative) vor[211]. Eine solch besondere Form der „Rechtsprechung" zeigt Ansätze zu einer Verfassungsgerichtsbarkeit, die in ihrer Funktion wiederum in Kompetenzen der Legislative eingreift[212]. In Montesquieus Konzeption sind die übrigen Richter allerdings „lediglich der Mund, der den Wortlaut des Gesetzes spricht, Wesen ohne Seele gleichsam, die weder die Stärke noch die Strenge des Gesetzes mäßigen können"[213]. Somit sei unter den drei Staatsfunktionen die richterliche in gewissem Sinne gar keine, es blieben nur zwei übrig - Parlament und Regierung - zur deren Mäßigung die Adelskammer der legislativen Gewalt am besten geeignet sei[214].

c. Von der Paulskirchenverfassung zum Grundgesetz

Die Paulskirchenverfassung von 1849 hat die Montesquieu'sche Lehre direkt übernommen und die Exekutive dem Kaiser (§§ 75, 84), die Legislative dem Reichstag (§ 102) und die Judikative den Bürgern zugewiesen, d. h. sie im Rah-

---

[208] Herzog in Maunz/Dürig, GG-Kommentar, Art. 20 V, Rn. 11; Stern, Das Staatsrecht der BRD, Bd. II, § 36 III 1-3 (S. 527, 529); für Stern gehört es zu den großen Missverständnissen von Montesquieus Lehre, die Bedeutung des Hemmungs- und Balancierungsaspektes gering zu schätzen, obschon diese den politisch bedeutsameren Sinn des Prinzips darstellen sollten.
[209] Montesquieu, Vom Geist der Gesetze, S. 224, 226.
[210] Montesquieu, Vom Geist der Gesetze, S. 225 f.
[211] Montesquieu, Vom Geist der Gesetze, S. 225.
[212] Frankenberg in Alternativkommentar zum Grundgesetz, Art. 20, Rn. 41; Schulze-Fielitz in Dreier, GG-Kommentar, Art. 20, Rn. 75.
[213] Montesquieu, Vom Geist der Gesetze, S. 225.
[214] Montesquieu, Vom Geist der Gesetze, S. 221 f., 225 f.

men der Grundrechte geregelt (§ 174 - 183)[215]. Erst das Grundgesetz hat die Gewaltenteilung ohne jegliche Bezugnahme auf gesellschaftliche Kräfte institutionalisiert[216] und in Art. 20 Abs. 2 S. 2 GG verfassungsrechtlich verankert.

2. Grundfunktionen und Organe

Im Rahmen einer inhaltlichen Untersuchung des Gewaltenteilungsgrundsatzes ist zuvörderst zwischen einer funktionellen und einer organisatorischen Komponente von Gewaltenteilung zu differenzieren[217].

a. Funktionale Gewaltenteilung

Unter funktionaler Gewaltenteilung versteht man die in Art. 20 Abs. 2 S. 2 GG vorgesehene Unterscheidung zwischen drei verschiedenen Teilbereichen staatlicher Aufgaben: Gesetzgebung (Legislative), vollziehende Gewalt (Exekutive) und Rechtsprechung (Judikative)[218]. Eine solche Dreiteilung aller staatlichen Gewalt findet sich schon bei Aristoteles[219] und setzte sich in den westlichen Staaten endgültig mit der Gewaltenteilungslehre Montesquieus durch[220].

Der inhaltliche Bedeutungsgehalt dieser drei Grundfunktionen lässt sich indes nicht ohne weiteres bestimmen. Insbesondere enthält das Grundgesetz weder eine Legaldefinition der drei Staatsgewalten, noch eine Regelung, die den Inhalt, die Befugnisse oder die Kompetenzen der jeweiligen Gewalt abschließend festlegt[221]. Zur Bestimmung ist daher auf die Einzelangaben im Grundgesetz („Ausführungsbestimmungen" zu Art. 20 GG, unter anderem die Kompetenz-

---

215 Roellecke in Umbach/Clemens, Mitarbeiterkommentar GG, Art. 20, Rn. 125; damit folgte die Paulskirchenverfassung inhaltlich dem aus Montesquieus Lehre resultierenden Missverständnis, dass Gewaltenteilung nur funktionieren könne, wenn hinter jeder Gewalt eine soziale oder politische Macht stehe.

216 Roellecke in Umbach/Clemens, Mitarbeiterkommentar GG, Art. 20, Rn. 125.

217 Schmidt-Aßmann in Isensee/Kirchhof, Handbuch des Staatsrechts der BRD, § 26, Rn. 52.

218 Schmidt-Aßmann in Isensee/Kirchhof, Handbuch des Staatsrechts der BRD, § 26, Rn. 52; Jarass in Jarass/Pieroth, Kommentar zum GG für die BRD, Art. 20, Rn. 24.

219 Vgl. zu Aristoteles Konzept v. Unruh in JA 1990, S. 290, 291.

220 Herzog in Maunz/Dürig, GG-Kommentar, Art. 20 V, Rn. 14.

221 Herzog in Maunz/Dürig, GG-Kommentar, Art. 20 V, Rn. 38.

vorschriften im GG), auf den Sinn des Verfassungssystems und auf die Verfassungstradition zurückzugreifen[222], wobei bei der Aufgabenverteilung zwischen Legislative und Exekutive breite Grenzzonen existieren[223]. Nur von den Funktionen des Gewaltenteilungsprinzips her ist ein Rückschluss auf die Funktionsträger (Organe) möglich, die diese Funktionen wahrzunehmen haben[224].

b. Organisatorische Gewaltenteilung

Unter dem Begriff organisatorischer Gewaltenteilung versteht man den Grundsatz, dass jede der drei Grundfunktionen (Teilgewalten) unterschiedlichen Trägern - Art. 20 Abs. 2 S. 2 GG: „besondere Organe" - zugewiesen wird[225]. Die Organe sollen rechtlich und technisch-organisatorisch selbständig sein[226]. Eine Vermischung der Funktionen, insbesondere die Schaffung von Mischorganen mit Entscheidungskompetenz, ist grundsätzlich unzulässig[227].

Die Organe dürfen grundsätzlich nicht aus denselben Personen bestehen (personelle Gewaltenteilung = Inkompatibilitäten)[228]. Diese Grundsätze sind allerdings vielfach durchbrochen, insbesondere sind die Inkompatibilitätsregelungen sehr lückenhaft[229]. Zum Teil sind Abweichungen sogar ausdrücklich vorgesehen, so etwa im Falle des Bundesrats, der eine Institution der gesetzgebenden Gewalt ist, aber kraft verfassungsrechtlicher Anordnung (Art 51 Abs. 1 GG) ausschließlich aus Mitgliedern der Länderexekutive bestehen darf[230].

---

[222] Schmidt-Aßmann in Isensee/Kirchhof, Handbuch des Staatsrechts der BRD, § 26, Rn. 52.
[223] So auch - mit eigenen Versuchen der Abgrenzung der Fuktionsbereiche der Staatsgewalten - Schmidt-Aßmann in Isensee/Kirchhof, Handbuch des Staatsrechts der BRD, § 26, Rn. 52, 54; Herzog in Maunz/Dürig, GG-Kommentar, Art. 20 V, Rn 66 ff. (zur Legislative Rn. 78 ff.).
[224] Stern, Das Staatsrecht der BRD, Bd. II, § 36 II 1 (S. 522).
[225] Jarass in Jarass/Pieroth, Kommentar zum GG für die BRD, Art. 20, Rn. 24.
[226] Schmidt-Aßmann in Isensee/Kirchhof, Handbuch des Staatsrechts der BRD, § 26, Rn. 53.
[227] Schulze-Fielitz in Dreier, GG-Kommentar, Art. 20, Rn. 67; Herzog in Maunz/Dürig, GG-Kommentar, Art. 20 V, Rn. 41.
[228] Schmidt-Aßmann in Isensee/Kirchhof, Handbuch des Staatsrechts der BRD, § 26, Rn. 53; Herzog in Maunz/Dürig, GG-Kommentar, Art. 20 V, Rn. 15.
[229] Schmidt-Aßmann in Isensee/Kirchhof, Handbuch des Staatsrechts der BRD, § 26, Rn. 53; Herzog in Maunz/Dürig, GG-Kommentar, Art. 20 V, Rn. 44.
[230] Herzog in Maunz/Dürig, GG-Kommentar, Art. 20 V, Rn. 50 hebt diese Abweichung hervor.

3. Funktionen des Gewaltenteilungsprinzips im Einzelnen

a. Zwecke der Gewaltenteilung

Gewaltenteilung bezweckt nach der Rechtsprechung des Bundesverfassungsgerichtes, dass sich „die Organe der Legislative, Exekutive und Justiz gegenseitig kontrollieren und begrenzen, damit die Staatsmacht gemäßigt und die Freiheit des Einzelnen geschützt wird"[231]. Darüber hinaus soll sie für eine rationale und gerechte Staatsorganisation sorgen (Rationalisierungsfunktion) und gewährleisten, dass staatliche Entscheidungen möglichst richtig, also von den Organen getroffen werden, die nach Organisation, Zusammensetzung und Verfahrensweise über die besten Voraussetzungen verfügen (sog. Organadäquanz)[232].

Vor dem Hintergrund dieser Konzeption lässt sich auch erklären, weshalb der Grundsatz der (organisatorischen) Gewaltenteilung im Grundgesetz nicht strikt durchgeführt ist[233]. Dem liegt der Gedanke zugrunde, dass die Gewaltenteilung nicht auf absolute Trennung, sondern eben auch auf gegenseitige Kontrolle, Hemmung und Mäßigung der Staatsgewalt angelegt ist (Kontrollfunktion, Mäßigungsfunktion)[234]. Auch die Entstehungsgeschichte belegt, dass dies schon von Anfang an Teil der Gewaltenteilungsidee ist. Das Gewaltenteilungsprinzip schloss niemals und schließt auch nach dem Grundgesetz nicht gewisse Verspannungen, Verzahnungen, Verbindungen und Grenzüberschreitungen zwischen den Gewalten aus[235].

---

[231] Ständige Rechtsprechung seit BVerfGE NJW 1959, S. 1171; BGH NJW 1978, S. 2098; BVerfGE 67, S. 100, 130.

[232] BVerfGE NJW 1997 S. 383; BVerfGE NJW 1985 S. 603, 605; Schulze-Fielitz in Dreier, GG-Kommentar, Art. 20, Rn. 71; Ipsen, Staatsrecht I, Rn. 753.

[233] BVerfGE NJW 1973 S. 451; BVerfGE NJW 1958 S. 97; BVerfGE NJW 1954, S. 65, 68; Leibholz/Rinck/Hesselberger/Burghart, Rspr. des BVerfG, Art. 20, Rz. 461; Jarass in Jarass/Pieroth, Kommentar zum GG für die BRD, Art. 20, Rn. 24.

[234] BVerfGE NJW 1973 S. 451; BVerfGE NJW 1958 S. 97; Jarass/Pieroth, Kommentar zum GG für die BRD, Art. 20, Rn. 24.

[235] Geiger in FS Schäfer, S. 79, 82.

In ihnen scheint vielmehr der Gedanke durch, dass z. B. auch Richter in einem demokratischen Staat einer demokratischen Legitimationskette bedürfen, in die zwangläufig auch andere Staatsgewalten involviert sind[236]. Der Sinn der Gewaltenteilung liegt also nicht in einer scharfen, funktionalen Trennung der Staatsgewalt, sondern in einer gegenseitigen Kontrolle und Begrenzung der drei Gewalten. Es ist eine politische Machtverteilung und ein Ineinandergreifen der Staatsgewalten gewollt, um die Staatsherrschaft zu mäßigen [237] und hierdurch die Freiheit des Einzelnen zu schützen[238].

b. Gewaltenbalancierung und -verschränkung im Grundgesetz

Die Ergänzung des Trennungsprinzips durch gegenseitige Einflussmöglichkeiten und Abhängigkeiten ist ein integraler Bestandteil der Gewaltenteilung[239]. So fordert auch das Grundgesetz keine absolute Trennung, sondern die gegenseitige Kontrolle, Hemmung und Mäßigung der Gewalten[240]. Hieraus resultierende Verschränkungen der einzelnen Gewalten sind schon um der Machtmäßigung willen ein Grundanliegen der Gewaltenteilungsidee (checks and balances = Gewaltenbalancierung)[241]. Zwar vermag dies auf den ersten Blick als Durchbrechung des Prinzips, zu dessen Grundfunktionen auch die organisatorische Gewaltenteilung gehört, erscheinen, allerdings wurde die Idee der Gewaltenteilung von Locke und Montesquieu - wie bereits erwähnt - gerade auch als ein Mittel zur Kontrolle der Staatsgewalt entwickelt[242]. In der Idee dieser Kontrolle

---

[236] Das Grundgesetz schließt hierbei eine unmittelbare Wahl des Richters durch das Volk aus.
[237] BVerfGE NJW 1973 S. 451; BVerfGE NJW 1959, S. 1171; BVerfGE NJW 1958 S. 97; BVerfGE NJW 1954, S. 65, 68; Sachs in Sachs, GG-Kommentar, Art. 20, Rn. 81.
[238] Vgl. BVerfGE NJW 1959, S. 1171; Leiholz/Rinck/Hesselberger/Burghart, Rspr. des BVerfG, Art. 20, Rz. 461; Sachs in Sachs, GG-Kommentar, Art. 20, Rn. 81; Jarass in Jarass/Pieroth, Kommentar zum GG für die BRD, Art. 20, Rn. 23.
[239] Stern, Das Staatsrecht der BRD, Bd. II, § 36 III 3 (S. 529 ff.); Berg, Staatsrecht, Rn. 137, 139; Schmidt-Aßmann in Isensee/Kirchhof, Handbuch des Staatsrechts der BRD, § 26, Rn. 55.
[240] Vgl. BVerfGE NJW 1997, S. 383; ferner Jarass/Pieroth, Kommentar zum GG für die BRD, Art. 20, Rn. 24.
[241] Schmidt-Aßmann in Isensee/Kirchhof, Handbuch des Staatsrechts der BRD, § 26, Rn. 55; Berg, Staatsrecht, Rn. 137, 139.
[242] Vgl. Montesquieu, Vom Geist der Gesetze, S. 216 ff.; im Einzelnen schon oben, S. 45 ff.

liegt die Reaktion der westlichen Verfassungsordnungen auf ein Menschenbild, das von der Irrtumsfähigkeit und Fehlsamkeit des Menschen ausgeht.

Danach ist es eben nicht ausgeschlossen, dass die Inhaber staatlicher Ämter irren, sondern Fehler begehen können und es daher entscheidend darauf ankommt, ihnen im Wege der Gewaltenteilung nur einen relativ kleinen Entscheidungsspielraum zu übertragen, sie mithin der Kontrolle und wenn nötig der Korrektur durch andere Staatsorgane zu unterwerfen[243]. Dies muss selbst dann gelten, wenn man von einem abstrakten Vorrang des Trennungsaspektes ausgeht, denn die verfassungsrechtliche Normallage bleibt die Kompetenzverschränkung und der deutlich beherrschende Zweck der Gewaltenmäßigung und -hemmung durch Zusammenwirken der Funktionsträger[244]. Indes kann sowohl ein zu geringes Maß, wie auch ein zu hohes Maß an Verschränkungen im Sinne der Gewaltenteilung schädlich sein[245].

Bei der Frage ihrer gesetzlichen Ausgestaltung steht dem Gesetzgeber ein erheblicher Gestaltungsspielraum zu[246]. Das Grundgesetz enthält zahlreiche „Ausführungsbestimmungen"[247], die den Grundsatz der Gewaltenteilung im Sinne der Gewaltenbalancierung und Gewaltenverschränkung ergänzen, modifizieren oder auch abschwächen: so ist es dem Parlament und damit der Legislative gemäß Art. 80 Abs. 1 GG möglich, Rechtsetzungsbefugnisse hinsichtlich Rechtsverordnungen, die Gesetze im materiellen Sinne sind, auf die Bundesregierung zu übertragen[248]. Andererseits werden Exekutivfunktionen an das Parlament zugewiesen, die jedenfalls nicht zur Gesetzgebung im materiellen Sinne gehören, etwa der Erlass des Haushaltsplanes[249]. Die Haushaltsgesetzgebung ist

---

243 Herzog in Maunz/Dürig, GG-Kommentar, Art. 20 V, Rn. 12; ebenso wenig ist es danach ausgeschlossen, dass der einzelne Amtswalter oder das einzelne Staatsorgan bewusst zum Schaden des Staatsganzen handeln möchte - folgerichtig kommt es auf ein System der „checks and balances" an, durch das sie daran gehindert werden.
244 Schütz, Der ökonomisierte Richter, S. 125 m.w.N.
245 Schmidt-Aßmann in Isensee/Kirchhof, Handbuch des Staatsrechts der BRD, § 26, Rn. 55.
246 Schmidt-Aßmann in Isensee/Kirchhof, Handbuch des Staatsrechts der BRD, § 26, Rn. 55.
247 Insbesondere die Kompetenzvorschriften im Grundgesetz.
248 Sachs in Sachs, GG-Kommentar, Art. 20, Rn. 85.
249 Sachs in Sachs, GG-Kommentar, Art. 20, Rn. 85.

nach den Art. 110 ff. GG Legislative und Exekutive zur gesamten Hand überwiesen, wobei der Haushaltsplan von der Bundesregierung aufzustellen ist, Art. 110 Abs. 1 GG[250] und ausgabeerhöhende sowie einnahmemindernde Gesetze der Zustimmung der Bundesregierung bedürfen, Art. 113 Abs. 1 GG.

Auch im Verhältnis von Judikative zu Legislative und Exekutive sind zahlreiche Verschränkungen zu dokumentieren: das Bundesverfassungsgericht hat die Kompetenz, Gesetze gleichgültig welchen Ranges auf ihre Verfassungsmäßigkeit zu prüfen und ganz oder teilweise für nichtig zu erklären, was einen erheblichen Eingriff in die Gesetzgebung bedeutet[251]. Indes wird mit Blick auf die Gewaltenbalancierung und die Gewaltenhemmung die Existenz eines mit starken Kontrollbefugnissen ausgestatteten Bundesverfassungsgerichts sogar als wesentlicher Bestandteil der Gewaltenteilung und als durch diese geschützt angesehen[252].

Daneben ist die Übertragung von Aufgaben der freiwilligen Gerichtsbarkeit, die an sich der Exekutive obliegen, an die Gerichte möglich[253], ebenso wie die Betrauung einzelner Richter mit Aufgaben der Justizverwaltung[254]. Hier wird deutlich, dass es bei der Verteilungsfrage nicht nur um die Frage der Kontrolle geht, sondern auch um eine Kompetenzzuweisung im Sinne einer rationalen Verteilung der Staatsaufgaben (Rationalisierungsfunktion), die rein funktional betrachtet an andere Organe zugewiesen werden müssten. Diese normative Entkoppelung wird durch die grundgesetzlich scharfe Unterscheidung zwischen Organisation und Funktion und in der Folge zwischen Organisation und Kompetenz, die sich an Funktionen orientiert[255], ermöglicht. Insoweit ist festzuhalten,

---

250 di Fabio in Isensee/Kirchhof, Handbuch des Staatsrechts der BRD, § 27, Rn. 32.

251 Prüfung im Rahmen einer abstrakten Normenkontrolle, Art. 93 Abs. 1, Nr. 2, 2a GG, oder einer konkreten Normenkontrolle, Art. 100 Abs. 1 GG; Frankenberg in Alternativkommentar zum Grundgesetz, Art. 20, Rn. 41; Schulze-Fielitz in Dreier, GG-Kommentar, Art. 20, Rn. 75.

252 Herzog in Maunz/Dürig, GG-Kommentar, Art. 20 V, Rn. 73.

253 Leibholz/Rinck/Hesselberger/Burghart, Rspr. des BVerfG, Art. 20, Rz. 523.

254 Vgl. Leibholz/Rinck/Hesselberger/Burghart, Rspr. des BVerfG, Art. 20, Rz. 523; Schütz, Der ökonomisierte Richter, S. 117 ff.

255 Näher: Roellecke in Umbach/Clemens, Mitarbeiterkommentar GG, Art. 20, Rn. 130.

dass der Grundsatz der Gewaltenteilung - auch in Bezug auf die Zuordnung der drei Funktionen an die Organe - nirgends rein verwirklicht ist[256].

c. Grenze der Verschränkungen - Kernbereichslehre des BVerfG

Die durch das Gewaltenteilungsprinzip proklamierte gegenseitige Kontrolle, Hemmung und Mäßigung bedingt erhebliche Einwirkungsmöglichkeiten der Gewalten untereinander. Hieraus resultierende Verschränkungen dürfen jedoch nicht so weit gehen, dass wesensbestimmte Merkmale des Funktionsbereichs einer Staatsgewalt angetastet werden[257]. Daher ist nach der Rechtsprechung des Bundesverfassungsgerichtes keine der drei Teilgewalten berechtigt, in den Kernbereich der beiden anderen einzugreifen und darf vom Gesetzgeber auch nicht hierzu ermächtigt werden[258].

Der Kernbereich von Legislative, Exekutive und Judikative ist unveränderbar, womit ausgeschlossen ist, dass eine Staatsgewalt ihren Kernbereich preisgibt[259]. Keine Gewalt darf ein in der Verfassung nicht vorgesehenes Übergewicht über eine andere Staatsgewalt haben und keine darf der zur Erfüllung ihrer verfassungsmäßigen Aufgaben erforderlichen Zuständigkeiten beraubt werden[260]. Die Bestimmung des Kernbereichs ist mit großen Unbestimmtheiten behaftet, aber zur Gewährleistung des Prinzips unverzichtbar[261].

So ist eine pauschale Übertragung normsetzender Gewalt von der Legislative auf die Exekutive, ohne Bestimmbarkeit von Grenzen der Ermächtigung, mit

256 Explizit dazu: BVerfGE NJW 1973 S. 451; Leibholz/Rinck/Hesselberger/Burghart, Rspr. des BVerfG, Art. 20, Rz. 462.

257 Schmidt-Aßmann in Isensee/Kirchhof, Handbuch des Staatsrechts der BRD, § 26, Rn. 56.

258 BVerfGE NJW 1997, S. 383; BVerfGE NJW 1973, S. 451 (Kernbereichslehre); BVerfGE NJW 1959, S. 1171; Stern, Das Staatsrecht der BRD, Bd. I, § 20 V 3 (S. 626 f.).

259 BVerfGE NJW 1973, S. 451; Leibholz/Rinck/Hesselberger/Burghart, Rspr. des BVerfG, Art. 20, Rz. 471.

260 BVerfGE NJW 1959, S. 1171, 1172 hat im Gesetz zur Bremischen Personalvertretung eine Verletzung des Kernbereichs der Exekutive durch die Legislative gesehen.

261 Schmidt-Aßmann in Isensee/Kirchhof, Handbuch des Staatsrechts der BRD, § 26, Rn. 56.

der Gewaltenteilungsidee unvereinbar[262]. Die Gerichte müssen selbstständig und organisatorisch hinreichend von den Verwaltungsbehörden getrennt sein[263]. Jede zu enge Verzahnung zwischen den Organen der rechtsprechenden und vollziehenden Gewalt ist aus diesem Grunde unzulässig[264]. Überdies dürfen Verwaltungsbeamte nicht zugleich Richter in Verwaltungsstreitfällen sein, wenn sie dieselbe Materie zugleich als Beamte bearbeiten[265]. Derart besetzte Organe sind nicht mehr „besondere" Organe im Sinne von Art 20 Abs. 2 S. 2 GG und daher nicht als Gericht zu qualifizieren[266].

II. Legitimation durch Gewaltenteilung

1. Richterliche Unabhängigkeit und Gewaltentrennung

Gewaltenteilung im Sinne von Gewaltentrennung setzt voraus, dass jedes der „besonderen Organe", auf die die Fülle der staatlichen Gewalt verteilt wird, von allen anderen ebenfalls einschlägigen Organen unabhängig ist. Denn wäre eines dieser Organe von einem anderen in seinen Entscheidungen und Verhaltensweisen abhängig, so läge in Wirklichkeit zwar vielleicht eine Zuständigkeitsverteilung, mit Sicherheit jedoch keine Gewaltenteilung vor, weil das entscheidende Ziel dieses Prinzips, die Verhinderung von Machtmissbrauch, um die Freiheit des Einzelnen zu sichern, nicht sichergestellt werden könnte[267]. Besonderes Organ der Judikative in diesem Zusammenhang ist der Richter. Gemäß

---

[262] BVerfGE NJW 1973, S. 451, 452; Leibholz/Rinck/Hesselberger/Burghart, Rspr. des BVerfG, Art. 20, Rz. 471 f.; Stern, Das Staatsrecht der BRD, Bd. II, § 36 IV 5 a, b (S. 542) verweist auf das historisch wohl bedeutendste Beispiel für die Gefahren einer solchen Generalermächtigung und zwar auf das Ermächtigungsgesetz von 1933 - „Legalisierung" der Diktatur der NS-Reichsregierung (Exekutive).

[263] Leibholz/Rinck/Hesselberger/Burghart, Rspr. des BVerfG, Art. 20, Rz. 521.

[264] BVerfGE NJW 1969, S. 2192, 2193; BVerfGE NJW 1965, S. 343, 345; Leibholz/Rinck/Hesselberger/Burghart, Rspr. des BVerfG, Art. 20, Rz. 521.

[265] BVerfGE NJW 1956, S. 137; vgl. auch Leibholz/Rinck/Hesselberger/Burghart, Rspr. des BVerfG, Art. 20, Rz. 525.

[266] So BVerfGE NJW 1956, S. 137, 138.

[267] Herzog in Maunz/Dürig, GG-Kommentar, Art. 20 V, Rn. 6.

Art. 97 Abs. 1 GG sind Richter unabhängig und nur dem Gesetz unterworfen. Sie sind in ihren Entscheidungen und Verhaltensweisen gerade von keinem anderen Organ inhaltlich weisungsabhängig, was wiederum exakt der Vorstellung von „Gewaltentrennung“ entspricht.

Insoweit stellt die Vorschrift eine Teilkonkretisierung des Gewaltenteilungsgrundsatzes im Hinblick auf die Dritte Gewalt dar[268]. Das Prinzip richterlicher Unabhängigkeit findet demzufolge an dieser Stelle seinen Anschluss an den Gewaltenteilungsgrundsatz[269] und dient insoweit auch der Verwirklichung der Gewaltentrennung. Die (weisungs-) unabhängige Entscheidungskompetenz der Richter ist daher sowohl in Art. 97 GG als auch in der Idee der Gewaltentrennung aus Art 20 Abs. 2 S. 2 GG verankert.

Artgleiches lässt sich indirekt auch der Rechtsprechung des Bundesverfassungsgerichtes entnehmen: so hat es die im baden-württembergischen Gesetz Nr. 241 über die Friedensgerichtsbarkeit[270] vorgesehene Verknüpfung des Amtes des Bürgermeisters (Exekutive), der als solcher der Ortspolizeibehörde vorsteht, mit dem Amt des Friedensrichters (Judikative), der auch über Strafgewalt verfügte, wegen Verletzung des Grundsatzes der Gewaltenteilung im Sinne von Gewaltentrennung für verfassungswidrig erklärt[271]. Eine organisatorische und personelle Trennung der Gewalten sowie eine funktionelle Unabhängigkeit der Judikative waren hier nicht gewährleistet. Das Bundesverfassungsgericht hat in seinem Urteil die Frage, ob zugleich ein Verstoß gegen die richterliche Unabhängigkeit vorliegt, offen gelassen und ausschließlich auf einen Verstoß gegen die Gewaltenteilung abgestellt[272], obwohl ein Verstoß auch gegen die richterliche Unabhängigkeit im Sinne des Art. 97 GG evident ist. Auf eine Prüfung der „spezielleren“ richterlichen Unabhängigkeit wurde hier schlichtweg verzichtet.

---

[268] Statt vieler: BVerwGE NJW 1988, S. 1748; Bernsdorff in Umbach/Clemens, Mitarbeiterkommentar GG, Art. 97, Rn. 10; Sachs in Sachs, GG-Kommentar, Art. 97, Rn. 1.

[269] Herzog in Maunz/Dürig, GG-Kommentar, Art. 20 V, Rn. 7.

[270] Gesetz vom 29. März 1949; RegBl. S. 47.

[271] Vgl. BVerfGE 10, S. 201, 216 ff.; Leibholz/Rinck/Hesselberger/Burghart, Rspr. des BVerfG, Art. 20, Rz. 526.

[272] BVerfGE 10, S. 201, 216: eine Entscheidung hierüber sei entbehrlich, weil sich die Verfassungswidrigkeit aus anderen Gründen ergebe.

Stellt man auf den Trennungsaspekt des Gewaltenteilungsprinzips ab, so wird letztlich das Prinzip richterlicher Unabhängigkeit von diesem umfasst[273]. Freilich offen bleibt bis jetzt die Frage, ob sich die Unabhängigkeitsgarantie vollständig aus dem Grundsatz der Gewaltenteilung ableiten lässt. Dies bedarf weiterer Überprüfung, denn das Gewaltenteilungsprinzip besteht nicht nur aus dem Trennungsaspekt, sondern intendiert der Machtmäßigung halber primär gegenseitige „checks and balances" der Gewalten.

2. Richterliche Unabhängigkeit und Gewaltenbalancierung

Das Grundgesetz fordert keine absolute Trennung, sondern die gegenseitige Kontrolle, Hemmung und Mäßigung der Gewalten[274]. So unterliegt heute fast jeder Hoheitsakt von Legislative und Exekutive richterlicher Überprüfbarkeit[275]. Die Gerichte können Akte der Exekutive und sogar der Legislative (durch das Bundesverfassungsgericht) aufheben[276]. Dies entspricht gänzlich der Idee der Gewaltenbalancierung, die auf gegenseitige Kontrolle, Hemmung und Mäßigung der Staatsgewalten abzielt, um hierdurch die Freiheit des Einzelnen zu schützen[277]. Gleichzeitig widerspricht es jedoch dem Trennungsgedanken des Gewaltenteilungsprinzips, in dem die Unabhängigkeit der einzelnen Organe durch die gegenseitigen „checks and balances" wieder weitestgehend relativiert wird. *Herzog* bemerkt, dass es sich hierbei gemessen an der „reinen Idee" der Gewaltenteilung um einen „Systembruch" und um „augenscheinliche Durchbrechungen" des Prinzips handelt[278].

Um dieser Gewaltenbalancierung willen ist die (organisatorische) Gewaltenteilung nicht strikt durchgeführt. So gibt es Rechtsetzung durch die Verwaltung, Verwaltungskontrolle durch den Gesetzgeber und Verwaltung durch die Rich-

---

[273] Im Ergebnis ebenso Eichenberger, Die richterliche Unabhängigkeit als staatsrechtliches Problem, S. 66.
[274] Jarass in Jarass/Pieroth, Kommentar zum GG für die BRD, Art. 20, Rn. 24.
[275] Herzog in Maunz/Dürig, GG-Kommentar, Art. 20 V, Rn. 36.
[276] Vgl. S. 54.
[277] Vgl. schon S. 51.
[278] Herzog in Maunz/Dürig, GG-Kommentar, Art. 20 V, Rn. 58, 59.

ter[279]. Es gibt allerdings keine Rechtsprechung durch den Gesetzgeber oder die Verwaltung[280]. Ausschließlich der Richter trifft die letztverbindliche, der Rechtskraft fähigen Feststellung und den Ausspruch dessen, was im konkreten Fall rechtens ist[281]. Eine Abänderung oder gar Kassation von Gerichtsentscheidungen durch den Gesetzgeber oder die Verwaltung ist zudem aufgrund der Art. 92, 97 GG ausnahmslos verfassungswidrig[282]. Das Grundgesetz hat damit, was die zulässige Marge einer Grenzüberschreitung zwischen den Gewalten, das Hineinwirken der einen Gewalt auf die andere Gewalt, anlangt, etwas Besonderes getan: die rechtsprechende Gewalt ist ausschließlich den Richtern vorbehalten[283]. Dadurch sind Kontroll-, Mäßigungs-, und Hemmungsmöglichkeiten der beiden übrigen Staatsgewalten auf die Judikative aus verfassungsrechtlicher Perspektive beträchtlich eingeschränkt.

Einige wenige Einflussmöglichkeiten von Exekutive und Legislative bestehen jedoch. Die Legislative kann durch ihre Kompetenz zur Gesetzgebung unmittelbar Einfluss auf die Judikative nehmen, denn der Richter ist nach Art. 20 Abs. 3 GG und gemäß Art. 97 Abs. 1 GG dem Gesetz unterworfen[284].

Allerdings obliegt es dem Richter im Gegenzug wiederum, dieses Recht auszulegen und dort, wo eine Regelungslücke besteht - praeter legem - im Rahmen richterlicher Rechtsfortbildung zu ergänzen[285]. Ebenso werden Richter in vielen Bundesländern durch Richterwahlausschüsse der Landtage auf Vorschlag des zuständigen Ministers gewählt (in den übrigen allein durch den Minister be-

279 Geiger in FS Schäfer, S. 82; Ipsen, Staatsrecht I, Rn. 752, 760 (Schaubild); zu denken ist etwa an den Erlass von Rechtsverordnungen - und damit von Gesetzen - nach Art. 80 GG durch die Verwaltung und an das dem Bundestag zustehende konstruktive Misstrauensvotum gemäß Art. 67 GG, wonach der Bundestag das Exekutivorgan „Bundeskanzler" bei erfolgreicher Wahl eines Nachfolgers entlassen kann.

280 Geiger in FS Schäfer, S. 82.

281 BVerfGE NJW 2001, S. 1048, 1052; BVerfGE NJW 1971, S. 1308.

282 Schütz, Der ökonomisierte Richter, S. 118.

283 Geiger in FS Schäfer, S. 79, 82.

284 Nach Art. 20 Abs. 3 GG ist der Richter auch an das „Recht" gebunden, indes ist dieses „Recht" dem Einwirkungsbereich der Legislative entzogen; vgl. unten, S. 121.

285 Roellecke in Umbach/Clemens, Mitarbeiterkommentar GG, Art. 20, Rn. 147; Sachs in Sachs, GG-Kommentar, Art. 20, Rn. 119 m.w.N.

stimmt), sodass erhebliche exekutivische und zum Teil auch legislative Einflüsse auf die Richterwahl vorhanden sind[286].

Einmal gewählt, sind die Berufsrichter aufgrund ihrer persönlichen richterlichen Unabhängigkeit jedoch grundsätzlich unversetzbar und unabsetzbar, so Art. 97 Abs. 2 GG. Die hauptamtlich und planmäßig ernannten Richter werden nämlich grundsätzlich auf Lebenszeit angestellt (§ 10 DRiG). Ein solcher Status für Organe bzw. Vertreter von Legislative und Exekutive ist in der Demokratie geradezu undenkbar. Sonstige Staatsämter werden immer nur auf Zeit vergeben. Indessen ist zu berücksichtigen, dass sich der Grundsatz der Anstellung auf Lebenszeit nur aus dem Richtergesetz ergibt (§ 10 DRiG). Art. 97 Abs. 2 GG schreibt abweichend von Art. 104 WRV nicht vor, dass die hauptamtlichen und planmäßig ernannten Richter auf Lebenszeit angestellt werden müssen, sondern überlässt diese Frage dem einfachen Gesetzgeber[287].

Der Gesetzgeber ist durch die verfassungsrechtlich verankerte richterliche Unabhängigkeit nicht daran gehindert, etwa festzusetzen, dass Richter künftig nur noch auf Zeit gewählt werden. Allerdings schließt Art. 97 Abs. 2 GG die Abwahl von Richtern aus. Die Absetzung eines Richters vor dem Ende seiner Amtszeit ist nur durch richterliche Entscheidung möglich, Art. 97 Abs. 2 S. 1 GG[288].

Wenn man die eben dargelegte Stellung der Judikative mit derjenigen der Exekutive vergleicht, ergeben sich erhebliche Unterschiede. Der Bundestag (Legislative) kann den Bundeskanzler (Exekutive) vor Ablauf seiner regulären Amtszeit mittels eines konstruktiven Misstrauensvotums durch Wahl eines Nachfolgers aus dem Amt befördern, Art. 67 Abs. 1 GG[289]. Der Bundeskanzler ist letzt-

---

[286] Pieroth in Jarass/Pieroth, Kommentar zum GG für die BRD, Art. 98, Rn. 4: die Errichtung von Richterwahlausschüssen in den Ländern ist fakultativ. Der jeweilige Justizminister muss stets eine mindestens gleichberechtigte Stellung (mit Letztentscheidungsbefugnis) bei der Richteranstellung haben.

[287] BVerfGE NJW 1956, S. 137, 138 hat diesen Unterschied zwischen Art. 97 Abs. 2 GG und Art. 104 WRV ausdrücklich hervorgehoben.

[288] Im Gegensatz dazu fordert Montesquieu, Vom Geist der Gesetze, S. 218, dass eine richterliche Befugnis nicht an einen unabsetzbaren Senat verliehen werden darf.

[289] Vgl. auch Pieroth in Jarass/Pieroth, Kommentar zum GG für die BRD, Art. 67, Rn. 2.

lich nicht nur an „Gesetz und Recht" gebunden, Art 20 Abs. 3 GG, sondern er braucht faktisch auch immer die Unterstützung durch eine ihn tragende Mehrheit im Bundestag. Die Richter sind hingegen ausschließlich dem Gesetz (und dem Recht) unterworfen vgl. schon Art. 97 Abs. 1 GG, Art. 20 Abs. 3 GG.

Allein das zeigt, dass die Möglichkeiten der Legislative zur Kontrolle und Hemmung der Judikative deutlich geringer sind als in Bezug zur Exekutive.

An diesem Gesamtbild ändert sich auch nichts, wenn man den Umstand einbezieht, dass die Richter einer Dienstaufsicht durch die Exekutive unterliegen. Die Dienstaufsicht erfasst - soweit man indirekte Einflusspotentiale ausklammert - neben dem Bereich der äußeren Ordnung nur solche „richterliche Tätigkeiten", die dem Kernbereich der Unabhängigkeit insoweit entrückt sind, dass eben für sie die Unabhängigkeitsgarantie nicht in Anspruch genommen werden kann[290].

Es lässt sich demzufolge festhalten, dass einerseits erhebliche Hemmungs-, Kontroll- und Mäßigungsmöglichkeiten der Judikative gegenüber Legislative und Exekutive bestehen. Andererseits sind im Verhältnis zu diesen Einwirkungsmöglichkeiten der Rechtsprechung äußerst geringfügige verfassungsrechtliche Mechanismen vorhanden, die im Sinne von „checks and balances" gegenüber der Judikative selbst wirken.

In dieser Betrachtungsweise kommt der Rechtsprechung bei Heranziehung des Aspektes der Gewaltenbalancierung ein unverhältnismäßig hohes Maß an Unabhängigkeit und Autonomie zu[291].

---

[290] BGH NJW 2002, S. 359; BGH DRiZ 1997, S. 467, 468; BGH DRiZ 1992, S. 24, 25; Classen in v. Mangoldt/Klein/Starck, Bonner GG-Kommentar, Art. 97, Rn. 30; Papier in NJW 2001, S. 1089, 1091 f.; der Inhalt der Rechtsprechung darf dem Richter nur bei Fehlurteilen und auch nur dann, wenn ein offensichtlicher und jedem Zweifel entrückter Fehlgriff unterlaufen ist, vorgeworfen werden.

[291] Ebenso Hesse, Grundzüge des Verfassungsrechts der BRD, Rn. 479, 552, der nur von Einflussmöglichkeiten spricht.

3. Gesamtbetrachtung

a. Übereinstimmung mit Gewaltentrennung

Die vorangestellte Untersuchung des Verhältnisses von richterlicher Unabhängigkeit und Gewaltentrennung bzw. Gewaltenbalancierung führt zu unterschiedlichen Ergebnissen. In Bezug auf den Aspekt der Gewaltentrennung ist eine weitgehende Übereinstimmung beider Prinzipien festgestellt worden. Das Ergebnis bei Verstößen gegen die Gewaltentrennung ist identisch, unabhängig davon, ob man das Gewaltenteilungsprinzip oder die richterliche Unabhängigkeit zugrunde legt, sodass sich richterliche Unabhängigkeit hinsichtlich organisatorischer Gewaltenteilung zustimmend verhält und vom Gewaltenteilungsprinzip insoweit umfasst wird.

b. Inkompatibilität mit Gewaltenbalancierung

Anders ist die Conclusio hingegen beim Vergleich von Gewaltenbalancierung und richterlicher Unabhängigkeit. Die Judikative verfügt über sehr weitgehende Kontrollmöglichkeiten gegenüber den beiden anderen Staatsgewalten, sodass insofern eine Kontrolle zwischen den Gewalten (Intergewaltenkontrolle) durch die Rechtsprechung stattfindet. Untersucht man hingegen die Mäßigungspotentiale judikativer Gewalt durch Exekutive und Legislative, so gelangt man zu einem inversen Ergebnis.

Scheitern muss zunächst der Versuch das exekutivisch dominierte Richterwahlverfahren - und die damit einhergehende Auswahl der Kontrolleure durch die Kontrollierten - als Beleg für eine Intergewaltenkontrolle hinsichtlich der Judikative anzuführen. Das Richterwahlverfahren betrifft lediglich die Kreation, nicht die Ausübung richterlicher Gewalt. Hingegen unterliegt die rechtsprechende Tätigkeit an sich und folglich die inhaltliche Ausübung richterlicher Gewalt aufgrund der Unabhängigkeitsgewähr gerade keiner inhaltlichen Kontrolle.

Demnach ist der zentralste Bereich der Rechtsprechung einer Intergewaltenkontrolle versperrt. Insoweit vermag der Verweis auf eine derartige Form von Mäßigung der Judikative durch die Exekutive im Rahmen des Richterwahlverfahrens mangels Einflussmöglichkeiten auf die in diesem Zusammenhang entscheidende rechtsprechende Tätigkeit nicht zu überzeugen.

Vielmehr steht dem Richter bei der Entscheidung eines konkreten Rechtsstreits immer das letzte Wort zu[292]. Wenn man ergänzend bedenkt, dass Richter auch durch Auslegung von Gesetzen im Allgemeinen und Generalklauseln im Besonderen nicht unerhebliche Spielräume haben, wird diese noch größer: richterliches Entscheiden ist nämlich nicht nur Erkenntnis, sondern auch Rechtsgewinnung, sodass der Richter in dem Prozess der Rechtsanwendung in begrenztem Maße auch selbst Recht schafft[293]. Die Rechtsprechung hat insoweit immer auch eine politische Funktion. Durch die noch so bescheidene Rechtsfortbildung wirkt sie gestaltend auf die Rechtsordnung und damit mittelbar auf die Rechtswirklichkeit ein[294]. Die Montesquieu'sche Vorstellung, der Richter sei nur Mund, der die Worte des Gesetzes ausspricht, ist damit passé, der Richter wird zum politischen Richter[295].

c. Widerspruch zur Gewaltenteilung

Der Gesetzgeber kann allenfalls im Vorfeld durch Legislativakt versuchen, die Rechtsprechung zu steuern, auf konkrete Einzelfälle bezogen aber nicht mehr nachträglich reagieren, weil die Abänderung oder Aufhebung von Gerichtsentscheidungen infolge der Art. 92, 97 GG durchweg verfassungswidrig ist[296]. Das Grundgesetz monopolisiert damit die Rechtsprechung ausschließlich bei den Gerichten, ein Umstand, der für die beiden anderen Staatsfunktionen der Ge-

---

[292] In diesem Sinne BVerfGE NJW 2001, S. 2048, 2052; Pfeiffer in ZRP 2000, S. 378, 382.
[293] Zur grundsätzlichen Möglichkeit richterlicher Rechtsfortbildung vgl. BVerfGE NJW 1998, S. 519, 520; Limbach, NJ 1995, S. 281, 282.
[294] Vgl. Limbach, NJ 1995, S. 281, 282.
[295] Limbach, NJ 1995, S. 281, 283.
[296] Schütz, Der ökonomisierte Richter, S. 118, 119.

setzgebung und der Verwaltung evident nicht gilt[297]. Insofern verteilen sich die Kräfte der einzelnen Staatsgewalten asymmetrisch. Diese eben angesprochene, aus verfassungsrechtlicher Perspektive beinahe absolute Monopolisierung widerspricht der Konzeption Montesquieus, der nach englischem Vorbild als oberstes Gericht einen besonderen Ausschuss des Oberhauses (Legislative) vorschlägt[298]. Art. 92 GG schließt so etwas gerade aus. Alles, was funktional Rechtsprechung ist, d. h. eine letztverbindliche, der Rechtskraft fähige Feststellung, was im konkreten Fall rechtens ist, darf nur durch Richter bzw. Gerichte entschieden und nicht anderen Organen zugewiesen werden[299]. Exekutive und Legislative müssen die Letztentscheidung im Einzelfall akzeptieren.

Es findet diesbezüglich allenfalls eine Kontrolle innerhalb der Judikative durch den Instanzenzug statt, aber gerade die Intergewaltenkontrolle ist bei der Rechtsprechungstätigkeit ausgeschlossen[300].

Dieser Ausschluss der Intergewaltenkontrolle bezogen auf die richterliche Entscheidung steht im eklatanten Widerspruch zum Grundsatz der Gewaltenteilung, soweit dieser auf Gewaltenbalancierung abstellt[301]. Die Mäßigungs- und Kontrollmöglichkeiten als integrale Bestandteile des Gewaltenteilungsprinzips werden zugunsten einer unabhängigen Justiz ein Stück weit zurückgenommen und sogar aufgehoben; insofern stellt die Gewährung richterlicher Unabhängigkeit einen Teilausnahmetatbestand zum Grundsatz der Gewaltenteilung dar[302].

Schütz befindet zudem, dass der Ausbau des Rechtswegestaates durch Art. 19 Abs. 4 GG zu einer spezifisch gerichtsgeprägten Gewaltenteilung und damit zu einer von der Verfassung nicht vorgesehenen Übergewichtung der

---

[297] Vgl. Geiger in FS Schäfer, S. 82.
[298] Montesquieu, Vom Geist der Gesetze, S. 225 ff.
[299] BVerfGE 103, S. 111, 136 ff.
[300] Schütz, Der ökonomisierte Richter, S. 119, der nochmals betont, dass die Intergewaltenkontrolle nicht nur in sachlicher, sondern gemäß Art. 97 Abs. 2 GG auch in personeller Hinsicht jedenfalls für Richter auf (Lebens-) Zeit gilt, da diese nur durch Judikativakt von der Rechtsprechung ausgeschlossen werden können.
[301] Schütz, Der ökonomisierte Richter, S. 119.
[302] In diesem Sinne Schütz, Der ökonomisierte Richter, S. 119.

Dritten Gewalt geführt hat, die mit einer Störung des Idealbildes eines Gleichgewichtes der Gewalten einhergeht; ihm ist zuzustimmen, wenn er daher befindet, dass auch dieses Übergewicht aus der Sicht der Gewaltenteilung eher ein Argument gegen als für die richterliche Unabhängigkeit ist[303].

Wenn sich jedoch ein Grundsatz nicht aus einem anderen vollständig ableiten lässt und sogar in einem wichtigen Aspekt eine Teilausnahme zu ihm bildet, ja in eklatantem Widerspruch zu ihm steht, kann es sich nicht um einen bloßen Unterfall zu diesem Grundsatz handeln, so dass er erst recht nicht gänzlich in dessen Kernbereich fallen kann[304]. Aus einem „weniger" an Unabhängigkeit ein „mehr" herzuleiten ist - auch vor dem Hintergrund der Eigenschaft des Art. 97 GG als Teilkonkretisierung des Gewaltenteilungsprinzips - nicht möglich.

Das Gewaltenteilungsprinzip stellt gerade auch auf den Hemmungs- und Kontrollaspekt der Gewalten untereinander ab, um staatliche Machtkonzentration zu verhindern und die Freiheit des Individuums zu sichern. Insofern kann aus diesem Prinzip kein höheres Maß an Unabhängigkeit für eine der Staatsgewalten hergeleitet werden, wie dies hinsichtlich der Judikative gewährleistet wird.

d Keine Grundlage für Gesellschafts- und Parteiunabhängigkeit

Auf einen weiteren bemerkenswerten Aspekt im Hinblick auf die Legitimationsfähigkeit richterlicher Unabhängigkeit aus der Gewaltenteilungslehre stellt *Göckel* ab. Das Prinzip der Gewaltenteilung schließe dasjenige der richterlichen Unabhängigkeit nicht vollständig ein, sondern beziehe sich nur auf die richterliche Selbständigkeit gegenüber Gesetzgebung und Verwaltung; es umfasse dagegen nicht die Unabhängigkeit des Richters gegenüber anderen Quellen möglicher Einflussnahme auf seine Tätigkeit, wie beispielsweise den Prozessparteien und sonstigen nichtstaatlichen Mächten und Gruppierungen[305]. Damit er-

---

303 Schütz, Der ökonomisierte Richter, S. 120 m.w.N.

304 Wie hier: Eichenberger, S. 66, 73 ff., der in der richterlichen Unabhängigkeit einen selbständigen Unterfall des Rechtsstaatsprinzips sieht.

305 Göckel, Die Grundsätze des Rechtsstaats in der höchstrichterlichen Rechtsprechung der Bundsrepublik Deutschland, S. 57.

kennt *Göckel* richtigerweise, dass sich aus dem Trennungsaspekt des Gewaltenteilungsprinzips zwar eine Unabhängigkeit gegenüber Exekutive und Judikative (Staatsunabhängigkeit) ergibt, dass sich aber gleichzeitig alleine aus dem Gewaltenteilungsgrundsatz keine Gesellschafts- und Parteiunabhängigkeit des Richters ableiten lässt. Vielmehr bedarf eine solche Drittwirkung richterlicher Unabhängigkeit bezogen auf nicht-staatliche Einflüsse einer globaleren Herleitung. Richterliche Unabhängigkeit ist auch vor diesem Hintergrund alleine aus dem Grundsatz der Gewaltenteilung nicht zu legitimieren.

III. Zusammenfassung: untauglich als alleinige Legitimationsgrundlage

Das Gewaltenteilungsprinzip bezweckt die Verhinderung von Machtmissbrauch, um die Freiheit des Einzelnen zu sichern. Aus Sicht der Judikative dienen unabhängige Richter der Verwirklichung dieses Zieles. Sie sind in ihren Entscheidungen und Verhaltensweisen von keinem anderen Organ weisungsabhängig, was exakt der Vorstellung von Gewaltentrennung entspricht.

Das Prinzip richterlicher Unabhängigkeit findet demzufolge hier seinen Anschluss an den Gewaltenteilungsgrundsatz und dient insoweit auch der Verwirklichung der Gewaltentrennung. Das Ergebnis bei Verstößen gegen die Gewaltentrennung ist folglich identisch, unabhängig davon, ob man das Gewaltenteilungsprinzip oder die richterliche Unabhängigkeit zugrunde legt, sodass sich richterliche Unabhängigkeit hinsichtlich organisatorischer Gewaltenteilung zustimmend verhält und vom Gewaltenteilungsprinzip insoweit umfasst wird.

Indes fordert Gewaltenteilung keine absolute Trennung, sondern insbesondere auch die gegenseitige Kontrolle, Hemmung und Mäßigung der Gewalten. Um solcher „checks and balances" willen ist die Gewaltenteilung auch nicht strikt durchgeführt: so gibt es Rechtsetzung durch die Exekutive, Verwaltungskontrolle durch die Legislative und Verwaltung durch die Richter. Es gibt allerdings keine Rechtsprechung durch den Gesetzgeber oder die Verwaltung. Ausschließlich der Richter trifft die letztverbindliche, der Rechtskraft fähige Feststellung und den Ausspruch dessen, was im konkreten Fall rechtens ist. Dieses absolute Rechtsprechungsmonopol der Judikative hat zur Folge, dass die inhaltliche Ausübung richterlicher Gewalt als zentralster Bereich der Rechtsprechung aufgrund der Unabhängigkeitsgewähr keiner Intergewaltenkontrolle unterliegt.

Ein derartiger Ausschluss der Intergewaltenkontrolle bezogen auf die richterliche Entscheidung steht in eklatantem Widerspruch zum Grundsatz der Gewaltenteilung, soweit er auf Gewaltenbalancierung abstellt. Richterliche Unabhängigkeit äußert sich dann als Ausnahmetatbestand zur Idee der Gewaltenteilung, verstanden als Gewaltenbalancierung. Ferner ließe sich aus dem Gewaltenteilungsprinzip - auch bei Außerachtlassung eben dieser Feststellung - lediglich eine Unabhängigkeit gegenüber Exekutive, Legislative und der Judikative selbst (Staatsunabhängigkeit) herleiten, aber nicht die unzweifelhaft ebenfalls verbürgte Gesellschafts- und Parteiunabhängigkeit eines jeden Richters.

Wenn sich die Unabhängigkeitsgarantie jedoch nicht vollständig aus dem Gewaltenteilungsprinzip ableiten lässt und sogar in einem wichtigen Aspekt eine Teilausnahme zu ihm bildet, so kann der Gewaltenteilungsgrundsatz keine umfassende Legitimationsgrundlage des Prinzips richterlicher Unabhängigkeit darstellen. Eine Legitimation richterlicher Unabhängigkeit alleine aus der Gewaltenteilungslehre scheidet folglich nach der hier vertretenen Auffassung aus.

E. LEGITIMATION RICHTERLICHER UNABHÄNGIGKEIT AUS EINER ZUSAMMENSCHAU EINZELNER RECHTSSTAATLICHER PRINZIPIEN

In diesem Teil ist zu prüfen, ob das Prinzip richterlicher Unabhängigkeit einer verfassungsrechtlichen Legitimationsgrundlage zugeführt werden kann. Als Anknüpfungspunkt hierzu fungieren primär einzelne, der Rechtsstaatsidee entstammende Elemente, namentlich die Gewährung effektiven Rechtsschutzes bzw. des Justizgewährungsanspruchs, das Gewaltenteilungsprinzip soweit es fruchtbar gemacht werden kann und die Bindung des Richters an Gesetz und Recht, die im Rahmen der Legitimation punktuell um demokratieprinzipliche Erwägungen ergänzt werden. Indes gilt es eingangs, das Rechtsstaatsprinzip und die im Rahmen dieser Abhandlung notwendigen - und eben benannten - rechtsstaatlichen Komponenten verfassungsrechtlich einzubetten und inhaltlich darzustellen, um nachfolgend einen Bezug zwischen ihnen und dem Prinzip richterlicher Unabhängigkeit herstellen zu können.

Die anschließende Herleitung richterlicher Unabhängigkeit soll unter Zuhilfenahme der vorstehend angeführten Aspekte in einem Zwei-Schritt geschehen. Zunächst gilt es, die Zwecke der Unabhängigkeitsgarantie zu analysieren, wobei zu beweisen sein wird, dass richterliche Unabhängigkeit zum einen die Gewährung effektiven Rechtsschutzes bzw. die Verwirklichung des Justizgewährungsanspruches (Rechtsschutzelement) und zum anderen die Sicherung der Freiheit des einzelnen Individuums durch unabhängige richterliche Kontrolle von Exekutiv- und Legislativhandeln (Kontrollelement) intendiert. Diese Funktionsnachweise können sich dann als Belege für die verfassungsrechtliche Erforderlichkeit richterlicher Unabhängigkeit lesen lassen. Allerdings kann eine solche Notwendigkeit in Hinblick auf eine verfassungsrechtliche Legitimation alleine nicht genügen. Vielmehr muss jedes Prinzip und jedes Gesetz in Einklang mit dem Grundgesetz stehen, das heißt, es muss verfassungsrechtlich fundiert werden. Daher wird in einem zweiten Schritt die Möglichkeit einer Rückkopplung der Unabhängigkeitsgewähr an das Rechtsstaatsprinzip (und das Demokratieprinzip) zu untersuchen sein. Anknüpfungspunkt für die vorzunehmende Begrenzung richterlicher Gewalt ist die Bindung des Richters an Gesetz und Recht.

I. Das Rechtsstaatsprinzip

1. Historie des Rechtsstaatsprinzips

Rechtsstaaten kann man nur diejenigen Staaten nennen, in denen Politik und Recht deutlich unterschieden sind und die Politik auf Basis des Rechtes kommuniziert[306]. *Stern* sieht in der Rechtsstaatlichkeit gar „eine anthropologische Notwendigkeit", um die freiheitliche Existenz der Gesellschaft tatsächlich sichern zu können[307].

Impulse zur Herausbildung des rechtsstaatlichen Prinzips sind historisch betrachtet von durchaus unterschiedlichen, sowohl geistesgeschichtlichen als auch staatsrechtlichen Kräften ausgegangen. Die Wurzeln der Rechtsstaatsidee gehen zurück bis in das Staatsdenken der griechischen Philosophen, die bereits dike, themis und nomos (das Gesetz) als Schranken des Staates entwickelten, so dass nicht zu unrecht von einem „1000jährigen Bildungsgang" des Rechtsstaates gesprochen wird[308]. Aufgrund der vielfältigen, teilweise parallel verlaufenden Entwicklungen im Reifeprozess der Rechtsstaatlichkeit soll nachstehend lediglich ein Überblick über wichtige historische Meilensteine ihrer Entstehung gegeben werden, ohne jedoch Vollständigkeit für sich zu beanspruchen.

a. Vorstellungen und erste Formen

Zweifelsfrei und übergreifend lässt sich freilich festhalten, dass in der gemeinsamen europäischen Tradition übereinstimmende Vorstellungen des wesentli-

[306] Roellecke in Umbach/Clemens, Mitarbeiterkommentar GG, Art. 20, Rn. 48.
[307] Stern, Das Staatsrecht der BRD, Bd. I, § 20 I 1, 2 (S. 603, 604).
[308] Stern, Das Staatsrecht der BRD, Bd. I, § 20 I 2 (S. 605); Schulze-Fielitz in Dreier, GG-Kommentar, Art. 20, Rn. 2.

chen Gehalts von Rechtsstaatlichkeit vorhanden sind: Absage an absolute Macht und Hinwendung zur Herrschaft des Rechts sowie Gewähr und Schutz persönlicher und politischer Freiheit durch Mäßigung, Gliederung, Begrenzung und richterliche Kontrolle der Staatsgewalt[309].

Erste konkrete Vorformen eines Rechtsstaates entwickeln sich durch die normannische Invasion Englands im Jahr 1066. Bei Auseinandersetzungen zwischen dem neuen König und dem Parlament erreichen die Parlamentarier, dass der König die Gesetze sowie die Vorherrschaft des Parlaments anerkennt und bewirken damit die Einführung der „rule of law“[310].

b. Entwicklung des Rechtsstaatsbegriffes

Indes sind die Begriffe Rechtsstaat, Rechtsstaatlichkeit und Rechtsstaatsprinzip rein deutsche Hervorbringungen[311]. Hier sind es wiederum primär der Konstitutionalismus und der Liberalismus des späten 18. und frühen 19. Jahrhunderts, namentlich der südwestdeutschen Prägung, die dem Rechtsstaat bzw. dem rechtsstaatlichen Prinzip juristische Konturen geben und zu einer Kernvorstellung des Staatsrechts aufbauen, nachdem *Kant* in seiner „Idee zu einer allgemeinen Geschichte in weltbürgerlicher Absicht“ (1784) und insbesondere in den „Metaphysischen Anfangsgründen der Rechtslehre“ (1797) die geistigen Grundlagen rechtsstaatlichen Denkens schafft[312]. Für *Kant* ist ein Rechtsstaat, ohne dass er explizit diesen Ausdruck benutzt, „ein Zustand der größten Übereinstimmung der Verfassung mit Rechtsprinzipien(...), als nach welchem zu streben uns die Vernunft durch einen kategorischen Imperativ verbindlich macht“[313]. Der Terminus „Rechtsstaat“ wird gemeinhin *Robert von Mohl* (1829)

---

[309] Grzeszick in Maunz/Dürig, GG-Kommentar, Art. 20 VII, Rn. 11; Stern, Das Staatsrecht der BRD, Bd. I, § 20 I 1 (S. 602).

[310] Roellecke in Umbach/Clemens, Mitarbeiterkommentar GG, Art. 20, Rn. 49; die „rule of law“ umfasste die Bindung des Parlaments auch an seine eigenen Gesetze, da es die Einhaltung seiner Gesetze nur erwarten konnte, wenn es sich selbst daran hielt.

[311] Grzeszick in Maunz/Dürig, GG-Kommentar, Art. 20 VII, Rn. 2.

[312] Vgl. Sachs in Sachs, GG-Kommentar, Art. 20, Rn 74; Grzeszick in Maunz/Dürig, GG-Kommentar, Art. 20 VII, Rn. 3; Stern, Das Staatsrecht der BRD, Bd. I, § 20 I 2 (S. 605).

[313] Kant, Metaphysische Anfangsgründe der Rechtslehre, § 49 a.E.

zugerechnet, obwohl dieser einräumt, den Begriff schon früher bei *Jordan* und *Pölitz* vorgefunden zu haben[314].

Inhaltlich ist der Begriff des Rechts und des Rechtsstaates in der Literatur zu Beginn des 19. Jahrhunderts zwar in der Tendenz darauf gerichtet, den Staat einzugrenzen und dadurch die Freiheit des Bürgers zu schützen; die Stoßrichtung ist aber vor allem gegen einen umfassenden und kaum begrenzten Staatszweck der Wohlfahrt gerichtet[315].

Da sich das *Kantsche* Verallgemeinerungsprinzip in Form des kategorischen Imperativs trotz erheblicher Kritik *Hegels* im Laufe des 19. Jahrhunderts schließlich durchsetzt, aber weder auf organisatorische Unterscheidungen (Arbeitsteilung) noch auf existenzielle Ansprüche (soziale Frage) antworten kann, beginnt man zu unterscheiden zwischen einem „formalen" bzw. „formellen" und einem „materialen" bzw. „materiellen" Rechtsstaatsbegriff. Während der formell geprägte Rechtsstaat ein Staat ist, der Gewaltenteilung, Gesetzmäßigkeitsprinzip, Rechtsschutz und Entschädigung gewährleistet, orientiert sich der materielle Rechtsstaat an - sozialer - Gerechtigkeit und anderen hohen Werten[316].

Praktisch durchzusetzen vermag sich zunächst die Idee formeller Rechtsstaatlichkeit. Hierbei ist es der zunehmende Einfluss des liberalen Bürgertums, der Mitte des 19. Jahrhunderts durch die Verbindung von Rechtsstaatlichkeit mit der Gesetzmäßigkeit der Verwaltung in Folge des Ausbaus gerichtlicher Kontrolle eine Formalisierung des Rechtsstaatsbegriffs in Deutschland bewirkt[317].

---

314 Stern, Das Staatsrecht der BRD, Bd. I, § 20 I 2 (S. 605).

315 Grzeszick in Maunz/Dürig, GG-Kommentar, Art. 20 VII, Rn. 3; vgl. ausführlich hierzu Stern, Das Staatsrecht der BRD, Bd. I, § 20 I 2 (S. 605, 606).

316 Statt vieler: Roellecke in Umbach/Clemens, Mitarbeiterkommentar GG, Art. 20, Rn. 52, der zugleich darauf verweist, dass diese Unterscheidung es erst ermöglicht, die NS-Diktatur sowie das SED-Regime mit der Begründung Rechtsstaaten zu nennen, es ginge nicht um leere Formen, sondern um Gerechtigkeit, sogar um „soziale".

317 Sachs in Sachs, GG-Kommentar, Art. 20, Rn. 74; ferner Grzeszick in Maunz/Dürig, GG-Kommentar, Art. 20 VII, Rn. 4; für Stern, Das Staatsrecht der BRD, Bd. I, § 20 I 2 (S. 604) schlägt sich der Einfluss des liberalen Bürgertums auch in dem Rechtsstaatsverständnis der Marxisten wieder, die den Rechtsstaat als einen Staat sehen, der von der bürgerlich-kapitalistischen Wirtschaft zur Erhaltung ihrer Eigentumsideologie erfunden wurde.

Die rechtsstaatlich geordnete Verwaltung darf nun in historischem und dogmatischem Gegensatz zur Verwaltung des absoluten Staates, welche eine ausschließlich durch Zweckmäßigkeitsrücksichten, nicht durch Rechtssätze gebundene Tätigkeit darstellte, weder gegen ein Gesetz (contra legem) noch ohne ein Gesetz (sine lege) in die Freiheitssphäre des Individuums eingreifen[318].

Gleichwohl werden die großen Kodifikationen des 19. Jahrhunderts, vor allem des Bürgerlichen Rechts und des Strafrechts, nicht nur als Reaktion auf die stark zunehmende ökonomische, soziale und politische Ausdifferenzierung der Gesellschaft verstanden, sondern stets auch als Leistungen im Sinne von materieller Rechtsstaatlichkeit, da hier die Kodifizierung von Recht nicht allein als Mittel zur Herstellung von Rechtssicherheit, sondern zugleich als Mittel der Sozialgestaltung dient[319]. Im Ergebnis liegt der klare Schwerpunkt des Rechtsstaatsbegriffes im ausgehenden 19. Jahrhundert und bis Ende des Kaiserreiches jedoch auf dem dominierenden formalen Grundsatz der Gesetzmäßigkeit der Verwaltung, ergänzt um einige materiale Komponenten[320].

c. Der Wandel von Rechtsstaatlichkeit im 20. Jahrhundert

An diesem Verständnis von Rechtsstaatlichkeit ändert sich auch in der Weimarer Republik (1919 - 1933) wenig. Die Weimarer Reichsverfassung erwähnt das rechtsstaatliche Prinzip nicht, wird aber so verstanden, dass die tradierte Gesetzmäßigkeit des Staatslebens geprägt durch Gesetz, Gerichtsschutz und Haftungssystem tragender Pfeiler des rechtsstaatlichen Systems bleibt[321]. Auch Gewaltentrennung und material-inhaltliche Elemente werden von ihr umfasst, effektive förmliche Sicherungen bestehen indes nicht[322]. Ähnliches gilt für die Unveräußerlichkeit von Grundrechten: nach *Carl Schmitt* liegt die Garantie der

---

[318] Stern, Das Staatsrecht der BRD, Bd. I, § 20 I 2 (S. 607).

[319] Grzeszick in Maunz/Dürig, GG-Kommentar, Art. 20 VII, Rn. 10.

[320] Vgl. etwa Sachs in Sachs, GG-Kommentar, Art. 20, Rn. 74; Grzeszick in Maunz/Dürig, GG-Kommentar, Art. 20 VII, Rn. 13; Stern, Das Staatsrecht der BRD, Bd. I, § 20 I 2, 3 (S. 608 ff.).

[321] Grzeszick in Maunz/Dürig, GG-Kommentar, Art. 20 VII, Rn. 14; Stern, Das Staatsrecht der BRD, Bd. I, § 20 I 2 (S. 607).

[322] Grzeszick in Maunz/Dürig, GG-Kommentar, Art. 20 VII, Rn. 14.

Freiheit im Gesetz, ist mithin Freiheit vor ungesetzlichem Zwang, sodass aufgrund Gesetzes in sämtliche (Grund-) Rechte eingegriffen werden könne[323].

Mit dieser verfassungsrechtlichen Fehlinterpretation ist dann auch der Weg zum nationalsozialistischen Unrechtsstaat (1933 - 1945) geebnet. Rechtsstaatliche Strukturen der Weimarer Reichsverfassung werden auch ohne einen expliziten juristischen Aufhebungsakt rasch zerschlagen: Gesetzesgebundenheit staatlicher Gewalt, Rechtssicherheit, Gewaltentrennung, richterliche Unabhängigkeit, richterliches Prüfungsrecht und Gerichtsbarkeit über hoheitliche Gewalt werden als Elemente eines überkommenen liberalistischen staatsrechtlichen Denkens angesehen und der Rechtsstaatsbegriff im Zuge des Gleichschaltungsprozesses so weitgehend verändert, dass er in sein Gegenteil verkehrt wird[324]. Der auch im NS-Staat in Anspruch genommene „Rechtsstaat“ verkommt - wie bei *Carl Schmitt* - zum Gesetzesstaat und das Gesetz kann jeden Inhalt annehmen, auch den des Unrechts[325].

Im totalitären NS-Staat werden insgesamt die Grundvorstellungen, unter denen der Rechtsstaat einst entstand, zu wenig in das Bewusstsein gerückt, dass es also vor allem individuelle Freiheit und Recht sind, nicht bloße Legalität, die den Rechtsstaat ausmachen[326]. Diese Erkenntnis spiegelt sich in Folge der verheerenden Erfahrungen mit der nationalsozialistischen Diktatur auch im staatsrechtlichen Verständnis der Nachkriegsgeschichte wider. In den Beratungen des Parlamentarischen Rates wird neben der Übernahme der tradierten formalen Elemente versucht, die materiale Seite der Rechtsstaatlichkeit in die Verfassung aufzunehmen und stärker zu betonen: so beschreibt der Herrenchiemseeer Entwurf den Rechtsstaat als Verwaltung auf Grund der Gesetze unter der Kontrolle unabhängiger, nur an das Gesetz gebundener Gerichte bei gleichzeiti-

---

[323] Schmitt, Verfassungslehre, S. 130.
[324] Grzeszick in Maunz/Dürig, GG-Kommentar, Art. 20 VII, Rn. 15.
[325] Vgl. Roellecke in Umbach/Clemens, Mitarbeiterkommentar GG, Art. 20, Rn. 47; Stern, Das Staatsrecht der BRD, Bd. I, § 20 I 2 (S. 608).
[326] Stern, Das Staatsrecht der BRD, Bd. I, § 20 I 3 (S. 609).

ger Beachtung der Grundrechte[327]. Dieser Rechtsstaatsbegriff beschränkt sich nicht auf Staatsabwehr sondern enthält einen Doppelauftrag, der staatliches Handeln sowohl begrenzt als auch gewährleistet, um hierdurch Menschenwürde, Freiheit, Gerechtigkeit und Rechtssicherheit zu erreichen[328].

Im Rahmen der Abfassung des Grundgesetzes ist daher die Einbeziehung elementarer Grundrechte als materiale Komponente zur Bewahrung von Menschenwürde, Freiheit und Gleichheit gar unumstritten[329]; überdies wird der Terminus „Rechtsstaat" in Art. 28 Abs. 1 S. 1 GG explizit genannt.

Daneben wird auch die institutionelle Sicherung der im Grundgesetz verbürgten Grundrechte erheblich ausgebaut. Zunächst unterliegen Eingriffe in Grundrechte stets der Schranke eines einfachen oder qualifizierten Gesetzesvorbehalts. Weiter ist nach Art. 1 Abs. 3 GG erstmals in der deutschen Verfassungsgeschichte nicht nur die vollziehende und die rechtsprechende Gewalt, sondern auch die gesetzgebende Gewalt an die Grundrechte gebunden[330]. Letztlich schützt die „Ewigkeitsgarantie" des Art. 79 Abs. 3 GG neben dem Menschenwürdesatz des Art. 1 Abs. 1 GG auch die grundsätzliche Bindung des Gesetzgebers an die Grundrechte und seine ausnahmslose Bindung an ihren Menschenrechtskern auch gegenüber dem verfassungsändernden Gesetzgeber[331].

2. Verfassungsrechtliche Positionen zum Rechtsstaatsprinzip

a. Verfassungsrechtliche Verankerung

Die Rechtsstaatlichkeit findet Erwähnung lediglich in den Art. 16 Abs. 2 S. 2 GG, Art. 23 Abs. 1 S. 1 GG und Art. 28 Abs. 1 S. 1 GG. In Art. 20 GG, der gemeinhin

---

[327] HCh-Bericht, Darstellender Teil, S. 27, Nr. 6, 7, zu Art. 29 Abs. 2 HChE; Wernicke/Booms, Der Parlamentarische Rat: 1948-1949, Akten und Protokolle, Bd. 2, S. 208.
[328] Schmidt-Aßmann in Isensee/Kirchhof, Handbuch des Staatsrechts der BRD, § 26, Rn. 1, 58.
[329] Sachs in Sachs, GG-Kommentar, Art. 20, Rn. 74.
[330] Grzeszick in Maunz/Dürig, GG-Kommentar, Art. 20 VII, Rn. 18.
[331] Grzeszick in Maunz/Dürig, GG-Kommentar, Art. 20 VII, Rn. 18; ähnlich: Pieroth in Jarass/ Pieroth, Kommentar zum GG für die BRD, Art. 79, Rn. 6 f.; Degenhardt, Staatsrecht I, Rn. 223.

als Zentralnorm der Rechtsstaatsidee verstanden wird, sucht man den Terminus „Rechtsstaat" anders noch als in den ersten Entwürfen zum Grundgesetz indes vergebens[332].

Die Frage der normativen Verankerung des Rechtsstaatsprinzips wird - auch vor diesem Hintergrund - kontrovers diskutiert, wobei die angebotenen Lösungen teils erheblich variieren. Rechtspraktisch bedeutsam ist die Klärung der Frage für die aus Art. 79 Abs. 3 GG folgenden Grenzen der Verfassungsänderung, sodass die Rechtsstaatlichkeit nur soweit unter den Schutz des Art. 79 Abs. 3 GG fällt, als sie in den dort genannten Regelungen festgelegt ist[333].

aa. Art. 20 Abs. 3 GG

Zunächst ist es denkbar, Rechtsstaatlichkeit alleine aus Art. 20 Abs. 3 GG abzuleiten[334]. Für eine solche Auffassung spricht primär, dass in Art. 20 Abs. 3 GG mit der Verfassungsbindung der Legislative und der Gesetzes- sowie Rechtsbindung der vollziehenden Gewalt und der Rechtsprechung zentrale Elemente der formellen Rechtsstaatlichkeit normiert sind. Allerdings beinhaltet der Rechtsstaatsbegriff des Grundgesetzes auch elementare materielle Komponenten und geht damit über die formelle Rechtsstaatlichkeit hinaus. Art. 20 Abs. 3 GG verweist auf die Bindung des Gesetzgebers an die verfassungsmäßige Ordnung, beinhaltet diese aber nicht. Überdies richtet sich die in Art. 20 Abs. 3 GG enthaltene Rechtsbindung nach dem Wortlaut nur an die Exekutive und die Judikative. Unabhängig von der Frage, ob es einen Unterschied zwischen einer Geset-

---

332 Sachs in Sachs, GG-Kommentar, Art. 20, Rn. 75.

333 Grzeszick in Maunz/Dürig, GG-Kommentar, Art. 20 VII, Rn. 32 m.w.N.

334 Ipsen, Staatsrecht I, Rn. 749; Degenhardt, Staatsrecht I, Rn. 243; in einigen Entscheidungen sieht das Bundesverfassungsgericht die Rechtsstaatsidee ebenfalls in Art. 20 Abs. 3 GG verankert, so etwa in BVerfGE VIZ 2001, S. 16, 28; BVerfGE DNotZ 2000, S. 387, 388; BVerfGE NJW 1995, S. 3173; BVerfGE NJW 1993, S. 996; BVerfGE NVwZ 1992, S. 1182; BVerfGE NJW 1992, S. 105; BVerfGE NJW 1973, S. 1315; differenzierend Sobota, Das Prinzip Rechtsstaat, verfassungs- und verwaltungsrechtliche Aspekte, S. 526, die Art. 20 Abs. 2 S. 2 GG und Art. 20 Abs. 3 GG als normative Grundlage des Rechtsstaatsprinzips annimmt; ähnlich BVerfGE NJW 1979, S. 1925 wo auf Art. 20 Abs. 2 GG und Art. 20 Abs. 3 GG verwiesen wird.

zes- und einer Rechtsbindung gibt[335], ist jedenfalls der Gesetzgeber nicht von dieser Bindung berührt. Daher lässt sich wohl davon ausgehen, dass in Art. 20 Abs. 3 GG zwar einige (formelle) Grundsätze des Rechtsstaatsprinzips verankert sind, nicht aber das allgemeine Rechtsstaatsprinzip selbst[336].

bb. Art. 20 GG

Andere Systematisierungen sehen die normative Grundlage des Rechtsstaatsprinzips daher globaler, in einen dem gesamten Art. 20 GG insgesamt zugrunde liegendem Rechtssatz, ohne die Verankerung auf einen Absatz zu beschränken[337]. Teilweise wird wiederum differenziert zwischen konkreten Ausprägungen des Rechtsstaatsprinzips, wie z. B. der Gesetzes- und Rechtsbindung (Art. 20 Abs. 3 GG) und dem allgemeinen Rechtsstaatsprinzip, das als ungeschriebenes Merkmal neben den ausdrücklich genannten Grundsätzen in Art. 20 Abs. 1 GG verankert sei[338]. Letzterer Vorschlag ist auf den ersten Blick mit dem Grundgesetz nicht vereinbar, weil der Wortlaut des Art. 20 Abs. 1 GG keinen Hinweis auf eine Verknüpfung mit dem Rechtsstaatsprinzip gibt.

Als Argument wird aber die Entstehungsgeschichte angeführt: in den Beratungen im Parlamentarischen Rat war nämlich zunächst die explizite Aufnahme des Begriffes „Rechtsstaat" in Art. 20 Abs. 1 GG vorgesehen, der - ohne eine inhaltliche Änderung zu intendieren - lediglich aus redaktionellen Gründen herausgestrichen worden sei[339]. Zu diesem Ergebnis führe auch eine systematische

---

335 Im Einzelnen unten, S. 92 ff.

336 BVerfGE 30, S. 1, 24, 25 explizit, wonach in Art. 20 GG zwar mehrere Grundsätze nicht jedoch „das Rechtsstaatsprinzip" niedergelegt ist; Sommermann in v. Mangoldt/Klein/Starck, Bonner GG-Kommentar, Art. 20, Rn. 227; Jarass in Jarass/Pieroth, Kommentar zum GG für die BRD, Art. 20, Rn. 29; Hoffmann, Das Verhältnis von Gesetz und Recht, S. 198 spricht davon, dass sich das Prinzip nicht nur aus Art. 20 Abs. 3 GG ergibt.

337 Herzog in Maunz/Dürig, GG-Kommentar, Art. 20 I, Rn. 32 und Grzeszick in Maunz/Dürig, GG-Kommentar, Art. 20 VII, Rn. 33, 34 m.w.N.; Schmidt-Jortzig in NJW 1994, S. 2569, 2570.

338 Schulze-Fielitz in Dreier, GG-Kommentar, Art. 20, Rn. 40; ähnlich Sachs in Sachs, GG-Kommentar, Art. 20, Rn. 76.

339 Schulze-Fielitz in Dreier, GG-Kommentar, Art. 20, Rn. 19, 40; Grzeszick in Maunz/Dürig, GG-Kommentar, Art. 20 VII, Rn. 33; die Beteiligten seien davon ausgegangen, dass die Rechtsstaatlichkeit ein dem Grundgesetz innewohnender Grundsatz sei.

Auslegung von Art. 20 GG im Lichte von Art. 28 Abs. 1 S. 1 GG, nach dem die verfassungsmäßige Ordnung in den Ländern den Grundsätzen des republikanischen, demokratischen und sozialen Rechtsstaates im Sinne des Grundgesetzes entsprechen muss[340].

Damit werden in Art. 28 Abs. 1 S. 1 GG (Homogenitätsgebot) die ausdrücklich in Art. 20 GG genannten Prinzipien wieder aufgegriffen und die Länder zu deren Einhaltung verpflichtet. Beide Vorschriften seien aus einem Guss, sodass nicht angenommen werden könne, dass der Bund die Länder zu Prinzipien verpflichte, zu denen er sich nicht selbst in Art. 20 GG bekennt[341]. Folglich sei das Rechtsstaatsprinzip zumindest implizit in Art. 20 GG enthalten.

cc. Art. 28 Abs. 1 S. 1 GG und Art. 20 GG

Unter Berücksichtigung eben dieser Erwägungen wird das Rechtsstaatsprinzip teilweise auch in Art. 20 Abs. 1 GG und in Art. 28 Abs. 1 S. 1 GG[342], in Art. 20 Abs. 3 GG und in Art. 28 Abs. 1 S. 1 GG[343] oder in Art. 28 Abs. 1 S. 1 GG i.V.m. Art. 20 Abs. 1 - 3 GG[344] verfassungsrechtlich verortet. Zu überzeugen vermag eine solche Auffassung gleichwohl nicht. Das Argument, der Bund könne die Länder nicht zu Prinzipien verpflichten, zu denen er sich nicht selbst bekennt, ist dabei zunächst nicht zu beanstanden. Hieraus lässt sich aber lediglich generell ableiten, dass die Rechtsstaatlichkeit im Grundgesetz, nicht aber in Art. 20 GG verankert sein muss. So sind in Art. 20 Abs. 3 GG zwar zentrale Elemente der formellen Rechtsstaatlichkeit festgeschrieben (Verfassungs- und Gesetzesbindung), der Rechtsstaatsbegriff des Grundgesetzes umfasst allerdings - wie bereits festgestellt - auch elementare materielle Komponenten. Art. 20 Abs. 1 GG enthält indes keine Aussage zum Rechtsstaat und damit zu materieller Rechtsstaatlichkeit, während Art. 28 Abs. 1 S. 1 GG den Begriff erwähnt,

---

340 Herzog in Maunz/Dürig, GG-Kommentar, Art. 20 I, Rn. 32.

341 Herzog in Maunz/Dürig, GG-Kommentar, Art. 20 I, Rn. 32.

342 BVerfGE 63, S. 343, 353; Schmidt-Aßmann in Isensee/Kirchhof, Handbuch des Staatsrechts der BRD, § 26, Rn. 3.

343 BVerfGE NJW 1995, S. 1811, 1814.

344 Weber-Fas, Der Verfassungsstaat des Grundgesetzes, S. 154.

aber inhaltlich nicht präzisiert, sondern allgemein auf den Rechtsstaat „im Sinne dieses Grundgesetzes" verweist.

Das Rechtsstaatsprinzip allein aus Art. 20 Abs. 1 oder Art. 20 GG allgemein, aus Art. 20 Abs. 1 GG und Art. 28 Abs. 1 S. 1 GG oder aus Art. 20 Abs. 3 GG und Art. 28 Abs. 1 S. 1 GG bzw. Art. 28 Abs. 1 S. 1 GG i.V.m. Art. 20 Abs. 1 - 3 GG herzuleiten, begegnet daher Bedenken.

dd. Einzelne Artikel und Gesamtkonzeption des GG

Eine überzeugende Auffassung sieht das Rechtsstaatsprinzip letztlich als eine Leitidee des Grundgesetzes, die sich aus einer Zusammenschau von Art. 20 Abs. 3 GG, Art. 1 Abs. 3 GG, Art. 19 Abs. 4 GG, Art. 28 Abs. 1 S. 1 GG sowie aus der Gesamtkonzeption des Grundgesetzes ergibt[345]. Hierfür wird angeführt, dass das Grundgesetz nicht nur aus einzelnen Sätzen der geschriebenen Verfassung bestehe, sondern auch aus bestimmten, diese Einzelsätze verbindenden und zusammenhaltenden allgemeinen Grundsätzen und Leitideen, die das vorverfassungsmäßige Gesamtbild geprägt hätten, weshalb der Verfassungsgesetzgeber sie nicht in einem besonderen Rechtssatz konkretisiert habe[346]. Eine damit einhergehende grundgesetzlich übergreifende Verankerung von Rechtsstaatlichkeit vermag dann auch - wie bei Schaffung des Grundgesetzes beabsichtigt - materielle sowie formelle Elemente des Rechtsstaatsbegriffes unproblematisch miteinander zu vereinen. Zudem muss der Verfassungs- und Gesetzesbindung (Art. 20 Abs. 3 GG) als Grundsatz der formellen Rechtsstaatlichkeit bei einer solchen Lösung kein materieller Gehalt unterstellt werden, der in der Vorschrift nicht oder allenfalls nur partiell enthalten ist.

---

[345] BVerfGE NJW 1977, S. 1525, 1530; BVerfGE NJW 1953, S. 1137, 1138; Jarass in Jarass/Pieroth, Kommentar zum GG für die BRD, Art. 20, Rn. 29 m.w.N.; zudem finden sich zahlreiche Entscheidungen, in denen das Rechtsstaatsprinzip ohne Verweis auf eine Verfassungsnorm aufgeführt ist, so BVerfGE NJW 2000, S. 418, 419; BVerfGE NJW 1998, S. 1547, 1548 f.; BVerfGE NVwZ 1996, S. 574, 577; BVerfGE NJW 1994, S. 1577, 1579; BVerfGE NJW 1994, S. 1465, 1466; BVerfGE NJW 1993, S. 2229; auch dies kann darauf hindeuten, das Rechtsstaatsprinzip in der Gesamtkonzeption des GG zu verankern.

[346] BVerfGE NJW 1979, S. 1925; BVerfGE NJW 1979, S. 151, 153; BVerfGE NJW 1969, S. 1059, 1061; BVerwGE NJW 1954, S. 1541, 1542; BVerfGE NJW 1953, S. 1137, 1138.

Daneben wird auch Art. 20 Abs. 1 GG kein Grundsatz unterstellt, der ihm explizit überhaupt nicht entnommen werden kann. Abschließend spricht der Wortlaut von Art. 28 Abs. 1 S. 1 GG, der auf den „Rechtsstaat im Sinne dieses Grundgesetzes" verweist, ebenfalls dafür, das Rechtsstaatsprinzip aus der Gesamtkonzeption des Grundgesetzes herzuleiten. Mögliche Bedenken gegen eine derartige Verankerung können sich gleichwohl daraus ergeben, dass das Rechtsstaatsprinzip nun nicht der Veränderungssperre des Art. 79 Abs. 3 GG unterliegen würde. Allerdings ist das Rechtsstaatsprinzip ein umfassender Grundsatz, mit dem Ziel der Gewährleistung von Freiheit, Gerechtigkeit und Rechtssicherheit[347]. Zentrale Elemente der formellen Rechtsstaatlichkeit finden sich in Art. 20 Abs. 3 GG (Verfassungs- und Gesetzesbindung) und dienen der Gewährleistung von Rechtssicherheit. Zentrale Gedanken der materiellen Rechtsstaatlichkeit werden durch das in Art. 1 Abs. 2 GG erklärte Bekenntnis zu unverletzlichen und unveräußerlichen Menschenrechten und durch die in Art. 1 Abs. 3 GG statuierte Bindung der drei Gewalten an die Grundrechte geschützt[348]. Dieses Bekenntnis dient der Sicherung von Freiheit und materieller Gerechtigkeit. Damit ist durch Art. 1 GG und Art. 20 GG der Kernbereich materieller und formeller Rechtsstaatlichkeit dem verfassungsändernden Gesetzgeber über Art. 79 Abs. 3 GG entzogen[349].

Das Rechtsstaatsprinzip ist folglich in einer Gesamtschau von Art. 20 Abs. 3 GG, Art. 1 Abs. 3 GG, Art. 19 Abs. 4 GG und Art. 28 Abs. 1 S. 1 GG unter Beachtung der Gesamtkonzeption des Grundgesetzes verfassungsrechtlich verankert.

b. Grundlegender Regelungsgehalt

Rechtsstaatlichkeit bedeutet die Ausübung staatlicher Macht auf der Grundlage von verfassungsmäßig erlassenen Gesetzen mit dem Ziel der Gewährleistung

---

[347] BVerfGE NJW 1979, S. 151, 153; Stern, Das Staatsrecht der BRD, Bd. I, § 20 II 4 (S. 615); Schmidt-Aßmann in Isensee/Kirchhof, Handbuch des Staatsrechts der BRD, § 26, Rn. 1, 58.
[348] Sommermann in v. Mangoldt/Klein/Starck, Bonner GG-Kommentar, Art. 20, Rn. 238.
[349] Sommermann in v. Mangoldt/Klein/Starck, Bonner GG-Kommentar, Art. 20, Rn. 241.

von Freiheit, materieller Gerechtigkeit und Rechtssicherheit[350]. Das Rechtsstaatsprinzip dient damit der Sicherung bürgerlicher Freiheitsrechte und zielt darauf ab, die Ausübung staatlicher Herrschaft durch Gesetz und Recht zu regeln, so dass die in Art. 20 Abs. 3 GG ausdrücklich genannten Grundsätze, also die Bindung des Gesetzgebers an die verfassungsmäßige Ordnung, die Bindung der vollziehenden Gewalt an Gesetz und Recht (Gesetzmäßigkeit der Verwaltung) und die Bindung der Rechtsprechung an Gesetz und Recht konstituierende Elemente eines Rechtsstaates darstellen[351]. Daneben wird das Rechtsstaatsprinzip durch zahlreiche weitere grundgesetzliche Regelungen außerhalb des Art. 20 Abs. 3 GG maßgeblich mitgeprägt, die ihm für ihren Geltungsbereich als Spezialregelungen vorgehen, im Einzelnen vor allem:

- die Menschenwürdegarantie, Art. 1 Abs. 1 GG,
- die Grundrechtsbindung, Art. 1 Abs. 3 GG,
- die Gewaltenteilung, Art. 20 Abs. 2 S. 2 GG,
- die Garantie effektiven Rechtsschutzes, Art. 19 Abs. 4 GG
- und der Anspruch auf rechtliches Gehör, Art. 103 Abs. 1 GG[352].

Im Übrigen sind - zumal durch die Judikatur des Bundesverfassungsgerichtes - weitere rechtsstaatliche Einzelgehalte, die als solche nicht (umfassend) im Grundgesetz geregelt sind, anerkannt, namentlich:

- der Grundsatz der Verhältnismäßigkeit[353],
- die Rechtssicherheit und der Vertrauensschutz[354]
- sowie die Verpflichtung zu Gerechtigkeit[355].

---

[350] BVerfGE NJW 1979, S. 151, 153; BVerfGE NJW 1976, S. 747; Schmidt-Aßmann in Isensee/Kirchhof, Handbuch des Staatsrechts der BRD, § 26, Rn. 1.

[351] Sommermann in v. Mangoldt/Klein/Starck, Bonner GG-Kommentar, Art. 20, Rn. 227; Stern, Das Staatsrecht der BRD, Bd. I, § 20 III (S. 615 ff.).

[352] Vgl. etwa Sachs in Sachs, GG-Kommentar, Art. 20 Rn. 77; Jarass, in Jarass/Pieroth, Kommentar zum GG für die BRD, Art. 20, Rn. 28; Schnapp in v. Münch/Kunig, GG-Kommentar, Art. 20, Rn. 27; Grzeszick in Maunz/Dürig, GG-Kommentar, Art. 20 VII, Rn. 22 ff.

[353] BVerfGE NVwZ 1988, S. 329, 341; BVerfGE NJW 1983 S. 559; BVerfGE NJW 1970 S. 2287.

[354] BVerfGE NJW 1984, S. 2567; BVerfGE NJW 1977, S. 1049, 1053.

[355] BVerfGE NJW 1986, S. 767, 768; BVerfGE NJW 1972, S. 2214, 2216 m.w.N.

Teilweise wird indes bestritten, dass es sich beim Rechtsstaatsgrundsatz um ein Prinzip mit eigenständigem dogmatischem Gehalt handele. Vielmehr sei es nur eine Sammelbezeichnung für einzelne Gewährleistungen des Verfassungsrechts, entfalte nur bündelnde und allenfalls affirmative Bedeutung und überlasse die Beantwortung rechtsstaatlicher Fragestellungen problemnäheren, konkreten Normen[356]. Die das rechtsstaatliche Gesamtbild des Grundgesetzes repräsentierenden Einzelelemente ergäben erst zusammen den Rechtsstaat im Sinne des Grundgesetzes, sodass das Rechtsstaatsprinzip nicht weiter reichen könne als die Gesamtschau eben dieser Unterprinzipien, was in der Konsequenz methodisch auch bedeute, dass aus „dem" Rechtsstaatsprinzip nicht einzelne Prinzipien hergeleitet werden könnten[357].

Dieser Auffassung ist zu widersprechen: das Verfassungsrecht besteht nicht nur aus einzelnen Sätzen der geschriebenen Verfassung, sondern auch aus gewissen, sie verbindenden, innerlich zusammenhaltenden allgemeinen Grundätzen und Leitideen, die der Verfassungsgesetzgeber, weil sie das vorverfassungsmäßige Gesamtbild geprägt haben, von dem er ausgegangen ist, nicht in einem besonderen Rechtssatz konkretisiert hat[358]; zu diesen Leitideen gehört insbesondere das Rechtsstaatsprinzip[359]. Das Rechtsstaatsprinzip, das in der Verfassung nur zum Teil näher ausgeformt ist, enthält nicht für jeden Sachverhalt in allen Einzelheiten eindeutig bestimmte Gebote und Verbote. Es bedarf der Konkretisierung je nach den sachlichen Gegebenheiten; dabei müssen allerdings fundamentale Elemente des Rechtsstaates und die Rechtsstaatlichkeit im Ganzen gewahrt bleiben[360].

So hat auch das Bundesverfassungsgericht in seiner ersten großen Entscheidung überhaupt erklärt, extrem unvollkommene und missverständliche Formu-

---

356 Kunig, Das Rechtsstaatsprinzip, S. 89 ff.,109, 110; Merten, Rechtsstaat und Gewaltmonopol, S. 12; Unruh, Der Verfassungsbegriff des Grundgesetzes, S. 471.
357 Schnapp in v. Münch/Kunig, GG-Kommentar, Art. 20, Rn. 24.
358 Leibholz/Rinck/Hesselberger/Burghart, Rspr. des BVerfG, Art. 20, Rz. 627.
359 BVerfGE NJW 1979, S. 151, 153; BVerfGE NJW 1953, S. 1137, 1138.
360 BVerfGE NVwZ 1984, S. 430, 431; BVerfGE NJW 1981, S. 1721, 1722; BVerfGE NJW 1969, S. 1059, 1061; ferner etwa Leibholz/Rinck/Hesselberger/Burghart, Rspr. des BVerfG, Art. 20, Rz. 628; Jarass, in Jarass/Pieroth, Kommentar zum GG für die BRD, Art. 20, Rn. 28, 29.

lierungen könnten ein Gesetz nichtig machen, „weil es mit rechtsstaatlichen Grundsätzen - das Grundgesetz bekennt sich in Art. 20 Abs. 3 GG und Art. 28 Abs. 1 GG ausdrücklich zu diesen Grundsätzen - unvereinbar“[361] ist. Mit diesem Bekenntnis zu vorpositiven[362], rechtsstaatlichen Grundsätzen, denen sich das Grundgesetz neben den rechtlich verankerten Garantien anschließt, erlangt das Rechtsstaatsprinzip eine über den normierten Gehalt hinausgehende, eigenständige Bedeutung. Diese Bedeutung muss auch als erheblich betrachtet werden, wenn man bedenkt, dass diejenigen positivrechtlichen Verfassungsbestimmungen, die eine Anerkennung vorpositiven Rechts intendieren, sich gerade in Art. 1 GG und Art. 20 GG finden, also in eben den beiden Grundgesetzartikeln, deren Grundsätze durch Art. 79 Abs. 3 GG die höchste Bestandsgarantie erhalten, die die positive Rechtsordnung zu verleihen imstande ist[363].

Überdies ergeben die Entstehungsgeschichte und die Gesamtkonzeption bzw. der Regelungszusammenhang des Grundgesetzes, dass dem Grundgesetz ein allgemeiner Rechtsstaatsbegriff zugrunde liegt, der über die einzelnen Regelungen in der Verfassung, die spezifische Elemente näher ausgestalten, hinausgeht: damit hat das Rechtsstaatsprinzip gegenüber den spezielleren Regelungen eigenständige Gehalte und Aufgaben[364]. Es ist demzufolge nicht bloß summativ, sondern integral zu verstehen, enthält also neben den einzelnen Gewährleistungen noch einen selbständigen, über die Einzelregelungen hinausgehenden Gehalt. Legt man ein solches integrales Verständnis zugrunde, ergeben sich aus dem Rechtsstaatsprinzip systematisch eine subjektive Statusordnung, wozu primär die grundrechtlichen Gewährleistungen gehören, und eine objektive Funktionenordnung[365]. Andere Systematisierungen unterscheiden hingegen zwischen formellem und materiellem Rechtsstaat[366].

---

[361] BVerfGE 1, S. 14, 45, 59.
[362] Naucke, Die zweckmäßige und die kritische Strafgesetzlichkeit, dargestellt an den Lehren J.P.A. Feuerbachs (1775 -1832), ferner Hruschka in JZ 1992 S. 665, 667; Hruschka in JZ 1992 S. 429 ff. der unter Verweis auf Kant mit vorpositivem Recht „die Gesetze der natürlichen Freiheit und Gleichheit“ meint.
[363] Grzeszick in Maunz/Dürig, GG-Kommentar, Art. 20 VII, Rn. 19.
[364] Grzeszick in Maunz/Dürig, GG-Kommentar, Art. 20 VII, Rn. 44.
[365] Schmidt-Aßmann in Isensee/Kirchhof, Handbuch des Staatsrechts der BRD, § 26, Rn. 46.
[366] Vgl. oben, S. 71.

3. Relevante Ausprägungen und Funktionen

In diesem Abschnitt sollen einzelne Ausprägungen und Funktionen des Rechtsstaatsprinzips detailliert vorgestellt werden. Die Auswahl der darzustellenden Einzelelemente resultiert dabei nicht aus ihrer objektiven verfassungsrechtlichen Bedeutung, sondern ergibt sich vielmehr aus den Ausprägungen, die in der nachfolgenden Legitimation richterlicher Unabhängigkeit im Fokus der Untersuchung stehen werden.

a. Effektiver Rechtsschutz / Justizgewährungsanspruch

Ein Staat, der Recht und Gerechtigkeit zu seinem Richtwert erklärt und sich instrumentell durch Gesetze und Rechtsvorschriften ordnet, muss Einrichtungen vorhalten, die deren Beachtung auch realiter sicherstellen; nur so kann die innere Friedensordnung wirksam und stabil aufrechterhalten werden, weil sonst die Durchsetzung des Stärkeren und das Faustrecht die Verhältnisse bestimmen würden[367]. Zudem hat der Staat die Entscheidungsgewalt bei Streit zwischen Bürgern oder zwischen Bürger und öffentlicher Hand für sich monopolisiert, eine der großen Errungenschaften der Neuzeit; gleichzeitig ist er dann aber auch zur Verwirklichung der Justizgewährung und Wiederherstellung des durch Streit gestörten Rechtsfriedens verpflichtet[368].

In der Bundesrepublik stellen ausschließlich (zum Rechtsschutz verpflichtete) Gerichte die innere Friedensordnung (den Rechtsfrieden) und die tatsächliche Beachtung von Gesetz und Recht sicher. In Art. 92 GG heißt es explizit:

„Die rechtsprechende Gewalt ist den Richtern anvertraut; sie wird durch das Bundesverfassungsgericht, durch die in diesem Grundgesetze vorgesehenen Bundesgerichte und durch die Gerichte ausgeübt".

---

[367] Schmidt-Jortzig in NJW 1994, S. 2569, 2571, der einen Rechtsstaat ohne effektiven Rechtsschutz als ein hohles, bloß papierenes Konstrukt, rein platonisches Bekenntnis, ein „Muster ohne Wert" beschreibt.
[368] Redeker in NJW 2000, S. 2796.

Durch diese ausschließliche Zuweisung der Rechtsprechung an die Richter und die damit einhergehende Sicherungsfunktion gegenüber Gesetz und Recht wird die Garantie wirkungsvollen Rechtsschutzes zu einem wesentlichen Bestandteil des Rechtsstaates[369]. Friedenswahrung durch Rechtsschutz ist indes eine so selbstverständliche Staatsaufgabe, dass das Grundgesetz einen gerichtlichen Rechtsschutz ausdrücklich nur gegen Eingriffe seitens der öffentlichen Gewalt gewährt[370]. Art. 19 Abs. 4 S. 1 GG normiert hierzu:

„Wird jemand durch die öffentliche Gewalt in seinen Rechten verletzt, so steht ihm der Rechtsweg offen".

Der Begriff der „öffentlichen Gewalt" ist dabei nicht auf die Exekutive im organisatorischen Sinn beschränkt, sondern beinhaltet auch das Handeln einer nicht zur Exekutive gehörenden, aber auch nicht in richterlicher Unabhängigkeit handelnden Instanz[371]. Art. 19 Abs. 4 GG erfasst damit keine Akte der Rechtsprechung, gewährt mithin Schutz durch den Richter, nicht gegen den Richter[372]. Die Rechtsschutzgarantie des Grundgesetzes ist gleichwohl nicht auf einen Rechtsschutz gegen Akte der öffentlichen Gewalt im Sinne von Art. 19 Abs. 4 GG beschränkt, sondern aufgrund des staatlichen Gewaltmonopols und des Selbsthilfeverbots des Bürgers umfassend angelegt[373].

Aus dem Rechtsstaatsprinzip ist daher auch für bürgerrechtliche Streitigkeiten im materiellen Sinn die Gewährleistung eines wirkungsvollen Rechtsschutzes abzuleiten; dieser „allgemeine Justizgewährungsanspruch" ist Bestandteil des Rechtsstaatsprinzips in Verbindung mit den Grundrechten (insbesondere Art. 2 Abs. 1 GG) und muss grundsätzlich die umfassende tatsächliche und rechtliche Prüfung des Streitgegenstandes sowie eine verbindliche Entschei-

---

[369] BVerfGE NJW 2003, S. 1924; BVerfGE NJW 1993, S. 1635.
[370] Roellecke in Umbach/Clemens, Mitarbeiterkommentar GG, Art. 20, Rn. 110.
[371] Leibholz/Rinck/Hesselberger/Burghart, Rspr. des BVerfG, Art. 19, Rz. 258.
[372] BVerfGE NJW 1979, S. 154, 155; BVerfGE NJW 1969, S. 1895, 1897; BVerfGE NJW 1963, S. 803; BVerfGE NJW 1960, S. 1563; Rechtsschutz in bürgerlich-rechtlichen Streitigkeiten wird auch durch Art. 6 Abs. 1 S. 1 EMRK sowie Art. 10 AEMR garantiert.
[373] BVerfGE NJW 2003, S. 1924; Krebs in v. Münch/Kunig, GG-Kommentar, Art. 19, Rn. 50.

dung durch den Richter ermöglichen[374]. Gerichtlicher Individualrechtsschutz ist dann nicht nur ein Additum, das zu den materiellen Grundrechten hinzutritt, sondern ein Anspruch verleihendes Leistungsgrundrecht, das folglich selbst Teil des subjektivrechtlichen Grundrechtsschutzes ist[375]. Ohne einen solchen Schutz liefe zudem das Gesetzmäßigkeitsgebot leer[376].

Die grundgesetzliche Garantie des Rechtsschutzes sichert inhaltlich das Offenstehen des Rechtsweges für Streitigkeiten zwischen Trägern öffentlicher Gewalt und Privatpersonen oder zwischen Privatpersonen und umfasst den Zugang zu einem unabhängigen, staatlichen Gericht, die vollständige Prüfung des Streitbegehrens in einem förmlichen Verfahren sowie die verbindliche gerichtliche Entscheidung[377]. Effektiver Rechtsschutz bedeutet überdies Rechtsschutz in angemessener Zeit, so dass dem Prinzip ein Beschleunigungsgebot zu entnehmen ist[378]. Hieraus resultiert die (Dienst-)Pflicht des Richters zu einer gewissen „Rechtsprechungseffizienz“, die in den durch die sachliche Unabhängigkeit gezogenen Grenzen im Wege der Dienstaufsicht durchgesetzt werden kann[379].

Eine Gewährleistung von Rechtsmittelzügen durch die Verfassung folgt aus dem vorerwähnten Beschleunigungsgebot nicht[380]. Die Garantie einer gerichtlichen Rechtsschutzmöglichkeit gegen behauptete Rechtsverletzungen eröffnet zwar einen einstufigen, aber keinen unbegrenzten Rechtsweg. Vielmehr steht es dem Gesetzgeber frei, unter Abwägung und Ausgleich der verschiedenen betroffenen Interessen zu entscheiden, ob es bei einer Instanz bleiben soll oder ob mehrere Instanzen bereitgestellt werden und unter welchen Voraussetzungen sie angerufen werden können[381]. Er hat im Rahmen dieser Gestaltungsfrei-

---

374 BVerfGE NJW 1995, S. 3173; BVerfGE NJW 1993, S. 1635; BVerfGE NJW 1981, S. 39, 41.
375 In diesem Sinne Jarass in Jarass/Pieroth, Kommentar zum GG für die BRD, Art. 19, Rn. 22; Krebs in v. Münch/Kunig, GG-Kommentar, Art. 19, Rn. 47.
376 Schnapp in v. Münch/Kunig, GG-Kommentar, Art. 20, Rn. 28.
377 BVerfGE NJW 2003, S. 1924; BVerfGE NJW 1979, S. 154, 155 m.w.N.
378 Roellecke in Umbach/Clemens, Mitarbeiterkommentar GG, Art. 20, Rn. 111.
379 Bernsdorff in Umbach/Clemens, Mitarbeiterkommentar GG, Art. 97, Rn. 13.
380 BVerfGE NJW 1997, S. 2163, 2164; BVerfGE NJW 1996; 185, 190; BVerfGE NJW 1981, S. 39, 41; BVerfGE NJW, 1970, S. 851, 853; ständige Rechtsprechung.
381 BVerfGE NJW 2003, S. 1924; BVerfGE NJW 1981, S. 39, 41.

heit aber bestimmte verfassungsrechtliche Erfordernisse zu beachten, die immer eingreifen, wenn staatliche Gerichtsbarkeit wahrgenommen wird: so die Gewährleistungen richterlicher Unabhängigkeit, des gesetzlichen Richters und des rechtlichen Gehörs vor Gericht, verfassungsrechtlich manifestiert in den Art. 92, 97, 101, 103 Abs. 1 GG[382].

Die Unabhängigkeit der Richter (Art. 97 GG) soll sichern, dass die Gerichte ihre Entscheidung allein an Gesetz und Recht ausrichten. Nur durch unabhängige Richter kann das Rechtsschutzbegehren des Bürgers praktisch effektiv sein[383].

Daneben sollen die Verfahrensgrundrechte aus Art. 101 Abs. 1 S. 2 GG und Art. 103 Abs. 1 GG gewährleisten, dass die richterliche Entscheidung willkürfrei durch eine nach objektiven Kriterien bestimmte Instanz auf einer hinreichend gesicherten Tatsachengrundlage und auf Grund einer unvoreingenommenen rechtlichen Würdigung unter Einbeziehung des Vortrags der Parteien ergeht[384].

Damit hat der Bürger einen substantiellen Anspruch auf eine tatsächlich wirksame gerichtliche Kontrolle, durch ein mit zureichender Entscheidungsmacht ausgestattetes Gericht, und zwar in allen von der Prozessordnung zur Verfügung gestellten Instanzen[385].

b. Der Grundsatz der Gewaltenteilung

Ehe der Regelungsumfang des Gewaltenteilungsprinzips nochmals kurz zusammengefasst wird, gilt es zunächst festzustellen, ob der Gewaltenteilungsgrundsatz vollständig vom Gehalt des Rechtsstaatsprinzips erfasst ist, mithin ob er einen Unterfall der Rechtsstaatlichkeit darstellt.

---

[382] BVerfGE NJW 1981, S. 39, 41.

[383] Herzog in Maunz/Dürig, GG-Kommentar, Art. 97,Rdnr. 27; Stern, Das Staatsrecht der BRD, Bd. I, § 20 IV 5 d (S. 659 ff.); ebenso Papier in NJW 1990, S. 8, 9.

[384] BVerfGE NJW 2003, S. 1924.

[385] Vgl. BVerfGE NJW 1990, S. 1104, 1105; Leibholz/Rinck/Hesselberger/Burghart, Rspr. des BVerfG, Art. 20, Rz. 446 m.w.N.

aa. Verhältnis zum Rechtsstaatsprinzip

Das Prinzip der Gewaltenteilung steht seit seiner Entwicklung stets in einem nahen Zusammenhang zur Rechtsstaatsidee, als deren eine Grundforderung es - neben der Idee der Menschenrechte - bezeichnet wird[386]. In der Tat war historisch die Vorstellung, dass die staatliche Gewalt nicht ungeteilt in einer einzigen Hand liegen sollte, ein wesentlicher Schritt zur Mäßigung dieser Gewalt und damit zur Entstehung der Rechtsstaatlichkeit[387].

So ist auch der Kerngedanke hinter dem Gewaltenteilungsgrundsatz, die Verhinderung von Machtmissbrauch, um die Freiheit des Einzelnen zu sichern[388]. Die Idee der Gewaltenteilung wurde nicht als Selbstzweck entwickelt, sondern zur Verwirklichung einer gerechten Ordnung, zur Verwirklichung von Freiheit[389]. Gewaltenteilung soll aus diesem Grund sicherstellen, dass nicht alle Staatsgewalt in einer Hand vereint ist, sondern auf drei Organsäulen verteilt wird (organisatorische Gewaltenteilung)[390]. Vereinigt eine Person alle drei Befugnisse, ist die Gefahr des Machtmissbrauchs immens, es droht der Ausbruch einer despotischen Herrschaft, die individuellen Freiheiten der Bürger gehen verloren und jeder gerät in die Gefahr, von der Staatsmacht zugrunde gerichtet zu werden[391]. Ein solcher despotischer Staat wäre nicht nur kein gewaltengeteilter Staat, er wäre - weil er die grundlegenden Freiheiten der Bürger missachtet - auch kein Rechtsstaat. Das Gewaltenteilungsprinzip soll das gerade verhindern, es soll die Herrschaft mäßigen, um die Freiheiten der Bürger zu

---

386 Herzog in Maunz/Dürig, GG-Kommentar, Art. 20 V, Rn. 2; Stern, Das Staatsrecht der BRD, Bd. I, § 20 IV 3 (S. 624).

387 Herzog in Maunz/Dürig, GG-Kommentar, Art. 20 V, Rn. 2.

388 Montesquieu, Vom Geist der Gesetze, S. 216; vgl. detailliert auch auf S. 47 ff.; während bei Montesquieu die Freiheit ausdrücklich hervorgehoben wird, sieht Locke, Zwei Abhandlungen über die Regierung, S. 283, 289 ff., den Zweck des Staates in die Sicherung von Leben, Freiheit und Vermögen der Bürger zugleich.

389 Montesquieu, Vom Geist der Gesetze, S. 216 ff., 226 sieht das Ideal der Freiheit in den Gesetzen der englischen Verfassung „in Kraft gesetzt".

390 So auch Montesquieu, Vom Geist der Gesetze, S. 216 ff.; vgl. ferner auf S. 50.

391 Montesquieu, Vom Geist der Gesetze, S. 216 ff.

schützen[392]. Diesem übergeordneten Zweck dient das Gewaltenteilungsprinzip und damit letztlich der Sicherung des Rechts. Verdeutlichen lässt sich dies schon anhand des Art. XVI der französischen Erklärung der Rechte des Menschen und des Bürgers vom 26. August 1789. Dort heißt es, dass eine Gesellschaft, deren Rechte nicht sicher verbürgt sind und bei der eine Teilung der Gewalten nicht durchgeführt ist, keine Verfassung hat. Der ihr zugrunde liegende Staat sei dann kein Rechtsstaat[393].

Die deutsche Geschichte selbst liefert die Bestätigung, wie essentiell die Gewaltenteilung für den Schutz bürgerlicher Freiheitsrechte ist. Mit der faktischen Aufhebung der Gewaltenteilung durch das Ermächtigungsgesetz wurden 1933 der Beginn der NS-Diktatur und das Ende des Rechtsstaates eingeleitet. Vor diesem Hintergrund entstand das Grundgesetz, das von einem integralen und weiten Rechtsstaatsbegriff ausgeht, der formelle wie materielle Elemente umfasst[394]. Die Entstehungsgeschichte des Grundgesetzes spricht daher dafür, die Gewaltenteilung als einen Unterfall des Rechtsstaatsprinzips anzusehen.

Wie bereits dargelegt, strebt das Rechtsstaatsprinzip materiell die Gewährleistung von Menschenwürde, Freiheit, Gerechtigkeit und Rechtssicherheit an (materieller Rechtsstaat)[395]. Um dieses Zieles willen muss es bestimmte Formen, Verfahren und Organisationsvorschriften (formeller Rechtsstaat) geben, die möglichst die Erreichung dieser materiellen Ziele gewährleisten können und sollen[396]. Die Idee der Gewaltenteilung ist dann unter die Rechtsstaatlichkeit im formellen Sinne zu subsumieren, denn sie sagt nicht aus, wie der Staat die ihm zustehende Gewalt über seine Bürger inhaltlich ausüben soll, sondern zeigt le-

---

[392] Explizit betont durch BVerfGE 9, S. 268, 279; Sachs in Sachs, GG-Kommentar, Art. 20, Rn. 81; Leibholz/Rinck/Hesselberger/Burghart, Rspr. des BVerfG, Art. 20, Rz. 461; Jarass in Jarass/Pieroth, Kommentar zum GG für die BRD, Art. 20, Rn. 23; im Ergebnis auch Montesquieu, Vom Geist der Gesetze, S. 216 ff.

[393] Stern, Das Staatsrecht der BRD, Bd. I, § 20 IV 3 (S. 624).

[394] Vgl. auch oben, S. 73 f.

[395] Schmidt-Aßmann in Isensee/Kirchhof, Handbuch des Staatsrechts der BRD, § 26, Rn. 1.

[396] Schmidt-Aßmann in Isensee/Kirchhof, Handbuch des Staatsrechts der BRD, § 26, Rn. 18 f.; insoweit ist Jarass in Jarass/Pieroth, Kommentar zum GG für die BRD, Art. 20, Rn. 23 zu widersprechen, wenn er unter Verweis auf den organisationsrechtlichen Charakter des Gewaltenteilungsprinzips dessen Stellung als Unterfall des Rechtsstaatsprinzips negiert.

diglich einen formellen Weg auf, durch den eine bürgerfeindliche, weil auf staatlichem Machtmissbrauch beruhende Politik vermieden werden soll[397].

Ist also die Gewähr von Grundrechten das materielle Element des Rechtsstaatsprinzips schlechthin, so ist der Gewaltenteilungsgrundsatz sein wichtigstes organisatorisches (formelles) Element[398]. Von der Basis der Trennung der Funktionen aus ist es somit möglich, die weiteren Einrichtungen zu schaffen, die geeignet sind, Menschenwürde und Freiheit des Staatsbürgers vor der willkürlichen Allmacht eines Einzelnen wirksam zu schützen; wegen dieser Schutztendenz des Gewaltenteilungsprinzips, die auch der Idee des Rechtsstaates zugrunde liegt, ist die Gewaltenteilung folglich zugleich ein Bestandteil des Rechtsstaates selbst[399]. Die Gewaltenteilung dient also der Verwirklichung des Rechtsstaatsprinzips und wird von diesem umfasst.

Hieran kann sich auch nichts ändern, wenn man wie *di Fabio* einräumt, dass die Einordnung unter das Rechtsstaatsprinzip zwar nicht falsch sei, Gewaltenteilung aber auch eine ebenso große Nähe zum Demokratieprinzip aufweise[400].

Gewaltenteilung lässt sich auch in einer nicht-demokratischen Staatsform denken - z. B. könnten verschiedene Organe bestehen, die entsprechenden Ämter könnten aber erblich sein, so dass keine Wahl nötig wäre; ähnliches gilt für eine Mischstaatsform, die nur teilweise demokratisch ist[401]. Die Gewaltenteilung ist in einer demokratischen, wie in einer nicht-demokratischen Staatsform vorstellbar. Umgekehrt lässt sich Demokratie auch ohne Gewaltenteilung den-

---

397 Herzog in Maunz/Dürig, GG-Kommentar, Art. 20 V, Rn. 2.

398 Stern, Das Staatsrecht der BRD, Bd. I, § 20 IV 3 (S. 624) m.w.N.; so auch Sommermann in v. Mangoldt/Klein/Starck, Bonner GG-Kommentar, Art. 20, Rn. 227, der die Gewaltenteilung neben der Verfassungs- und Gesetzesbindung (Art. 20 Abs. 3 GG) zum Kern formeller Rechtsstaatlichkeit rechnet; zum Begriff der Gewalten im formellen Sinne Wolff/Bachof/Stober, Verwaltungsrecht I, S. 161.

399 Goeckel, Die Grundsätze des Rechtsstaates in der höchstrichterlichen Rechtsprechung der Bundesrepublik Deutschland, S. 24.

400 di Fabio in Isensee/Kirchhof, Handbuch des Staatsrechts der BRD, § 27, Rn. 11.

401 Locke und Montesquieu schlagen eine derartige Staatsform vor: die Exekutive liegt beim König, der nicht gewählt ist, sondern sein Amt vererbt.

ken[402]. Rechtsstaatlichkeit ohne Gewaltenteilung ist hingegen aufgrund der immensen Gefahr des Machtmissbrauchs im Fall eines Gewaltenmonismus nicht vorstellbar[403]. Das Gewaltenteilungsprinzip seinerseits führt durch Gewaltentrennung und -balancierung zu einer Kontrolle, Hemmung und Mäßigung der Staatsgewalt[404] und beinhaltet damit automatisch ein gewisses Maß an Rechtsstaatlichkeit. Seine Funktion im Rechtsstaat ist erfüllt durch die Übertragung von Teilen der einen einheitlichen Staatsgewalt auf die drei Gewaltenträger; dadurch wird die politische Macht im Staat gebändigt und in Schranken gehalten, also das System der „checks and balances" verwirklicht[405].

Zudem ist die Gewaltenteilung als „tragendes Organisations- und Funktionsprinzip" des Grundgesetzes[406] sowohl für den Bund als auch für die Länder verbindlich (Art. 28 Abs. 1 S. 1 GG)[407]. Die Gewaltenteilung ist in Art. 28 Abs. 1 S. 1 GG nicht ausdrücklich genannt, weshalb sich eine Bindung für die Länder nur begründen lässt, wenn sie als rechtsstaatlicher Grundsatz einzuordnen ist.

bb. Inhalt des Gewaltenteilungsprinzips

Das Gewaltenteilungsprinzip ist im Rahmen dieser Bearbeitung schon detailliert vorgestellt worden. Zusammenfassend bezweckt Gewaltenteilung primär die Mäßigung der Staatsmacht und den Schutz der Freiheit des Einzelnen[408]. Darüber hinaus soll sie für eine rationale und gerechte Staatsorganisation sorgen und gewährleisten, dass staatliche Entscheidungen möglichst richtig, das heißt

---

[402] Wobei eine nicht gewaltengeteilte Demokratie die Gefahr in sich birgt, zu einer „totalitären Demokratie", mithin in einer „Diktatur der Mehrheit" zu werden. Dies wäre allerdings immer noch eine Demokratie, wenn auch keine rechtsstaatliche (d. h. gewaltengeteilte).

[403] So im Ergebnis schon Montesquieu, Vom Geist der Gesetze, S. 216 ff.

[404] Vgl. im Einzelnen auf S. 51 f.

[405] Geiger in FS Schäfer, S. 79, 80.

[406] BVerfGE NJW 1997, S. 383; BVerfGE NJW 1954, S. 65, 68; Jarass in Jarass/Pieroth, Kommentar zum GG für die BRD, Art. 20, Rn. 23; Degenhardt, Staatsrecht I, Rn. 243.

[407] BVerfGE NJW 1973, S. 451; Schulze-Fielitz in Dreier, GG-Kommentar, Art. 20, Rn. 71.

[408] Ständige Rechtsprechung seit BVerfGE NJW 1959, S. 1171; BGH NJW 1978, S. 2098; BVerfGE 67, S. 100, 130.

von den Organen getroffen werden, die nach Organisation, Zusammensetzung und Verfahrensweise über die besten Voraussetzungen verfügen[409].

Unterschieden wird zwischen organisatorischer und funktionaler Gewaltenteilung. Unter funktionaler Gewaltenteilung versteht man die Unterscheidung zwischen Gesetzgebung (Legislative), vollziehende Gewalt (Exekutive) und Rechtsprechung (Judikative)[410]. Organisatorische Gewaltenteilung bedeutet, dass jede der drei Grundfunktionen bzw. Gewalten unterschiedlichen Trägern (Art. 20 Abs. 2 S. 2 GG: „besondere Organe") zugewiesen wird[411]. Die Organe sollen rechtlich und technisch-organisatorisch selbständig sein[412]. Der Grundsatz der organisatorischen Gewaltenteilung ist im Grundgesetz nicht strikt durchgeführt. Dem liegt der Gedanke zugrunde, dass die Gewaltenteilung nicht auf absolute Trennung, sondern eben auch auf gegenseitige Kontrolle, Hemmung und Mäßigung der Staatsgewalt angelegt ist (Kontrollfunktion, Mäßigungsfunktion). Das Gewaltenteilungsprinzip schließt nicht gewisse Verspannungen, Verzahnungen, Verbindungen, Grenzüberschreitungen zwischen den Gewalten aus. Der Sinn der Gewaltenteilung liegt nämlich gerade nicht in einer scharfen funktionalen Trennung der Staatsgewalt, sondern in einer gegenseitigen Kontrolle und Begrenzung der Legislative, Exekutive und Judikative.

Es ist eine politische Machtverteilung und ein Ineinandergreifen der Staatsgewalten gewollt, um die Staatsherrschaft zu mäßigen[413] und hierdurch die Freiheit des Einzelnen zu schützen[414].

---

409 BVerfGE NJW 1997 S. 383; BVerfGE NJW 1985 S. 603, 605; Schulze-Fielitz in Dreier, GG-Kommentar, Art. 20, Rn. 71; Sachs in Sachs, GG-Kommentar, Art. 20, Rn. 81.

410 Schmidt-Aßmann in Isensee/Kirchhof, Handbuch des Staatsrechts der BRD, § 26, Rn. 52; Herzog in Maunz/Dürig, GG-Kommentar, Art. 20 V, Rn. 14; Jarass in Jarass/Pieroth, Kommentar zum GG für die BRD, Art. 20, Rn. 24.

411 Jarass in Jarass/Pieroth, Kommentar zum GG für die BRD, Art. 20, Rn. 24.

412 Schmidt-Aßmann in Isensee/Kirchhof, Handbuch des Staatsrechts der BRD, § 26, Rn. 53.

413 BVerfGE NJW 1973 S. 451; BVerfGE NJW 1959, S. 1171; BVerfGE NJW 1958 S. 97; BVerfGE NJW 1954, S. 65, 68; Sachs in Sachs, GG-Kommentar, Art. 20, Rn. 81.

414 BVerfGE NJW 1959, S. 1171; Leiholz/Rinck/Hesselberger/Burghart, Rspr. des BVerfG, Art. 20, Rz. 461; Sachs in Sachs, GG-Kommentar, Art. 20, Rn. 81; Jarass in Jarass/Pieroth, Kommentar zum GG für die BRD, Art. 20, Rn. 23.

c. Bindung der Rechtsprechung an Gesetz und Recht

aa. Verhältnis von Gesetz und Recht

Nach Art. 20 Abs. 3 GG ist die Gesetzgebung an die verfassungsmäßige Ordnung, die vollziehende Gewalt und die Rechtsprechung sind an Gesetz und Recht gebunden. Demnach ist in Art. 20 Abs. 3 GG neben der Verfassungsbindung der Legislative insbesondere die Bindung von Exekutive und Judikative - und damit auch der Richter - an Gesetz und Recht manifestiert. Indes normiert Art. 97 Abs. 1 GG eine Unterwerfung und folglich eine Bindung des Richters nur an das Gesetz und folgt damit dem Wortlaut nach nicht der Regelung des Art. 20 Abs. 3 GG, der die Rechtsprechung explizit auch an das „Recht" bindet.

Damit stellt sich nunmehr die Frage, ob der Richter nach Art. 97 Abs. 1 GG nur an das Gesetz, oder Art. 20 Abs. 3 GG folgend an Gesetz und Recht gebunden ist, oder ob sich die beiden Regelungen inhaltlich gar decken. Um dies klären zu können, gilt es nachfolgend das Verhältnis von „Gesetz" und „Recht" zu analysieren. Anzumerken bleibt gleichwohl, dass schon Generationen rechtstheoretischer und rechtsphilosophischer Werke gezeigt haben, dass eine absolute, endgültige Formulierung dieses Themas und vor allem der zu ihm denkbaren Lösungen nicht möglich ist, so dass auch die nachfolgenden Ausführungen keine Vollständigkeit für sich in Anspruch nehmen[415].

aaa. Historische Entwicklung von „Gesetz und Recht"

Erste Differenzierungen zwischen Gesetz und Recht lassen sich über mehr als 2000 Jahre zurückverfolgen. So unterscheiden schon die Römer zwischen *lex* (Gesetz) und *ius* (Recht). Während lex das gesetzte Recht bedeutet, meint ius das von den Gerichten gefundene Recht (Fallrecht)[416]. Später wird im mittelal-

---

[415] So schon Herzog in Maunz/Dürig, GG-Kommentar, Art. 20 VI, Rn. 53.

[416] Hoffmann, Das Verhältnis von Gesetz und Recht, S. 28, unter Verweis auf die Gesetzesdefinition des römischen Juristen Gaius (ca. 130-180 n. Chr.), der das Volk als Quelle der Gesetze nennt.

terlichen Rechtsdenken unter ius (Recht) die gerechte Sache selbst und unter lex (Gesetz) die schriftlich festgelegte Regel verstanden[417].

Thomas von Aquin entwickelt zu dieser Zeit einen Gesetzesbegriff, der neben formellen auch materielle Elemente enthält, sodass Gesetze stets auch dem Wohl der Gemeinschaft dienen müssten[418]. Unter Verweis auf *Augustinus* stellt *von Aquin* zudem die These auf, dass ein ungerechtes Gesetz gar kein Gesetz sei[419]. Wenn es vom natürlichen Gesetz (lex naturalis) abweiche, sei es eine Zerstörung des Gesetzes (legis corruptio) und daher ohne Geltungswirkung[420].

Auch in den neuzeitlichen Souveränitätstheorien ist eine Unterscheidung zwischen Gesetz und Recht vorhanden. *Bodin* definiert die Souveränität als höchste nicht an Gesetze gebundene Gewalt, die allerdings an das göttliche Recht sowie an das Natur- und Völkerrecht gebunden ist[421]. Die Untertanen des Souveräns sind den Gesetzen unbedingt unterworfen, auch wenn sie gegen das Naturrecht verstoßen, wobei *Bodin* ein Widerstandsrecht zuerkennt, wenn der Souverän gegen göttliches Recht verstößt[422]. Im Zuge dieser Lehre kommt es zu einer Aufspaltung des Gesetzesbegriffs: nach *Thomas von Aquin* enthält dieser noch formelle und materielle Bestandteile, während nun strikt zwischen Gesetzesinhalt und Gesetzesbefehl unterschieden wird[423]. Für die Geltung des Gesetzes soll es allein auf die Einhaltung des förmlichen Gesetzgebungsverfahrens ankommen, nicht hingegen auf den Gesetzesinhalt. Die Positivität wird so zur Natur des Rechts[424].

In der Weimarer Reichsverfassung ist als Bindungsmaßstab des Richters nur das Gesetz genannt (Art. 102 WRV)[425]. Eine explizite, gleichzeitige Bindung von Exe-

---

[417] Hoffmann, Das Verhältnis von Gesetz und Recht, S. 28.
[418] Kaufmann, Rechtsphilosophie, S. 140.
[419] Kaufmann, Rechtsphilosophie, S. 141.
[420] Kaufmann, Rechtsphilosophie, S. 140 f.
[421] Hoffmann, Das Verhältnis von Gesetz und Recht, S. 29.
[422] Kaufmann, Rechtsphilosophie, S. 141.
[423] Kaufmann, Rechtsphilosophie, S. 143.
[424] Kaufmann, Rechtsphilosophie, S. 143.
[425] Hoffmann, Das Verhältnis von Gesetz und Recht, S. 31.

kutiv-, Legislativ- oder Judikativorganen an Gesetz und Recht besteht auch hier nicht. Daher lassen sich historisch betrachtet aufgrund der unterschiedlichen und sich kontinuierlich wandelnden Regelungsgehalte der Begriffe Gesetz und Recht keine unmittelbaren Schlüsse für die heutige Bedeutung von „Gesetz und Recht" ziehen.

bbb. Verfassungsrechtliche Positionen

Prinzipiell lassen sich zwei Kategorien von Meinungen zur Einordnung des Verhältnisses von „Gesetz und Recht" im Sinne des Art. 20 Abs. 3 GG unterteilen.

In eine Gruppe fallen Ansichten, die das Verhältnis von „Gesetz und Recht" als konflikt- und spannungsfrei einordnen[426]. Derart verstanden haben Gesetz und Recht miteinander harmonierende bzw. absolut voneinander getrennte Inhalte, die jedenfalls in keiner Konkurrenz zueinander stehen.

So wird teilweise vertreten, dass der Hinweis auf das Recht in Art. 20 Abs. 3 GG rein tautologischer Natur sei, dass Gesetz und Recht also den gleichen Inhalt hätten, denn anderenfalls träte ein Widerspruch zu Art. 97 Abs. 1 GG auf[427]. Andere sehen im Recht einen Verweis, durch den lediglich die Bindung auch an ungeschriebenes Recht bzw. Gewohnheitsrecht manifestiert werden soll[428]. Einer weiteren Ansicht nach unterfällt dem Gesetzesbegriff des Art. 20 Abs. 3 GG allein das Parlamentsgesetz, während das Recht die Bindung an die Verfassung, das primäre und sekundäre EG-Recht (Art. 23 GG), die allgemeinen Regeln des Völkerrechts (Art. 25 GG) sowie das Gewohnheitsrecht dokumentiert[429]. Wieder Andere sehen in der Rechtsbindung einen Verweis auf die Ver-

---

[426] Jarass in Jarass/Pieroth, Kommentar zum GG für die BRD, Art. 20, Rn. 38; Hofmann in Schmidt-Bleibtreu/Hofmann/Hopfauf, Kommentar zum Grundgesetz, Art. 20, Rn. 91; Sommermann in v. Mangoldt/Klein/Starck, Bonner GG-Kommentar, Art. 20, Rn. 265 ff.

[427] Schnapp in v. Münch/Kunig, GG-Kommentar, Art. 20, Rn. 43; Jarass in Jarass/Pieroth, Kommentar zum GG für die BRD, Art. 20, Rn. 38 m.w.N.

[428] Hesse, Grundzüge des Verfassungsrechts der Bundesrepublik Deutschland, S. 513.

[429] Sommermann in v. Mangoldt/Klein/Starck, Bonner GG-Kommentar, Art. 20, Rn. 264 ff.; ähnlich etwa Hofmann in Schmidt-Bleibtreu/Hofmann/Hopfauf, Kommentar zum Grundgesetz, Art. 20, Rn. 91.

fassungsbindung von Exekutive und Judikative und interpretieren die Formel „Gesetz und Recht" als Bindung an Gesetz und Grundgesetz[430].

Hingegen geht eine insbesondere vom Bundesverfassungsgericht vertretene Ansicht zumindest potentiell von einem Konflikt- und Spannungsverhältnis zwischen Gesetz und Recht aus. Durch die Formel „Gesetz und Recht" werde ein enger Gesetzespositivismus abgelehnt: die Formel hielte das Bewusstsein aufrecht, dass sich Gesetz und Recht zwar faktisch im Allgemeinen, aber nicht notwendig und immer decken[431]. Mit dem Hinweis auf das Recht neben dem Gesetz sei insbesondere die Idee der Gerechtigkeit angesprochen[432]. Das Recht sei nicht mit der Gesamtheit der geschriebenen Gesetze identisch. Gegenüber den positiven Satzungen der Staatsgewalt könne unter Umständen ein Mehr an Recht bestehen, das seine Quelle in der verfassungsmäßigen Rechtsordnung als einem Sinnganzen besitze und dem geschriebenen Gesetz gegenüber als Korrektiv zu wirken vermöge[433].

ccc. Wesentliche Argumentationsstränge

Für die Ansicht, dass zwischen Gesetz und Recht ein spannungsloses Verhältnis besteht, wird angeführt, dass Art. 20 Abs. 3 GG nicht isoliert, sondern im Zusammenhang mit Art. 97 Abs. 1 GG ausgelegt werden müsse, der die Richter ausdrücklich nur an das Gesetz bindet[434]. Zudem gelte es zu bedenken, dass, wenn der Verfassungsgeber mit der Rechtsbindung der Gefahr ungerechter Gesetze hätte begegnen wollen, er auch die Gesetzgebung an das Recht ausdrücklich gebunden hätte, was er aber in Art. 20 Abs. 3 GG explizit nicht getan hat[435].

---

430 Kirchhof in NJW 1986, S. 2275, 2276, für den Fall der Normallage einer durch Menschenwürde, Freiheit, Gleichheit, Existenz- und Friedenssicherung geprägten Verfassungsordnung; im Ergebnis ebenso: Schneider in DÖV 1975, S. 443, 446.

431 BVerfGE NJW 1973, S. 1221, 1225; Stern, Das Staatsrecht der BRD, Bd. I, § 20 IV 4 (S. 630).

432 Sachs in Sachs, GG-Kommentar, Art. 20, Rn. 103; Sobota, Das Prinzip Rechtsstaat, verfassungs- und verwaltungsrechtliche Aspekte, S. 90 ff.

433 BVerfGE NJW 1973, S. 1221, 1225; Niebler in DNotZ 1987, S. 259.

434 Merten in DVBl. 1975, S. 677, 678.

435 Sommermann in v. Mangoldt/Klein/Starck, Bonner GG-Kommentar, Art. 20, Rn. 267.

Im demokratischen Staat könne es weiterhin ein vom Grundgesetz verschiedenes ihm vor- oder nebengeordnetes Recht nicht geben[436]. Das Grundgesetz selbst liefere nämlich durch den Schutz der Menschenwürde (Art. 1 Abs. 1 GG) und dem Bekenntnis zu den Menschenrechten (Art. 1 Abs. 2 GG), die wie Art. 20 GG unter die Veränderungssperre des Art. 79 Abs. 3 GG fallen, schon einen umfassenden Schutz für die materielle Rechtsstaatlichkeit[437].

Die These einer von der Verfassungsbindung zu unterscheidenden Rechtsbindung der Judikative und Exekutive sei gefährlich, weil sie als Einfallstor für dem Grundgesetz zuwiderlaufende Gerechtigkeitsvorstellungen missbraucht werden könne[438]. Insbesondere sei es nicht möglich, eine Einigkeit darüber zu erzielen, was tatsächlich gerecht sei, so dass eine Lockerung der Gesetzesbindung die Rechtssicherheit massiv gefährden würde[439]. Gerechtigkeitsvorstellungen durch das Recht erfasst zu sehen, führe daher zu einer problematischen Relativierung des positiven Rechts[440]. Durch die hiermit einhergehende Entfesselung der Dritten Gewalt würde die Gewaltenbalance zerstört und die Freiheit der Bürger bedroht, die durch vom Parlament erlassene abstrakt-generelle Gesetze besser gesichert sei als durch eine Einzelfalljustiz, deren Kriterien nur schwer nachvollziehbar und noch schwerer voraussehbar seien[441].

Zum Beleg für die Gefahren einer Lockerung der strikten Gesetzesbindung wird auf die Zeit des Nationalsozialismus verwiesen, in der unter dem Schlagwort der Gerechtigkeit die Gesetzesbindung als „trügerische Bindung" diskreditiert[442] und dadurch alle Freiheitssicherungen demontiert wurden[443].

---

436 Gusy in JuS 1983, S. 189, 193.
437 Sommermann in v. Mangoldt/Klein/Starck, Bonner GG-Kommentar, Art. 20, Rn. 269.
438 Sommermann in v. Mangoldt/Klein/Starck, Bonner GG-Kommentar, Art. 20, Rn. 267.
439 Merten in DVBl. 1975, S. 677, 679.
440 Jarass in Jarass/Pieroth, Kommentar zum GG für die BRD, Art. 20, Rn. 38.
441 Merten in DVBl. 1975, S. 677, 679.
442 Merten in DVBl. 1975, S. 677, 679.
443 Sommermann in v. Mangoldt/Klein/Starck, Bonner GG-Kommentar, Art. 20, Rn. 235.

Für die These eines Konflikt- und Spannungsverhältnisses zwischen „Gesetz und Recht“ wird zunächst wiederum auf historische Erfahrungen verwiesen[444]. Die NS-Herrschaft habe gezeigt, dass es extrem ungerechte und gerechtigkeitsfeindliche Gesetze geben könne[445]. Jedem entwickelten Rechtssystem seien Rechtsprinzipien immanent, die eine Offenheit des Rechts gegenüber der Moral bzw. der Gerechtigkeit bewirken und daher einen rein positivistischen Rechtsbegriff sprengen würden[446]. Der Begriff des Gesetzes im Grundgesetz beziehe sich auf die Regelebene des Rechts, worunter Normen mit Tatbestand und Rechtsfolge fielen, der Begriff des Rechts auf die Prinzipienebene (Wertetheorie des Bundesverfassungsgerichts), worunter gegebenenfalls Optimierungsgebote zu subsumieren seien[447]. Die Prinzipienebene beinhalte ein rechtlich verpflichtendes Ideal, mithin eine utopische Dimension, weshalb die Verfassung auf der Prinzipienebene mehr verspreche als sie selbst auf der Regelebene einlösen könne[448]. Aus diesen Gründen könne gegenüber den positiven Satzungen der Staatsgewalt unter Umständen ein Mehr an Recht bestehen, das seine Quelle in der verfassungsmäßigen Rechtsordnung als einem Sinnganzen besitze und dem geschriebenen Gesetz gegenüber als Korrektiv zu wirken vermöge[449]. Der Verfassungsgeber habe demnach durch die Formulierung „Gesetz und Recht“ in Art. 20 Abs. 3 GG auf dieses Konflikt- und Spannungsverhältnis zwischen Gesetz, Recht und Gerechtigkeit hinweisen wollen[450], das sich bis zum vollen Widerspruch verdichten könne[451].

Zur Lösung des Konflikt- und Spannungsverhältnisses von „Gesetz und Recht“ wird die „Radbruch'sche Formel“ herangezogen. Nach dieser Formel wird der

---

444 Herzog in Maunz/Dürig, GG-Kommentar, Art. 20 VI, Rn. 53; Hoffmann, Das Verhältnis von Gesetz und Recht, S. 53 ff., 127.
445 Herzog in Maunz/Dürig, GG-Kommentar, Art. 20 VI, Rn. 53.
446 Dreier in JZ 1985, S. 353, 356.
447 Dreier in JZ 1985, S. 353, 356.
448 Dreier in JZ 1985, S. 353, 356, 357, der das Spannungsverhältnis von Gesetz und Recht in erster Linie als Spannungsverhältnis zwischen der Regel- und der Prinzipienebene des positiven Rechts verstanden haben will, wobei die Prinzipienebene den Gerechtigkeitsbezug des positiven Rechts zum Ausdruck bringen soll.
449 BVerfGE NJW 1973, S. 1221, 1225; Niebler in DNotZ 1987, S. 259.
450 Herzog in Maunz/Dürig, GG-Kommentar, Art. 20 VI, Rn. 53.
451 Stern, Das Staatsrecht der BRD, Bd. I, § 20 IV 4 (S. 630).

Konflikt zwischen der Gerechtigkeit und der Rechtssicherheit dahingehend zu lösen sein, dass das positive, durch Macht und Satzung gesicherte Recht auch dann den Vorrang hat, wenn es inhaltlich ungerecht und unzweckmäßig ist, es sei denn, dass der Widerspruch des positiven Gesetzes zur Gerechtigkeit ein so unerträgliches Maß erreicht, dass das Gesetz als „unrichtiges Recht" der Gerechtigkeit zu weichen hat[452].

Auch könne die Argumentation der Gegenposition im Ergebnis überzeugen, nach der Art. 20 Abs. 3 GG und Art. 97 Abs. 1 GG, der den Richter nur an das Gesetz bindet, inhaltsgleich ausgelegt werden müssten, um einen Widerspruch innerhalb des Grundgesetzes zu vermeiden. Zu beachten sei nämlich, dass der Art. 97 Abs. 1 GG stets im Lichte des höherrangigen Art. 20 Abs. 3 GG ausgelegt werden müsse[453]. Art. 20 Abs. 3 GG enthalte dann das Prinzip, Art. 97 Abs. 1 GG die Ausformung für den Regelfall des Rechtsprechens, indem dem Richter die Berufung auf Freirecht, Naturrecht oder auf subjektiv für recht Gehaltenes gerade verwehrt werde[454].

ddd. Stellungnahme und Gesamtwürdigung

Die Entstehungsgeschichte des Art. 20 Abs. 3 GG spricht dafür, dem Recht einen überpositiven Gehalt zuzusprechen und ein Spannungsverhältnis zwischen Gesetz und Recht für möglich zu halten. Erst am Ende der Weimarer Republik und insbesondere unter Herrschaft des Nationalsozialismus ist deutlich geworden, dass es ungerechte, ja sogar gerechtigkeitsfeindliche Gesetze geben kann, dass die positive Rechtsordnung und die Rechtsidee infolgedessen mehr oder weniger weit auseinanderklaffen können und dass es Aufgabe jedes einzelnen Staatsorgans sein kann, die positive Rechts- oder besser Gesetzesordnung immer wieder auf ihre Übereinstimmung mit den Ideen von Recht und Gerechtig-

---

[452] Vgl. Radbruch, Rechtsphilosophie, S. 216; Radbruch ausdrücklich zustimmend: BVerfGE NJW 1954, S. 65, 66; Herzog in Maunz/Dürig, GG-Kommentar, Art. 20 VI, Rn. 53; Stern, Das Staatsrecht der BRD, Bd. I, § 20 IV 4 (S. 630); Geiger in DRiZ 1963, S. 170, 173.

[453] Herzog in Maunz/Dürig, GG-Kommentar, Art. 97, Rn. 4 f.

[454] Stern, Das Staatsrecht der BRD, Bd. I, § 20 IV 4 (S. 630); Hoffmann, Das Verhältnis von Gesetz und Recht, S. 129 ff.

keit zu befragen und dort, wo sich Differenzierungen zeigen, diese entweder ganz zu beseitigen oder zumindest so weit wie möglich zu reduzieren[455].

Die in der Bindung an das Recht wirksame Idee der Gerechtigkeit hat namentlich auch Bedeutung für die Anwendung der Gesetze durch Gerichte und Behörden, die ungeachtet der Bindung an die geschriebenen Rechtsnormen stets zugleich der Gerechtigkeit verpflichtet bleiben[456]. Insbesondere stehen eben jene anzuwendenden Gesetze ständig im Kontext der sozialen Verhältnisse und der gesellschaftlich-politischen Anschauungen auf die sie wirken sollen; ihr Norminhalt kann und muss sich unter Umständen mit ihnen wandeln[457].

In dem Maße, in dem sich aufgrund solcher Wandlungen Regelungslücken bilden, verliert das Gesetz seine Fähigkeit, für alle Fälle, auf die seine Regelung abzielt, eine materiell gerechte Lösung bereit zu halten. Die Gerichte sind daher befugt und verpflichtet zu prüfen, was unter den veränderten Umständen Recht im Sinne des Art 20 Abs. 3 GG ist[458].

Das lässt sich nicht zuletzt auch am „Soraya"- Beschluss des Bundesverfassungsgerichtes zeigen: dort ging es um die Verfassungsmäßigkeit richterlicher Rechtsfortbildung contra legem, in dem ein Schmerzensgeldanspruch wegen Verletzung des allgemeinen Persönlichkeitsrechtes konstruiert wurde, obwohl § 253 Abs. 1 BGB dies nur für Fälle erlaubt, die gesetzlich festgelegt wurden[459]. Nach der - von dem Verfasser geteilten - Ansicht des Bundesverfassungsgerichtes lag hierin kein Verstoß gegen die Gesetzesbindung des Art. 20 Abs. 3 GG, da die Rechtsprechung insbesondere erfordert, Wertvorstellungen, die der verfassungsmäßigen Rechtsordnung immanent, aber in den Texten der geschriebenen Gesetze nicht oder nur unvollkommen zum Ausdruck gelangt sind, in einem Akt bewertenden Erkennens, ans Licht zu bringen und in Entscheidungen zu realisieren. Hier hatte es der wirksame Schutz eines ungeschriebenen und

---

[455] Herzog in Maunz/Dürig, GG-Kommentar, Art. 20 VI, Rn. 53.
[456] Sachs in Sachs, GG-Kommentar, Art. 20, Rn. 104.
[457] BVerfGE NJW 1990, S. 1593, 1594; BVerfGE NJW 1973, S. 1221, 1225.
[458] BVerfGE NJW 1990, S. 1593, 1594.
[459] BVerfGE NJW 1973, S. 1221, 1225; BGH NJW 1965, S. 685, 686.

normativ nicht geschützten ius superveniens von höherem Rang, nämlich des allgemeinen Persönlichkeitsrechtes aus Art. 2 Abs. 1 GG, Art. 1 Abs. 1 GG nach Auffassung des erkennenden Gerichtes geboten, den Weg zur Gewährung von Schmerzensgeld entgegen § 253 Abs. 1 BGB zu eröffnen[460].

An diesem Punkt wird deutlich, dass sich Gesetz und Recht, wie das Bundesverfassungsgericht zu Recht ausführt, zwar faktisch im Allgemeinen, aber nicht notwendig und immer decken können. Gesetz und Recht stehen in einem Konflikt- und Spannungsverhältnis, sodass gegenüber den positiven Satzungen der Staatsgewalt unter Umständen ein Mehr an Recht bestehen kann, das seine Quelle in der verfassungsmäßigen Rechtsordnung als einem Sinnganzen besitzt und dem geschriebenen Gesetz gegenüber als Korrektiv zu wirken vermag.

bb. Inhalt der Gesetzes- und Rechtsbindung

aaa. Bindung des Richters an das Gesetz

Die traditionelle Bindung des Richters an das Gesetz ist ein tragender Bestandteil der Rechtsstaatlichkeit[461]. Sie ist Eckpfeiler des Gewaltenteilungssystems sowie ein im Interesse der Rechtssicherheit notwendiges Gegenstück zur richterlichen Unabhängigkeit und wird ferner mit der stärkeren demokratischen Legitimation des aus dem politischen Willensbildungsprozess hervorgegangenen Parlamentsgesetzes begründet[462].

Nach Art. 20 Abs. 3 GG ist die Rechtsprechung an das Gesetz gebunden. Ferner bestimmt Art. 97 Abs. 1 GG, dass Richter dem Gesetz unterworfen sind. Beide Vorschriften statuieren damit eine Bindung der Organe der Dritten Gewalt an das Gesetz. Gesetz im Sinne von Art. 20 Abs. 3 GG und Art. 97 Abs. 1 GG ist jede geschriebene Rechtsnorm des Bundes- und Landesrechts (mit all ihren jeweiligen regelhaften wie grundsätzlichen normativen Gehalten), also jedes (nicht

---

[460] BVerfGE NJW 1973, S. 1221, 1126.
[461] BVerfGE NJW 1973, S. 1221, 1225.
[462] Leibholz/Rinck/Hesselberger/Burghart, Rspr. des BVerfG, Art. 20, Rz. 606 m.w.N.

nur) formelle Gesetz einschließlich der Verfassungsbestimmungen, sowie namentlich Rechtsverordnungen und autonome Satzungen, ferner unmittelbar anwendbares EG-Recht[463]. Der Richter hat überdies die allgemeinen Regeln des Völkerrechts, die Bestandteil des Bundesrechts sind und den Gesetzen vorgehen (Art. 25 S. 2 GG), anzuwenden[464]. Auch das Gewohnheitsrecht unterfällt wohl dem Gesetzes- und nicht dem Rechtsbegriff[465]. *Herzog* führt für eine solche Auslegung an, das Grundgesetz, das nicht eine seiner sonstigen Bestimmungen auf gewohnheitsrechtliche Phänomene verwendet, habe den Begriff des „Rechtes" in Art. 20 Abs. 3 GG sicher nicht eingefügt, um gerade dort des Gewohnheitsrechtes zu gedenken[466]. Allgemeine Verwaltungsvorschriften und sonstige Anweisungen, durch die eine vorgesetzte Behörde verwaltungsintern auf ein einheitliches Verfahren oder eine bestimmte Ermessensausübung, aber auch auf eine bestimmte Gesetzesauslegung und -anwendung durch die hier nachgeordneten Behörden hinwirkt, sind dagegen keine Gesetze im Sinne des Art. 20 Abs. 3 GG und des Art. 97 Abs. 1 GG[467].

Den Richter nach Art. 20 Abs. 3 GG und Art. 97 Abs. 1 GG bindend sind nur gültige, das heißt in Kraft getretene und noch nicht wieder unwirksam gewordene, auch nicht einer Nichtanwendungsklausel unterworfene Gesetze[468]. Wegen des Vorranges der Verfassung und der durch sie begründeten Normenhierarchie sind Gesetze überdies nur dann gültig, wenn sie nicht gegen höherrangiges Recht verstoßen: der zunächst naheliegende Gedanke, dass sich in einem solchen Falle jeder damit befasste Richter auf die Seite der (höherrangigen) Verfassung zu stellen habe, scheitert gleichwohl an Art. 100 Abs. 1 GG und dem

463 BVerfGE NJW 1989, S. 666, 667; Herzog in Maunz/Dürig, GG-Kommentar, Art. 20 V, Rn. 50, 51; Sachs in Sachs, GG-Kommentar, Art. 20, Rn. 107; Roellecke in Umbach/Clemens, Mitarbeiterkommentar GG, Art. 20, Rn. 143.

464 Bernsdorff in Umbach/Clemens, Mitarbeiterkommentar GG, Art. 97, Rn. 17.

465 BVerfGE NJW 1989, S. 666, 667; Herzog in Maunz/Dürig, GG-Kommentar, Art. 20 V, Rn. 52; für eine Zuordnung zum „Recht" im Sinne von Art. 20 Abs. 3 GG etwa Sachs in Sachs, GG-Kommentar, Art. 20, Rn. 106; wohl auch Jarass in Jarass/Pieroth, Kommentar zum GG für die BRD, Art. 20, Rn. 38.

466 Herzog in Maunz/Dürig, GG-Kommentar, Art. 20 V, Rn. 52.

467 BVerfGE NJW 1989, S. 666, 667 m.w.N.; BVerwGE NJW 1970, S. 675; auch Classen in v. Mangoldt/Klein/Starck, Bonner GG-Kommentar, Art. 97, Rn. 11.

468 Sachs in Sachs, GG-Kommentar, Art. 20, Rn. 108 m.w.N.

dort niedergelegten Verwerfungsmonopol des Bundesverfassungsgerichtes gegenüber förmlichen (Bundes- und Landes-) Gesetzen, denn nur das Bundesverfassungsgericht kann dem unmittelbar vom Volk eingesetzten parlamentarischen Gesetzgeber bescheinigen, dass er gegen geltendes Verfassungsrecht verstoßen habe[469]. Nach Art. 100 Abs. 1 S. 1 GG ist daher das laufende Verfahren - soweit ein Gericht ein Gesetz, auf dessen Gültigkeit es bei der Entscheidung ankommt, für verfassungswidrig hält - auszusetzen, und wenn es sich um die Verletzung des Grundgesetzes handelt, die Entscheidung des Bundesverfassungsgerichtes einzuholen.

In welcher Art und Weise der Richter Gesetze konkret anwenden kann oder muss, ist indes nicht geregelt. Seine Bindung an das Gesetz ist jedenfalls nicht identisch mit einer Bindung an den Buchstaben oder einem Zwang zur wörtlichen Auslegung der Norm, sondern meint die Bindung an Sinn und Zweck des Gesetzes[470]. Instrument und Methode, mit der der Richter den Inhalt einer Gesetzesbestimmung unter Berücksichtigung ihrer Einordnung in die gesamte Rechtsordnung erforscht, ohne durch den formalen Wortlaut des Gesetzes begrenzt zu sein, ist die Interpretation[471]. Zur Erfassung des Inhalts einer Norm darf sich der Richter der verschiedenen, insbesondere der systematischen und der teleologischen Auslegungsmethoden gleichzeitig und nebeneinander bedienen - sie stehen zur grammatischen Auslegung im Verhältnis gegenseitiger Ergänzung[472]. Die Grenze der Auslegung bzw. Interpretation manifestiert wiederum das gesetzgeberische Ziel der Norm selbst, das in seinem wesentlichen Punkt nicht verfehlt oder verfälscht werden darf[473].

Ein Richter braucht bei der Auslegung und Anwendung von Gesetzen wegen seiner Befugnis zu einer unabhängigen Entscheidung einer vorherrschenden

---

[469] BVerfGE 17, S. 208, 210; BVerfGE 1, S. 283, 292; ferner Herzog in Maunz/Dürig, GG-Kommentar, Art. 20 VI, Rn. 29.

[470] BVerfGE NJW 2004, S. 2662; BVerfGE NJW 1973, S. 1491, 1494.

[471] BVerfGE NJW 1973, S. 1491, 1494; BVerfGE NJW 1967, S. 1603, 1604; BVerfGE NJW 1958, S. 2059, 2060, 2061.

[472] BVerfGE NJW 1973, S. 1491, 1494.

[473] Vgl. Bernsdorff in Umbach/Clemens, Mitarbeiterkommentar GG, Art. 97, Rn. 24.

Meinung nicht zu folgen; er ist selbst dann nicht gehindert, eine eigene Rechtsauffassung zu vertreten und seine Entscheidungen zugrunde zu legen, wenn alle anderen Gerichte - auch die im Rechtszug übergeordneten - den gegenteiligen Standpunkt einnehmen[474]. Aus diesem Grund gilt die Rechtspflege als konstitutionell uneinheitlich[475]. Grenzen der Auslegung ergeben sich lediglich, soweit ein Gesetz solche vorschreibt[476], so z. B. im Falle der §§ 31 Abs. 1 und Abs. 2 BVerfGG, wonach Entscheidungen des Bundesverfassungsgerichtes Gesetzeskraft haben und die Gerichte an diese binden.

Ferner ist es Richtern verwehrt eine Position einzunehmen, in der sie sich der Gesetzesbindung soweit entziehen, dass sie durch ihre Rechtsprechung quasi selbst Recht setzen. Das Bundesverfassungsgericht hat die abstrakten Anforderungen des Art. 20 Abs. 2 und Abs. 3 GG an die (unabhängige) richterliche Entscheidungsfindung unter Beachtung der Bindung an Gesetz (und Recht) in seiner Grundsatzentscheidung vom 12. November 1997 wie folgt beschrieben:

„Art. 20 Abs. 2 GG verleiht dem Grundsatz der Gewaltenteilung Ausdruck. Auch wenn dieses Prinzip im Grundgesetz nicht im Sinn strikter Trennung der Funktionen und Monopolisierung jeder einzelnen bei einem bestimmten Organ ausgestaltet worden ist, so schließt es doch jedenfalls aus, dass die Gerichte Befugnisse beanspruchen, die von der Verfassung eindeutig dem Gesetzgeber übertragen worden sind. Art. 20 Abs. 3 GG bindet die Rechtsprechung an Gesetz und Recht. Damit wäre es unverträglich, wenn sich die Gerichte aus der Rolle des Normanwenders in die einer normsetzenden Instanz begeben, also objektiv betrachtet sich der Bindung an Recht und Gesetz entziehen würden“[477].

474 BVerfGE NJW 1993, S. 996.

475 BVerfGE NVwZ-RR 2002, S. 705; BVerfGE NJW 1993, S. 996; BVerfGE NJW 1988, S. 2787; statt vieler auch: Robbers in NJW 1998, S. 935, 940.

476 Bernsdorff in Umbach/Clemens, Mitarbeiterkommentar GG, Art. 97, Rn. 14.

477 BVerfGE NJW 1998, S. 519, 520; BVerfGE NJW 1993, S. 996, 997 m.w.N.; Pieroth/Aubel in JZ 2003, S. 504, 506.

Daraus folgt jedoch kein Verbot richterlicher Rechtsfortbildung. Eine solche wird vom Bundesverfassungsgericht seit jeher anerkannt[478] soweit die geltenden Normen Lücken aufweisen, und findet insbesondere Anwendung in Form der Analogie[479]. Angesichts des beschleunigten Wandels der gesellschaftlichen Verhältnisse und der begrenzten Reaktionsmöglichkeiten des Gesetzgebers sowie der offenen Formulierung zahlreicher Normen gehört die Anpassung des geltenden Rechts an veränderte Verhältnisse im Gegenteil zu den Aufgaben der Dritten Gewalt[480]. Daher kann es eben diese Aufgabe der Rechtsprechung erfordern, gewisse Wertvorstellungen, die der verfassungsmäßigen Ordnung immanent, aber in den Texten der geschriebenen Gesetze nicht oder nur unvollkommen zum Ausdruck gelangt sind, in einem Akt bewertenden Erkennens, dem auch willenhafte Elemente nicht fehlen, ans Licht zu bringen und in Entscheidungen zu realisieren[481]. Dabei gilt: je älter eine Regelung (soweit vorhanden), desto eher ist eine Rechtsfortbildung möglich[482].

Grenzen ergeben sich aus dem eindeutigen Wortlaut und Sinn vorhandener Rechtsvorschriften, denn der Richter darf sich nicht dem vom Gesetzgeber festgelegten Sinn und Zweck des Gesetzes entziehen, sondern hat diesen unter gewandelten Bedingungen möglichst zuverlässig zur Geltung zu bringen[483].

In diesen Grenzen geschaffenes Richterrecht erwirbt nicht die Qualität einer gegenüber seiner normativen Rechtsgrundlage verselbständigten Rechtsnorm, weil es - wie sonstige Ergebnisse richterlicher Auslegung - trotz aller Regelungsdefizite doch stets das Resultat rechtsgebundener Entscheidungstätigkeit der Gerichte bleibt[484]. Da der Gesetzgeber die Rechtsprechung korrigieren darf, ist die Rechtsfortbildungskompetenz damit gerade nicht gesetzgebungsfest[485].

---

[478] Vgl. schon BVerfGE NJW 1969, S. 597, 599; BVerfGE NJW 1954, S. 65, 67.
[479] Jarass in Jarass/Pieroth, Kommentar zum GG für die BRD, Art. 20, Rn. 42 m.w.N.
[480] BVerfGE NJW 1998, S. 519, 520.
[481] BVerfGE NJW 1973, S. 1221, 1225.
[482] BVerfGE NJW 1973, S. 1221, 1225.
[483] BVerfGE BB 2000, S. 2064; BVerfGE NJW 1998, S. 519, 520.
[484] Sachs in Sachs, GG-Kommentar, Art. 20, Rn. 107.
[485] Classen in v. Mangoldt/Klein/Starck, Bonner GG-Kommentar, Art. 97, Rn. 17 m.w.N.

bbb. Bindung des Richters an das Recht

Im Gegensatz zu Art. 97 Abs. 1 GG, der die Richter ausschließlich an das Gesetz bindet, statuiert Art. 20 Abs. 3 GG zusätzlich noch eine Bindung der Rechtsprechung an das „Recht". Wie bereits auf S. 98 f. aufgezeigt, handelt es sich bei „Gesetz" und „Recht" im Sinne des Art. 20 Abs. 3 GG nach der hier vertretenen Auffassung nicht um eine bloße Tautologie. Das „Recht" vermag insbesondere dort eigenständige Bedeutung zu erlangen und als Korrektiv zu fungieren, wo das „Gesetz" versagt. Für *Stern* dokumentiert das Grundgesetz durch die Wortwahl „Gesetz und Recht" seine Absage an den Rechtsstaat des Typus, in dem das Gesetz bereits abschließend genügt, um Rechtsstaatlichkeit zu gewährleisten und erinnert daran, dass die „lex" nicht schlechthin „ius" ist, dass es mithin nicht ausgeschlossen ist, sie im Widerspruch zum Recht zu sehen[486].

Radbruch hat das Verhältnis von Gesetzes- und Rechtsbindung in seiner inzwischen klassisch gewordenen und vom Bundesverfassungsgericht rezipierten Formulierung wie folgt charakterisiert:

„Der Konflikt zwischen der Gerechtigkeit und der Rechtssicherheit dürfte dahin zu lösen sein, dass das positive, durch Satzung und Macht gesicherte Recht auch dann den Vorrang hat, wenn es inhaltlich ungerecht und unzweckmäßig ist, es sei denn, dass der Widerspruch des positiven Gesetzes zur Gerechtigkeit ein so unerträgliches Maß erreicht, dass das Gesetz als ‚unrichtiges Recht' der Gerechtigkeit zu weichen hat"[487].

Daher muss man „Gesetz und Recht" als eine Formel verstehen, die es Rechtsprechung und vollziehender Gewalt erlaubt, sich im Einzelfall von der Bindung an Normtexte zu lösen. Diese Formel hält das Bewusstsein aufrecht, dass sich Gesetz und Recht zwar faktisch im Allgemeinen, aber nicht notwendig und im-

---

486 Stern, Das Staatsrecht der BRD, Bd. I, § 20 IV 4 (S. 630).

487 BVerfGE NJW 1954, S. 65, 66; Radbruch, Rechtsphilosophie, S. 347, 353; dem zustimmend etwa Herzog in Maunz/Dürig, GG-Kommentar, Art. 20 VI, Rn. 53; Roellecke in Umbach/Clemens, Mitarbeiterkommentar GG, Art. 20, Rn. 144; a. A. Jarass in Jarass in Jarass/Pieroth, Kommentar zum GG für die BRD, Art. 20, Rn. 38 m.w.N.

mer decken und wendet sich hiermit gegen einen engen Gesetzespositivismus[488]. Die in der Bindung auch an das „Recht" wirksame Idee der Gerechtigkeit hat namentlich Bedeutung für die Anwendung der Gesetze durch Behörden und Gerichte, die ungeachtet der Bindung an die geschriebenen Rechtsnormen stets zugleich auch der Gerechtigkeit verpflichtet bleiben[489]. Gegenüber den positiven Satzungen der Staatsgewalt kann dabei unter Umständen ein Mehr an Recht bestehen, das seine Quelle in der verfassungsmäßigen Rechtsordnung als einem Sinnganzen besitzt und dem geschriebenen Gesetz gegenüber als Korrektiv zu wirken vermag; es zu finden und in Entscheidungen zu verwirklichen, ist Aufgabe der Rechtsprechung[490].

ccc. Bindung des Richters an Gesetz und Recht

Hieraus lassen sich zwei Erkenntnisse gewinnen: soweit der Gesetzgeber Vorgaben für die richterliche Tätigkeit gemacht hat, sind diese für den Richter verbindlich[491]. Darüber hinaus besteht eine monopolare Bindung an den Gesetzgeber, was bedeutet, dass jedwede andere Bindung der richterlichen Entscheidung - ergänzt um die Rechtsbindung in Art. 20 Abs. 3 GG - an oder durch Verfahrensbeteiligte, dritte Personen oder auch nur verfahrensfremde Zwecke mit dem Wesen der Rechtsprechung unvereinbar wäre[492].

Insofern ergibt sich aus der Bindung an „Gesetz und Recht" eine Zweistufigkeit rechtlicher Begrenzung richterlichen Handelns: faktisch und im Allgemeinen sind Richter an das verfassungsmäßig erlassene Gesetz[493] gebunden. Versagt das Gesetz ganz ausnahmsweise, befindet sich der Richter nicht im rechtsfreien

---

[488] BVerfGE NJW 1973, S. 1221, 1225.
[489] Vgl. schon oben, S. 99; BVerfGE NJW 1973, S. 1221, 1225.
[490] BVerfGE NJW 1973, S. 1221, 1225; a. A. etwa Rüthers in ZRP 2008, S. 48, 50.
[491] Freudenberg in ZRP 2002, S. 79, 80.
[492] Freudenberg in ZRP 2002, S. 79, 80.
[493] Im Einzelnen auf S. 100 ff.

Raum, sondern muss die auf dem „vorpositiven“[494] Recht basierende Gerechtigkeit wiederherstellen. Das „Recht“ als den Richter bindende Korrektivebene wirkt dann gegenüber dem „Gesetz“ als Quasi- Superrevisionsinstanz.

II. Legitimation durch einzelne rechtsstaatliche Prinzipien

Nachstehend gilt es, das Prinzip richterlicher Unabhängigkeit in zwei Schritten verfassungsrechtlich zu legitimieren. Zunächst sollen die Zwecke richterlicher Unabhängigkeit (Rechtsschutzelement, Kontrollelement) als sachlich-inhaltliche Komponenten einer Herleitung des Prinzips dargestellt werden. Anschließend folgt eine Rückkopplung richterlicher Unabhängigkeit (Begrenzungselement) durch die Bindung des Richters an Gesetz und Recht. Die Zusammenschau dieser Aspekte könnte sich dann als verfassungsrechtliches Fundament und als Legitimationsgrundlage der Unabhängigkeitsgarantie darstellen.

1. Zwecke richterlicher Unabhängigkeit

In diesem Abschnitt soll aufgezeigt werden, dass die Gewährung wirkungsvollen Rechtsschutzes nur durch unabhängige Richter sichergestellt werden kann. Es gilt zu veranschaulichen, inwieweit das Rechtsschutzbedürfnis des Bürgers Zweck der Unabhängigkeitsgarantie sein kann und damit in konsequenter Fortführung dieses Gedankens zugleich als Teilaspekt der Legitimationsgrundlage richterlicher Unabhängigkeit in Erscheinung tritt. In einem zweiten Schritt gilt es anschließend, den Zusammenhang zwischen dem Gewaltenteilungsprinzip und der Zwecksetzung richterlicher Unabhängigkeit herzustellen, um damit die

---

[494] Naucke, Die zweckmäßige und die kritische Strafgesetzlichkeit, dargestellt an den Lehren J.P.A. Feuerbachs (1775 -1832), S. 341 für den vorpositiv „autonom, zweckunabhängig, politikfrei, rein“ bedeutet; ferner Hruschka in JZ 1992 S. 665, 667; Hruschka in JZ 1992 S. 429 ff. der unter Verweis auf Kant mit vorpositivem Recht „die Gesetze der natürlichen Freiheit und Gleichheit“ meint; den Terminus „überpositiv“ in diesem Zusammenhang nutzend etwa Herzog in Maunz/Dürig, GG-Kommentar, Art. 20 VI, Rn. 54; Sachs in Sachs, GG-Kommentar, Art. 20, Rn. 104; kritisch zu beiden Begriffen Kaufmann in NJW 1995, S. 81, 85.

Kontrollfunktion der Judikative gegenüber Exekutive und Legislative als Sinngehalt der Unabhängigkeitsgarantie zu dokumentieren.

a. Effektiver Rechtsschutz / Justizgewährung

aa. Verwirklichung der Rechtsschutzgarantie

Bereits die in der Verfassungsvorschrift des Art. 20 GG getroffene Entscheidung zugunsten der Rechtsstaatlichkeit indiziert eine Verknüpfung von richterlicher Unabhängigkeit mit effektivem Rechtsschutz und knüpft an eine Rechtsstaatsidee an, für die schon im 19. Jahrhundert die untrennbare Verknüpfung der Herrschaft des Rechts mit ihrer tatsächlichen Durchsetzung durch die rechtsprechende Gewalt bestimmend war[495]. In diesem Geiste formulierte *Otto Bähr* 1864 seine Grundgedanken über den Rechtsstaat mit den Worten:

„Damit der 'Rechtsstaat' zur Wahrheit werde, genügt es nicht, dass das öffentliche Recht durch Gesetz bestimmt sei, sondern es muss auch eine Rechtsprechung geben, welche das Recht für den concreten Fall feststellt, und damit für dessen Wiederherstellung, wo es verletzt ist, eine unzweifelhafte Grundlage schafft"[496].

Die vom Grundgesetz konstituierte und an die historische Entwicklung anknüpfende Rechtsstaatsidee ist demzufolge untrennbar mit der Streitentscheidung und Justizgewährung durch die rechtsprechende Gewalt verknüpft, deren Träger zwingend den Anforderungen des Art. 97 GG entsprechen müssen[497]. So sieht *Papier* in der Justizgewähr des Staates gar die Grundlage richterlicher Unabhängigkeit, denn nur der unabhängige Richter könne den Rechtsfrieden wiederherstellen und dem Gebot eines wirkungsvollen Rechtsschutzes, den Art. 19 Abs. 4 GG mit seiner Rechtsschutzgarantie speziell gegen Akte der öf-

---

[495] Papier in NJW 1990, S. 8, 9.
[496] Bähr, Der Rechtsstaat. Eine publicistische Skizze, S. 192.
[497] Papier in NJW 2001, S. 1089, 1090; Papier in NJW 1990, S. 8, 9.

-fentlichen Gewalt und im Übrigen die dem grundgesetzlichen Rechtsstaatsprinzip immanente allgemeine Justizgewährleistungspflicht fordern, genügen[498].

Art. 19 Abs. 4 GG garantiert als subjektiv-öffentliches Grundrecht dem Einzelnen den Zugang zu den Gerichten. Dadurch soll dem Bürger wirksamer, effektiver Rechtsschutz gegen eine nichtrichterliche Rechtsverletzung von Seiten der öffentlichen Hand gewährt werden[499]. In dieser Garantie liegt die Kehrseite des staatlichen Gewaltmonopols, so dass der Einzelne wirksam die Rechtmäßigkeit hoheitlichen Handelns und dessen Vereinbarkeit mit höherrangigem Recht von einer objektiven, neutralen Stelle überprüfen lassen kann[500]. Diese neutrale Instanz ist der Richter. Seine sachliche und persönliche Unabhängigkeit soll eine unparteiliche Rechtsprechung ermöglichen, die den Richter vor Einflüssen bei der Rechtsfindung und Nachteilen nach der Rechtsfindung schützen und dem Bürger garantieren soll, dass er Recht auch gegen den Staat erhält[501].

Damit ist die im Zusammenhang mit der Funktionentrennung stehende Bedeutung der richterlichen Unabhängigkeit angesprochen[502]. Indem sie dazu dient, die rechtsprechende Funktion vor Eingriffen der Exekutive und der Legislative zu schützen, gibt sie dem rechtsuchenden Bürger das Vertrauen in einen effektiven Rechtsschutz - und zwar auch dann, wenn der Staat am Ausgang des Verfahrens interessiert oder sogar selbst beteiligt ist - und sichert den aus dem Rechtsstaatsprinzip erwachsenden Justizgewährungsanspruch des Bürgers[503].

---

[498] Papier in NJW 2001, S. 1089, 1091, wobei allerdings offen bleibt, ob er in der Justizgewähr auch die „alleinige" Grundlage richterlicher Unabhängigkeit sieht.

[499] Vgl. insoweit oben, S. 83 ff.

[500] Bernsdorff in Umbach/Clemens, Mitarbeiterkommentar GG, Art. 97, Rn. 13.

[501] Stern, Das Staatsrecht der BRD, Bd. I, § 20 IV 5 (S. 661); richtigerweise stellt Papier in NJW 1990, S. 8, 9 ergänzend fest, dass den Richtern andererseits die Dienstpflicht obliegt, ihre richterliche Tätigkeit in strikter Gesetzesbindung sowie in sachlicher Unabhängigkeit (gegenüber den anderen staatlichen Gewalten, den politischen Parteien, Verbänden, Verfahrensbeteiligten etc.) auch tatsächlich wahrzunehmen.

[502] Achterberg in NJW 1985, S. 3041, 3042.

[503] Vgl. BGH NJW 2002, S. 359, 360; BGH NJW 1977, S. 437; Haberland in DRiZ 2002, S. 301; Achterberg in NJW 1985, S. 3041, 3042.

Versteht man dann unter Rechtsstaatlichkeit einen Rechtsschutz, der bestimmten institutionellen Anforderungen genügen muss, so kann Schutz auf diesem Niveau nur durch ein unabhängig urteilendes Gericht erbracht werden[504]. An diesem Punkt wird richterliche Unabhängigkeit zu einer wesentlichen Voraussetzung wirkungsvollen Rechtsschutzes und dient als untrennbarer Bestandteil der rechtsstaatlichen Verpflichtung zur staatlichen Justizgewähr[505].

bb. Ausbau des Rechtswegestaates

Darüber hinaus hat der Gesetzgeber die außerordentliche Bedeutung eines unabhängigen Richters für die Sicherung des Individualrechtsschutzes nochmals indirekt erhöht. Durch den fast vollständigen Ausbau des Rechtswegestaates, der durch Art. 19 Abs. 4 GG und insbesondere später durch § 40 VwGO erfolgt ist, hat richterliche Unabhängigkeit zwar nicht theoretisch, wohl aber praktisch eine völlig neue Dimension im Zusammenhang mit der Garantie effektiven Rechtsschutzes erhalten; gewiss ist die Unabhängigkeitsgarantie gegenüber Regierung und Verwaltung historisch primär geschaffen worden, um Eingriffe der Exekutive in die damals allein üblichen Prozesse der Strafgerichtsbarkeit, der Zivilgerichtsbarkeit und der freiwilligen Gerichtsbarkeit zu unterbinden[506].

Mit der umfassenden Eröffnung des Verwaltungsrechtsweges durch die Einführung der verwaltungsgerichtlichen Generalklausel in § 40 Abs. 1 S. 1 VwGO kann aber heutzutage auch jeder einzelne Verwaltungs- und Realakt, ja praktisch jedes Verwaltungs- bzw. Exekutivhandeln (verwaltungs-) gerichtlich überprüft werden[507]. Von diesem Augenblick an ist es unerlässlich sicherzustellen,

---

[504] Goeckel, Die Grundsätze des Rechtsstaates in der höchstrichterlichen Rechtsprechung der Bundesrepublik Deutschland, S. 57, 58; Stern, Das Staatsrecht der BRD, Bd. I, § 20 IV 5 (S. 656); zu dem Umfang und den Ausprägungen richterlicher Unabhängigkeit vgl. S. 22 ff.

[505] BGH NJW 2002, S. 359, 360; BGH NJW 1991, S. 421, 422; Bernsdorff in Umbach/Clemens, Mitarbeiterkommentar GG, Art. 97, Rn. 10; Detterbeck in Sachs, GG-Kommentar, Art. 97, Rn. 1; Sodan in NJW 2003, S. 1494, 1495; Kramer in ZZP (114) 2001, S. 267, 301; Papier in NJW 2001, S. 1089, 1091; Schaffer in BayVBl. 1991, S. 641, 645; Papier in NJW 1990, S. 8, 9.

[506] Herzog in Maunz/Dürig, GG-Kommentar, Art. 97, Rn. 27.

[507] Ehlers in Schoch/Schmidt-Aßmann/Pietzner, VwGO, § 40, Rn. 12; Reimer in Posser/Wolff, VwGO, § 40, Rn. 1, 4, 5; ähnlich Herzog in Maunz/Dürig, GG-Kommentar, Art. 97, Rn. 27.

dass sich die Exekutive, die in solchen Prozessen selbst Partei ist, nicht besondere Einflussnahme als „Gerichtsherr" anmaßt, dass dem Rechtsschutz suchenden Bürger mithin eine effektive Überprüfung von Verwaltungshandeln durch den Richter garantiert wird.

Die Unabhängigkeit des jeweils zuständigen Richters muss dann unzweifelhaft essentielle Voraussetzung einer solchen Verbürgung sein.

cc. Staatstheoretischer Hintergrund

Wäre richterliche Unabhängigkeit in diesem Zusammenhang nicht gewährleistet, so stünde dies zudem aus staatstheoretischer Perspektive in eklatantem Widerspruch zu elementaren Fairnesserwägungen im Rahmen des Gerichtsverfahrens. Die Notwendigkeit eines unabhängigen Richters zeigt sich nämlich - wie soeben aufgezeigt - insbesondere dann, wenn die öffentliche Gewalt selbst zum Kreis der von einer Störung Betroffenen gehört. In solchen Konstellationen muss die Möglichkeit bestehen, die Störung durch eine unabhängige Instanz entscheiden zu lassen, da der Staat ansonsten die Möglichkeit zur Einflussnahme hätte und letztlich Richter in eigener Sache wäre. Der Rechtsschutz suchende Bürger als gegnerische Partei würde dann zum Objekt staatlicher Machtausübung degradiert. Effektiver Rechtsschutz im Sinne des Art. 19 Abs. 4 S. 1 GG wäre in einem solchen Fall nicht möglich. Vielmehr würde dies zu einem Zustand führen, in dem das Recht des Staates und damit das Recht des Stärkeren die Verhältnisse bestimmt, ein Zustand, der dem längst überwundenen, vorgesellschaftsvertraglichen Naturzustand entsprechen würde. Von daher betrachtet, bezweckt richterliche Unabhängigkeit durch die Gewährung effektiven Rechtsschutzes gerade die Überwindung des Naturzustandes und sichert dem Bürger so die Qualität als Rechtssubjekt.

dd. Rechtsschutznachfrage als Geltungszweck

Es ist die Rechtsschutznachfrage der einzelnen Menschen, die gerichtliche Sicherung ihrer und ihres Gemeinwesens Rechte, für welche die Gerichtsbarkeiten den verfassungsspezifischen Leistungsauftrag zur Rechtsprechung erhalten haben[508]. Zu diesem Zwecke soll richterliche Unabhängigkeit die ausschließliche Bindung des Richters an Gesetz und Recht[509] gegen sachfremde Einflussnahme von außen absichern und damit das Leistungsgrundrecht des Bürgers auf effektiven Rechtsschutz institutionell verankern. Deshalb zielt die Unabhängigkeitsgarantie in allen ihren Erscheinungsformen auf die Sicherung der Neutralität des Richters und der Objektivität der Rechtsprechung[510]. Ohne diese Unabhängigkeit wäre ein richterlicher Rechtsschutz nicht zu unterscheiden von Einrichtungen gleicher Zielsetzung innerhalb der Recht setzenden und vollziehenden Gewalt[511], könnte mithin den verfassungsrechtlichen Anforderungen keinesfalls genügen. Die Unabhängigkeitsgarantie zielt demnach auf die Erfüllung der Gerichtsschutzgarantie, um dem Bürger eine rechtsstaatlich verbürgte Entscheidung durch eine neutrale Instanz zu ermöglichen.

b. Gewaltenteilung

Bereits ausführlich besprochen wurden der Regelungsgehalt des Gewaltenteilungsprinzips sowie sein Verhältnis zur Unabhängigkeitsgewähr. Danach stellt richterliche Unabhängigkeit wegen des im Widerspruch zum Gewaltenteilungsgrundsatz stehenden Ausschlusses der Intergewaltenkontrolle (Gewaltenkontrolle, Gewaltenhemmung), bezogen auf die Judikative, eine Teilausnahme zur Gewaltenteilung dar. Mit Blick auf eine Intergewaltenkontrolle durch die Judikative ergeben sich hingegen gänzlich anders gelagerte Folgen, denn unabhängige Richter (Gewaltentrennung) können Akte der Exekutive und sogar der Legislative aufheben. Dies entspricht völlig der Idee der Gewaltenbalancierung, die auf gegenseitige Kontrolle, Hemmung und Mäßigung der Staatsgewalten abzielt, um hierdurch die Freiheit des Einzelnen zu schützen. Richterliche Un-

---

[508] Schmidt-Jortzig in NJW 1994, S. 2569, 2573.

[509] Für Naucke, Die zweckmäßige und die kritische Strafgesetzlichkeit, dargestellt an den Lehren J.P.A. Feuerbachs (1775 -1832), S. 344 ist das Gesetz unabhängig von den Interessen der maßgebenden Politik, von den Interessen des Gesetzesanwenders und den Interessen des Gesetzesverletzers. Alleine schon dieses Gesetz verlange einen unabhängigen Richter.

[510] Brunn in BJ 2005, S. 32, 33.

[511] Goeckel, Die Grundsätze des Rechtsstaates in der höchstrichterlichen Rechtsprechung der Bundesrepublik Deutschland, S. 57, 58.

abhängigkeit verhält sich damit hinsichtlich der Kontrolle von Verwaltung und Gesetzgebung sowie bezogen auf organisatorische Gewaltenteilung (Gewaltentrennung) zustimmend zum Gewaltenteilungsgrundsatz und wird insoweit von diesem umfasst. Hieraus ergibt sich freilich, dass richterliche Unabhängigkeit - soweit sie mit dem Gewaltenteilungsprinzip korrespondiert - dazu fungiert, die Ziele von Gewaltenteilung zu verwirklichen. So befindet etwa auch *Eichenberger*, dass die richterliche Unabhängigkeit als Folgesatz des Gewaltenteilungsprinzips erscheint und dadurch Anteil an dessen Sinngehalt hat[512].

Daher dient die Unabhängigkeitsgarantie zumindest auch den Zwecken der Gewaltenteilung, in concreto der gegenseitigen Kontrolle, Hemmung und Mäßigung der Staatsgewalten (Kontrollelement), um die Freiheit des Individuums vor der zügellosen Ausübung staatlicher Gewalt zu bewahren. Denn wenn es Grundprinzip des Rechtsstaates ist, dass das Recht als Basis staatlichen Handelns fungiert, dann ist die Verwirklichung von Rechtsstaatlichkeit nur garantiert, wenn eine unabhängige Institution existiert, die dieses Recht auch gegen denjenigen durchsetzt, der das Recht setzt[513]. Das Recht ist damit die Funktionsgrenze der Dritten Gewalt und die Richter sind die im Namen des Volkes mit Rechtsprechung betrauten neutralen und objektiven Hüter des Rechts[514]. Richter betreiben dann Advokatur für das Recht und verteidigen die Bürger gegen staatliche Einflüsse. Aus dieser Perspektive sind Richter keine Diener der Macht, sondern Diener des Rechts[515].

Wenn der gewaltengeteilte Rechtsstaat also ein Staat ist, in dem Politik auf der Basis des Rechtes kommuniziert, dann ist kennzeichnend für die Identität der Bundesrepublik Deutschland ein Verfassungsgesetz, wie es der berühmte Art. XVI der französischen Erklärung der Rechte des Menschen und des Bürgers durch die französische Nationalversammlung vom 26. August 1789 (Déclaration des Droits de l' Homme et du Citoyen) umschrieben hat:

---

[512] Eichenberger, Die richterliche Unabhängigkeit als staatsrechtliches Problem, S. 64.
[513] Stern, Das Staatsrecht der BRD, Bd. I, § 20 IV 5 (S. 657).
[514] Stern, Das Staatsrecht der BRD, Bd. I, § 20 IV 5 (S. 658) m.w.N.
[515] Vgl. zu dieser Thematik schon Sendler in NJW 1995, S. 2464, 2467.

„Eine Gesellschaft, deren Rechte nicht sicher verbürgt sind und bei der Teilung der Gewalten nicht durchgeführt ist, hat keine Verfassung"[516].

Insofern erfährt ein solcher Rechtsstaat in der Tat erst seine „Vollendung"[517], seine „Krönung"[518], durch eine Gerichtsbarkeit, die auch Legislative und Exekutive auf den Vorrang der Verfassung bzw. den Vorrang des Gesetzes kontrolliert[519]. Richterliche Unabhängigkeit bezweckt demzufolge auch die Kontrolle von Legislative und Exekutive im Sinne der „checks and balances", die um der Machtmäßigung willen ein Grundanliegen der Gewaltenteilung sind.

2. Begrenzung / Rückführbarkeit richterlicher Unabhängigkeit

Ließe man die den Richtern - der vorgenanten Zweckrealisierung halber - anvertraute Unabhängigkeit indes absolut, so drohte eine Machtkonzentration bei der Judikative und damit die vielfach diskutierte Entfesselung der Dritten Gewalt[520]. Eine apriorische und absolute Isolierung richterlichen Entscheidungsverhaltens bei der Judikative wäre Einfallstor für Willkür, Rechtsunsicherheit sowie Ungleichheit und würde zu einer Lage ähnlich des vorgesellschaftsvertraglichen Naturzustandes führen. Überdies ist der vollständig unabhängige Richter eine Fiktion und ein für Manipulationsversuche dankbares Objekt[521].

Die Gewährung einer schrankenlosen Unabhängigkeit würde daher zwangsläufig einen gesellschaftlichen Zustand verwirklichen, in dem bürgerliche Rechte nicht sicher verbürgt sind. Eine derart gelagerte Unabhängigkeit, frei von jeglicher Kontrolle, würde eine Abkehr vom Rechtsstaatsgedanken als zentralem Grundwert der Verfassung mit sich führen und ist daher verfassungsrechtlich nicht hinnehmbar. Richterliche Unabhängigkeit bedarf vor diesem Hintergrund auch einer gewissen Begrenzung.

---

[516] Abgedruckt in Umbach/Clemens, Mitarbeiterkommentar GG, Art. 20, Rn. 58.
[517] Friesenhahn in DVBl. 1949, S. 478.
[518] Klein, Tragweite der Generalklausel im Art. 19 Abs. 4 des Bonner Grundgesetzes, S. 78.
[519] Stern, Das Staatsrecht der BRD, Bd. I, § 20 IV 5 (S. 657).
[520] Grundsätzlich v. Husen in AöR Bd. 78, S. 49 ff.
[521] Mishra, Zulässigkeit und Grenzen der Urteilsschelte, S. 251.

a. Bindung des Richters an Gesetz und Recht

Im Folgenden soll aufgezeigt werden, dass richterliche Unabhängigkeit ihre Grenze in der Bindung des Richters an Gesetz und Recht finden muss. Es gilt darzulegen, dass erst die Rückkopplung und Begrenzung richterlicher Gewalt zu einer der Rechtsstaatlichkeit sowie dem Demokratieprinzip genügenden Ausgestaltung der Unabhängigkeitsgarantie führen kann, dass richterliche Unabhängigkeit mithin ohne die Rückbindung an das Gesetz keiner verfassungsrechtlichen Legitimation zuführbar ist. Die fehlende Weisungsgebundenheit legitimiert Richter nämlich zu nichts[522].

aa. Gesetzesbindung als entscheidendes Element

aaa. Rückkopplung an das Volk - Demokratieprinzip

Da nach dem in Art. 20 Abs. 2 S. 1 GG verankerten Prinzip der Volkssouveränität alle Staatsgewalt vom Volke ausgeht und da Rechtsprechung nach Art. 20 Abs. 2 S. 2 GG Ausübung von Staatsgewalt ist, muss der Richter seine Begrenzung vom Volk erfahren. Aufgrund des in einer repräsentativen, parlamentarischen Demokratie nach herrschender Ansicht bestehenden Erfordernisses ununterbrochener Legitimationsketten vom Volk zu den mit staatlichen Aufgaben betrauten Organen und Amtswaltern setzt dies voraus, dass die Anforderungen an die personelle Legitimation des Richters als Amtswalter erfüllt sind[523].

---

[522] Roellecke in Roellecke/Starck, Die Bindung des Richters an Gesetz und Verfassung, S. 29.

[523] BVerfGE NJW 1996, S. 574, 575; BVerfGE NJW 1991, S. 159, 160; Schnapp in v. Münch/Kunig, GG-Kommentar, Art. 20, Rn. 20; Pieroth in Jarass/Pieroth, Kommentar zum GG für die BRD, Art. 20, Rn. 9, 9a; Voßkuhle/Sydow in JZ 2002, S. 673, 675, 676; a. A. etwa Groß in Demokratie und Grundgesetz, S. 93, 97, 98, für den theoretische Referenzbeziehungen (und damit durchgängige Legitimationsketten) innerhalb der Staatsverwaltung ohne Belang sind. Vielmehr seien praktische Mechanismen der effektiven Rückführung konkreter Ausübung von Staatsgewalt auf das Volk von Interesse. Es könne daher nur eine aufgabenspezifische, komplementäre demokratische Legitimation erfolgen, um bestimmte Entscheidungen an die davon besonders betroffene Gruppe von Individuen zurück zu binden und dadurch die Responsivität staatlicher Herrschaft zu erhöhen.

Uneingeschränkte personelle Legitimation besitzt ein Amtsträger, wenn er verfassungsgemäß sein Amt im Wege einer Wahl durch das Volk oder das Parlament oder dadurch erhalten hat, dass er durch einen seinerseits personell legitimierten, unter Verantwortung gegenüber dem Parlament handelnden Amtsträger oder mit dessen Zustimmung bestellt worden ist[524]. Denn alle Organe und Vertretungen, die Staatsgewalt ausüben, bedürfen einer Legitimation, die sich auf die Gesamtheit der Bürger als Staatsvolk zurückführen lässt[525]. Eine maßgebliche Beteiligung von Entscheidungsträgern ohne demokratische Legitimation an Personalentscheidungen unterbricht folglich insofern die Legitimationskette und widerspricht dem Gebot demokratischer Legitimation[526]. Die Richterernennungsverfahren, denen wegen des Erfordernisses einer ununterbrochenen Legitimationskette zentralste Bedeutung für die personelle Legitimation zukommt, sind im Bund und in den Ländern sehr unterschiedlich geregelt, wobei gegenwärtig im Wesentlichen zwischen folgenden Modellen unterschieden wird: die Auswahl und Ernennung allein durch den zuständigen Minister bzw. ihm nachgeordnete Stellen der Exekutive, die Wahl durch das Parlament bzw. einen Parlamentsausschuss sowie die Wahl durch einen Richterwahlausschuss, der aus Vertretern der Legislative, der Exekutive, der Richterschaft und Dritten zusammengesetzt sein kann[527].

Insoweit ist festzustellen, dass die Verfahren der Richterwahl und Richterernennung jüngst zwar vielfach problematisiert und diskutiert worden sind, dass sich der Streitstand allerdings meist auf die Auswahlkriterien von Richtern und nicht auf das Vorhandensein durchgängiger Legitimationsketten bezieht[528]. Solche sind nach der hier vertretenen Ansicht aufgrund der ausschließlichen Beteiligung der oben genannten Organe und der damit verbundenen (zumindest theoretischen) ununterbrochenen Kette individueller Berufungsakte vielmehr

---

[524] BVerfGE NJW 1991, S. 159, 160; BVerfGE NJW 1988, S. 890, 891 m.w.N.
[525] BVerfGE NJW 1988, S. 890, 891; BVerfGE NJW 1978, S. 1967.
[526] Voßkuhle/Sydow in JZ 2002, S. 673, 676 m.w.N.
[527] Nach Voßkuhle/Sydow in JZ 2002, S. 673, 676 m.w.N.
[528] Stellvertretend für das Vorhandensein durchgängiger Legitimationsketten etwa Sachs in Sachs, GG-Kommentar, Art. 20, Rn. 45; Geiger in FS Schäfer, S. 79, 82; Rüthers in JZ 2002, S. 365, 369, der von einer „speziellen demokratischen Legitimation" spricht; a. A. Lamprecht in NJW 1994, S. 3272, 3273, 3274.

zweifelsfrei gegeben und bedürfen daher keiner breiten Erörterung. Die Anforderungen an den personellen Legitimationszusammenhang vom Richter zum Volk sind damit erfüllt.

Das Volk gibt dem Gesetzgeber (Legislative) durch Wahlen die unmittelbare und damit höchste vom Grundgesetz vorgesehene demokratische Legitimation. Aufgabe der vom Volk legitimierten Legislative ist die Gesetzgebung, sodass die Judikative ihre Begrenzung im Gesetz finden muss[529]. Daher ist der Richter bei Ausübung seiner rechtsprechenden Tätigkeit an das aus dem politischen Willensbildungsprozess hervorgegangene Parlamentsgesetz gebunden[530] und zugleich in seiner Unabhängigkeit begrenzt. Aus gleichem Grund ist er auch nur an Staatsakte gebunden, die Gesetzesqualität haben; alles andere wäre „Vulgär-Demokratismus"[531]. Fehlte diese eine Bindung, käme den Richtern ein unvertretbares - mit dem Demokratieprinzip kollidierendes - Maß an Macht zu[532]. So übersehen gerade diejenigen, die von einer „Entfesselung" der Dritten Gewalt sprechen, dass Rechtsprechung stets nach Art. 20 Abs. 3 GG und Art. 97 Abs. 1 GG rechtsgebunden bleibt[533].

bbb. Legitimierende Kraft der Gesetzesbindung

Eine Rückkopplung der Dritten Gewalt an das Volk erfolgt durch die Bindung der Richters an das Gesetz. Schon *Anselm von Feuerbach* hat dies bei seiner Amtseinführung als erster Präsident des Appellationsgerichts zu Ansbach im Jahre 1817 pathetisch umschrieben:

---

[529] Nach BVerfGE NVwZ 1996, S. 574, 575 und BVerfGE NJW 1991, S. 159, 160 müssen sich auch in der Rechtsprechung des Bundesverfassungsgerichtes Akte der Staatsgewalt auf den Willen des Volkes zurückführen lassen und ihm gegenüber beantwortet werden; dieser Zurechnungszusammenhang zwischen Volk und staatlicher Herrschaft wird vor allem durch die Wahl des Parlaments und durch die von ihm beschlossenen Gesetze als Maßstab hergestellt.

[530] Leibholz/Rinck/Hesselberger/Burghart, Rspr. des BVerfG, Art. 20, Rz. 606; Roellecke in Roellecke/Starck, Die Bindung des Richters an Gesetz und Verfassung, S. 31.

[531] Limbach in NJ 1995, S. 281, 282.

[532] Starck in Roellecke/Starck, Die Bindung des Richters an Gesetz und Verfassung, S. 68, der die Gesetzesbindung als „Korrelat" der Unabhängigkeitsgarantie bezeichnet.

[533] Vgl. Simon, Die Unabhängigkeit des Richters, S. 5; Stern, Das Staatsrecht der BRD, Bd. I, § 20 IV 5 (S. 658) m.w.N.

„Der Richter empfängt, gleich dem Manne der Verwaltung, aus des Königs Hand sein Amt - aber ein Amt, das die Pflicht auf sich hat, keinem anderen Herren zu dienen als der Gerechtigkeit, keinem anderen Willen zu gehorchen als dem Willen des Gesetzes"[534].

Zwar kann und muss der Richter stets in sachlicher und persönlicher Unabhängigkeit judizieren, unabhängig ist er jedoch nur, weil er an das Gesetz gebunden ist. Erst hierdurch wird die ihm anvertraute Staatsgewalt - rechtserheblich und verbindlich für Andere tätig zu werden - im Sinne von Art. 20 Abs. 2 GG auf das Volk zurückgeführt. Ansonsten bestünde auch kein sachlicher Grund dafür Urteile „im Namen des Volkes" zu sprechen. So schützt die richterliche Gesetzesbindung die Freiheit des Bürgers vor der Machtvollkommenheit eines ungezügelten Richters[535]. Nur durch die Rückbindung an das Gesetz verwirklicht die Dritte Gewalt die Herrschaft des vom Volk ausgehenden Rechts[536].

Die Ausschließlichkeit dieser einen Abhängigkeit gewährleistet, dass sachfremde Einflüsse vom Richter ferngehalten werden und ermöglicht ihm, die Bindung an das Recht als Norm tatsächlich vollziehen zu können. Seine Anwendung verschafft dem Richter Legitimität, die ihm bei ungebundenem Handeln fehlte[537]. Er wird in seiner Funktion gleichzeitig zum neutralen Wächter der Gesetze. Die Unabhängigkeitsgarantie ist unter diesem Blickwinkel auch rechtsstaatliches Mittel zur Sicherung der „Herrschaft der Gesetze"[538].

Die Gesetzesbindung ist nach dem oben Gesagten Voraussetzung und Stütze der richterlichen Unabhängigkeit, ihr unverzichtbares Komplementärprinzip[539].

---

[534] Feuerbach, Kleine Schriften vermischten Inhalts, S. 128.
[535] Starck in Roellecke/Starck, Die Bindung des Richters an Gesetz und Verfassung, S. 68.
[536] Mishra, Zulässigkeit und Grenzen der Urteilsschelte, S. 250.
[537] Christensen, Was heißt Gesetzesbindung?, S. 298; Roellecke in Roellecke/Starck, Die Bindung des Richters an Gesetz und Verfassung, S. 31, 32, 33.
[538] Bakker, Grenzen der Richtermacht, S. 163.
[539] Vgl. etwa BGH NJW 1977, S. 437; Eichenberger, Die richterliche Unabhängigkeit als staatsrechtliches Problem, S. 95; Stern, Das Staatsrecht der BRD, Bd. II, § 43 II 4 (S. 907); Papier in NJW 2002, S. 2585, 2589 spricht von einem „notwendigen Zusammenhang" zwischen richterlicher Unabhängigkeit und strikter Gesetzesbindung.

Der Richter ist insofern unabhängig, *weil* er an das Gesetz gebunden ist, nicht *obwohl* er an das Gesetz gebunden ist[540]. Nur unter dieser Voraussetzung ist die richterliche Unabhängigkeit legitimiert[541], selbst wenn dies vordergründig paradox erscheint: dass in Art. 97 Abs. 1 GG der Unabhängigkeitsgarantie unmittelbar die Unterworfenheit des Richters unter das Gesetz zur Seite gestellt ist, wirkt nämlich zunächst als empfindliche Einschränkung, wenn nicht sogar als Entwertung dieser Unabhängigkeit[542], auch wenn diese Bindung keineswegs so eng ist, wie das überkommene Bild des Richters als Subsumtionsautomat zu suggerieren mochte[543]. Gleichwohl ist es gerade diese eine Abhängigkeit, die den Richter nach allen Seiten frei macht[544] und ihm Legitimität verschafft. Wo die Bindung an das Gesetz gestört wird, vermag richterliche Unabhängigkeit ihren Stand nicht zu behaupten; sie kann um ihrer Selbsterhaltung willen nur bis zur Gesetzesbindung reichen[545]. Die Gesetzesunterworfenheit ist damit quasi Funktionsbedingung der richterlichen Unabhängigkeit[546].

Unterstreichen lässt sich dies unter Bezugnahme auf psychologische und soziologische Erfahrungen. Sie beide legen den Schluss nahe, dass sich ein Individuum, das in gewisser Art und Weise gebunden ist und durch diese Bindung - immerhin - nicht total determiniert ist, sich gerade mit Hilfe einer solchen Abhängigkeit von anderen Einwirkungen fern- und freihalten kann[547]. Der vollständig Unabhängige wird nämlich vielen Bestrebungen ausgesetzt und er hat als Isolierter keine Verbündeten, wenn er seine Unabhängigkeit realisieren und verteidigen will; kann er sich aber an eine Abhängigkeitsquelle anlehnen, so wachsen ihm deren Kräfte zu, und seine Fähigkeit steigt, anderen Einwirkungen zu

---

540 Ipsen, Staatsrecht I, Rn. 812.
541 Sendler in NJW 1983, S. 1449, 1456; Kissel in NJW 1982, S. 1777, 1780, 1781.
542 Mishra, Zulässigkeit und Grenzen der Urteilsschelte, S. 251.
543 Voßkuhle/Sydow in JZ 2002, S. 673, 678; zur Betrachtungsweise des Richters als Subsumtionsautomat umfassend schon Ogorek, Richterkönig oder Subsumtionsautomat? Zur Justiztheorie im 19. Jahrhundert, 1986.
544 Eichenberger, Die richterliche Unabhängigkeit als staatsrechtliches Problem, S. 95, 96.
545 Eichenberger, Die richterliche Unabhängigkeit als staatsrechtliches Problem, S. 98.
546 Limbach in NJ 1995, S. 281, 282.
547 Eichenberger, Die richterliche Unabhängigkeit als staatsrechtliches Problem, S. 95.

widerstehen[548]. Richterliche Unabhängigkeit bei gleichzeitiger Rückbindung an geltendes Recht ist demnach auch aus psychologischer und soziologischer Sicht keinesfalls paradox. Die Gesetzes- (und Rechts-) Bindung des Richters bildet vielmehr den Grund für seine Unabhängigkeit und ist nicht etwa als Einschränkung der Unabhängigkeitsgewähr zu begreifen[549].

bb. Rechtsbindung als vorpositives Legitimationskorrektiv

Es wurde bereits dargelegt, dass nach der hier vertretenen Auffassung[550] die in Art. 20 Abs. 3 GG statuierte „Rechts"- Bindung insbesondere dort eigenständige Bedeutung zu erlangen und als Korrektiv zu fungieren vermag, wo das „Gesetz" versagt, wo also die „lex" nicht „ius" ist. Insofern ergibt sich aus der Bindung an „Gesetz und Recht" eine Zweistufigkeit rechtlicher Begrenzung richterlichen Handelns: faktisch und im Allgemeinen sind Richter an das verfassungsmäßig erlassene Gesetz[551] gebunden. Versagt das Gesetz ganz ausnahmsweise, befindet sich der Richter indes nicht im rechtsfreien Raum, sondern muss die auf dem vorpositiven[552] Recht basierende Gerechtigkeit wiederherstellen[553]. Das „Recht" als den Richter bindende Korrektivebene wirkt dann gegenüber dem „Gesetz" als Quasi- Superrevisionsinstanz.

Gleiches muss in konsequenter Fortführung dieses Gedankens auf der Legitimationsebene gelten. Der Richter ist gerade unabhängig, weil er an das Gesetz gebunden ist und damit richterliche Gewalt an Rechtsstaatlichkeit und Demokratieprinzip rückkoppelt. Ist aber die „lex" nicht „ius", versagt dieser Mechanismus. Steht ein positives Gesetz in einem derart unerträglichen Maß im Wi-

---

548 Eichenberger, Die richterliche Unabhängigkeit als staatsrechtliches Problem, S. 95.

549 Ipsen, Staatsrecht I, Rn. 812.

550 Vgl. bereits auf S. 105 ff.

551 Im Einzelnen vgl. oben, S. 100 ff.

552 Naucke, Die zweckmäßige und die kritische Strafgesetzlichkeit, dargestellt an den Lehren J.P.A. Feuerbachs (1775 -1832), S. 341; Hruschka in JZ 1992 S. 665, 667; Hruschka in JZ 1992 S. 429 ff.

553 Ähnlich Kirchhof in NJW 1986, S. 2275, 2276, für den das Grundgesetz Vertrauen auch beim Richter lässt, also nicht nur auf seine Gesetzesbindung, sondern ebenso auf seine Gewissenhaftigkeit, Unbefangenheit und Unparteilichkeit baut.

derspruch zur Gerechtigkeit, dass das Gesetz als unrichtiges Recht der Gerechtigkeit zu weichen hat, so kann ihm auch keine die unabhängige richterliche Tätigkeit im Einzelfall legitimierende Kraft zukommen. In solchen Fällen bedarf es eines Korrektivs. Dieses ethische Korrektiv ist das vorpositive „Recht" im Sinne des Art. 20 Abs. 3 GG. Es besitzt seine Quelle in der verfassungsmäßigen Rechtsordnung als einem Sinnganzen[554], wirkt als Begrenzung rechtsprechender Gewalt und schließt damit die Legitimationslücke, dort wo die Gesetzesbindung versagt. Indessen bleibt zu berücksichtigen, dass die Bindung des Richters an das Recht, im Gegensatz zur Bindung an das Gesetz, keinem parlamentarischen Gesetzgebungsakt entspringt und daher auch nicht dem Demokratieprinzip zuführbar ist.

Die Rechtsbindung vermag folglich zwar eine Rückkopplung an die Rechtsstaatsidee, nicht jedoch an das Demokratieprinzip zu gewährleisten. Gleichwohl wäre es unzutreffend, hierin ein Legitimationsdefizit richterlicher Unabhängigkeit zu sehen: zum einen sei verwiesen auf den evidenten Ausnahmecharakter eines Rückgriffs auf die Rechtsbindung, zum anderen erfolgt weiterhin eine Rückkopplung an das Rechtsstaatsprinzip. Vor diesem Hintergrund wirkt die Bindung des Richters an das Recht als Begrenzungs- und Legitimationskorrektiv, wenn die Gesetzesbindung aufgrund elementarer Gerechtigkeitserwägungen in absoluten Ausnahmefällen nicht aufrechterhalten werden kann.

b. Gesetzesbindung als alleinige Legitimationsgrundlage?

Erhebt man wie *Bakker*[555] die richterliche Gesetzesbindung zur alleinigen rechtsstaatlichen Legitimationsgrundlage der Unabhängigkeitsgewähr, so vermag eine solche Ansicht nicht zu überzeugen. Zunächst können - wie soeben festgestellt - in gewissen Konstellationen Legitimationslücken entstehen, wenn eine Begrenzung richterlicher Gewalt nur über die Gesetzesbindung erfolgen soll. Weiterhin handelt es sich bei der Bindung an das Gesetz um eine die

554 Vgl. oben, S. 106.

555 Bakker, Grenzen der Richtermacht, S. 163, der in der Gesetzesbindung zugleich den historischen Geltungsgrund richterlicher Unabhängigkeit sieht.

Rechtsstaatlichkeit wie das Demokratieprinzip verwirklichende Rückkopplung schrankenloser staatlicher Gewalt.

Die Gesetzesbindung ist nicht Zweck, sondern Grenze richterlicher Unabhängigkeit. Sie folgt erst in einem zweiten Schritt, und zwar, um die zu einer bestimmten Zweckerreichung willen geschaffene Unabhängigkeitsgarantie verfassungsrechtlichem Boden zuzuführen.

Die verfolgten Zwecke der Unabhängigkeitsgewähr wurden indes schon ausführlich dargelegt: richterliche Unabhängigkeit intendiert zum einen die Sicherung effektiven Rechtsschutzes bzw. des Justizgewährungsanspruches (Rechtsschutzelement), zum anderen die wirksame Kontrolle von Exekutive und Judikative (Kontrollelement) mit dem Ziel, die Freiheit des einzelnen Individuums zu sichern. Losgelöst von der Gesetzesbindung (und der Rechtsbindung) stünde die Unabhängigkeitsgarantie nach dem bisher Gesagten in eklatantem Widerspruch zu elementaren rechtsstaatlichen Prinzipien und wäre mit dem Grundgesetz unvereinbar. Daher wird die Gesetzesbindung zu Recht als notwendiges und sogar entscheidendes Element der Legitimation richterlicher Unabhängigkeit deklariert. Gleiches stellt auch der Bundesgerichtshof fest, wenn er befindet: „Rechtfertigung und Schranke findet richterliche Unabhängigkeit in der Bindung des Richters an Gesetz und Recht“ [556]. Rechtfertigung, weil es ohne Gesetzesbindung keine Rückkopplung und damit keine Existenzberechtigung gäbe, Schranke, weil seine Unabhängigkeit nur bis zur Gesetzes- und Rechtsbindung reicht. Vor diesem Hintergrund ist es verfehlt, einzig in der Gesetzesbindung des Richters die rechtsstaatliche Legitimationsgrundlage richterlicher Unabhängigkeit zu verankern.

c. Kein Verlust der Legitimationskraft

Fehl gehen auch Bestrebungen, die legitimierende Kraft der Gesetzesbindung in Zeiten von Gesetzesauslegung und richterlicher Rechtsfortbildung wesentlich abzuschwächen oder gar abzulehnen. Trotz bestehender Wertungsspielräume

[556] BGH NJW 1977, S. 437.

bleibt die richterliche Rechtsanwendung stets auf das Gesetz bezogen und empfängt von ihm wesentliche Impulse[557]. Es gilt hierbei zu beachten, dass der Wandel des Gesetzgebungsverständnisses hin zur allumfassenden Gesellschaftsgestaltung durch - das vom Richter zu beachtende - Gesetz zu einem erheblichen Spannungsverhältnis zwischen richterlicher Unabhängigkeit und Gesetzesbindung geführt hat und die Freiheit, welche Gerichte bei der Auslegung und Fortentwicklung von Gesetzen für sich in Anspruch nehmen, zu einem nicht unerheblichen Teil erst aus einer Reaktion hierauf resultiert[558].

Dass dies keine Loskopplung von der Gesetzesbindung bedeutet, gilt umso mehr, wenn man sich vergegenwärtigt, dass die Übergänge zwischen Rechtsanwendung und Richterrecht fließend sind und bedenkt, dass der Gesetzgeber die Rechtsfortbildung letztlich steuert und legitimiert, indem er dogmatische Formeln der Rechtsprechung übernimmt, bewusst Regelungslücken bestehen lässt oder auch, indem er in bestimmten Bereichen gar nicht tätig wird[559].

Die Tendenz zur Abnabelung der Dritten Gewalt vom Gesetz ist demnach - falls man von einer solchen ausgeht - lediglich als schwache Gegenmaßnahme zu dem erweiterten Aktionsradius der Legislative zu werten. Das Gesetz war und ist der elementarste Bestimmungsfaktor des rechtsprechenden Richters. Auslegung und Rechtsfortbildung durch den Richter sind Grenzen gesetzt, die der Gesetzgeber zumindest mitgestalten kann. Von daher ist die Bindung des Richters an das Gesetz nicht schwach, sodass die legitimierende Kraft der Gesetzesbindung weiter vorhanden bleibt.

---

557 Pieroth/Aubel in JZ 2003, S. 504; Voßkuhle/Sydow in JZ 2002, S. 673, 678; ferner Lerche in NJW 1987 S. 2465, 2466 m.w.N.; zu einem angeblichen Verfall der Gesetzesbindung Rupp in NJW 1973, S. 1769, 1770 ff., der ein „neues Richterkönigtum“ beschreibt, in dem der Richter nicht die Aufgabe habe Recht zu sprechen, sondern Recht zu setzen.

558 Herzog in Maunz/Dürig, GG-Kommentar, Art. 97, Rn. 17, 19.

559 Pieroth/Aubel in JZ 2003, S. 504, 505; Voßkuhle/Sydow in JZ 2002, S. 673, 678; Starck in Roellecke/Starck, Die Bindung des Richters an Gesetz und Verfassung, S. 70, für den das Gespenst einer „unbegrenzten Auslegung“ gebannt ist.

III. Zusammenfassung: Legitimation richterlicher Unabhängigkeit

Eine Zusammenschau der grundgesetzlichen Rechtsschutzgarantie mit dem Gewaltenteilungsprinzip und der Bindung des Richters an Gesetz und Recht bildet das verfassungsrechtliche Fundament und die Legitimationsgrundlage des Prinzips richterlicher Unabhängigkeit.

Richterliche Unabhängigkeit ist eine wesentliche Voraussetzung wirkungsvollen Rechtsschutzes und fungiert daher als untrennbarer Bestandteil der rechtsstaatlichen Verpflichtung zur staatlichen Justizgewähr. Wird die Exekutive gar selbst Partei, ist es unerlässlich sicherzustellen, dass sie sich nicht besondere Einflussnahme als „Gerichtsherr" anmaßt, dass dem Rechtsschutz suchenden Bürger mithin eine effektive Überprüfung von Verwaltungshandeln durch den Richter garantiert ist. Die Unabhängigkeit des jeweils zuständigen Richters muss unzweifelhaft essentielle Voraussetzung einer solchen Verbürgung sein. Die Unabhängigkeitsgarantie zielt demnach zunächst auf die Erfüllung der Gerichtsschutzgarantie, um dem Bürger eine rechtsstaatlich verbürgte Entscheidung durch eine neutrale Instanz zu ermöglichen (Rechtsschutzelement).

Soweit richterliche Unabhängigkeit daneben mit dem Gewaltenteilungsprinzip korrespondiert, dient sie den Zielen von Gewaltenteilung. In Gefolge dessen verfolgt die Unabhängigkeitsgewähr auch die Zwecke von Gewaltenteilung, nämlich die gegenseitige Kontrolle, Hemmung und Mäßigung der Staatsgewalten (Kontrollelement), um die Freiheit des Individuums vor der zügellosen Ausübung staatlicher Herrschaftsgewalt zu bewahren. Richterliche Unabhängigkeit bezweckt dann - als zweite Dimension der sachlich-inhaltlichen Komponente einer Legitimation - die Kontrolle von Legislative und Exekutive im Sinne der „checks and balances", die um der Machtmäßigung Willen ein Grundanliegen der Gewaltenteilung sind.

Indes wird der Richter zum Schutz der Freiheit des Bürgers vor der Machtvollkommenheit eines ungezügelten Richters an Gesetz und Recht gebunden, mithin verfassungsrechtlich rückgekoppelt und begrenzt (Begrenzungselement). Durch diese Bindung verwirklicht die Dritte Gewalt die Herrschaft des vom Volk ausgehenden Rechts. Das Begrenzungselement ist damit Voraussetzung und Stütze der richterlichen Unabhängigkeit, sein Komplementärprinzip. Der Richter ist insofern unabhängig, weil er an Gesetz und Recht gebunden ist, nicht obwohl er an daran gebunden ist. Es ist diese eine Abhängigkeit, die ihn nach allen Seiten frei macht, ihm Legitimität verschafft. Wo die Bindung an Gesetz und Recht gestört wird, vermag die Unabhängigkeitsgarantie ihren Stand nicht zu behaupten und entledigt sich ihrer verfassungsrechtlichen Legitimation.

F. VERFASSUNGSRECHTLICHE IMPLIKATIONEN DER DERZEITIGEN REFORMDEBATTE

I. Einleitung und Anstöße der Diskussion

In Hamburg hat die schwarz-grüne Landesregierung in ihrem Koalitionsvertrag die Forderung „ergebnisoffen in einen Diskussionsprozess zur Selbstverwaltung der Justiz einzusteigen“, nunmehr erstmals auf die politische Agenda eines Bundeslandes gesetzt[560]. Der im Juli 2009 wegen eines Bruches der Großen Koalition in Schleswig-Holstein entlassene Landesjustizminister Uwe Döring hat zudem während seiner Amtszeit dem Innen- und Rechtsausschuss des schleswig-holsteinischen Landtages ein Modell „Justiz 2010“ vorgestellt, das als Beitrag zur Entbürokratisierung sowie Modernisierung der Justiz angedacht war und zugleich einen „wichtigen Schritt auf dem Weg zur Selbstverwaltung der Justiz“ darstellen sollte[561]. Döring strebte an, einen Budgetanteil von rund 250 Millionen Euro[562] sowie alle Aufgaben der Gerichte, die zum operativen Geschäft gehören und bisher beim Justizministerium angesiedelt sind - so der Justizhaushalt, die Justizorganisation und die Justizinformationstechnik - in den unmittelbaren Verantwortungsbereich der Gerichte zu geben[563]. Ob Dörings Modell „Justiz 2010“ in ähnlicher Form auch nach den Neuwahlen in Schleswig-Holstein auf der Agenda der nunmehr gebildeten CDU/FDP-Koalition stehen wird, bleibt abzuwarten und ist derzeit noch nicht absehbar.

---

[560] Steffen in KritV 2009, S. 354; Steffen in DRiZ 2008, S. 229; vgl. ferner auch den Vertrag über die Zusammenarbeit in der 19. Wahlperiode der Hamburgischen Bürgerschaft zwischen der CDU und Bündnis 90/Die Grünen (GAL): http://www.cduhamburg.de/27002/Uploaded/2008_ koalitionsvertrag.pdf.

[561] Siehe http://www.schleswig-holstein.de, Pressemitteilung vom 19. November 2008.

[562] Entspricht etwa 75 % des Justizhaushaltes des Landes Schleswig-Holstein.

[563] Döring in DRiZ 2008, S. 230.

Impulse für eine Selbstverwaltungsdiskussion kommen auch aus den europäischen Nachbarländern bzw. infolge von Vergleichen mit den dort etablierten Justizstrukturen. In der Europäischen Union verfügen inzwischen 23 von 27 Mitgliedstaaten über eine selbstverwaltete Justiz, mit Ausnahme von Finnland, Österreich, Tschechien und eben Deutschland.

Dass die Selbstverwaltung der Dritten Gewalt in der BRD indes - wieder[564] - zum aktuellen Thema geworden ist, liegt nicht primär am europäischen Kontext, sondern vielmehr an der flächendeckenden Überlastung und einem offensichtlichen Personalnotstand der Dritten Gewalt, verbunden mit Bestrebungen zur Implementierung so genannter „Neuer Steuerungsmodelle" mit denen Organisations- und Führungsgrundsätze moderner Unternehmensführung auf den öffentlichen Sektor übertragen werden sollen[565].

So werden bei der Berichterstattung über Missstände in der Justiz regelmäßig die beschriebenen Ausstattungsdefizite in den Zusammenhang einer Diskussion über die Abhängigkeit der Dritten Gewalt von Entscheidungen der Exekutive gestellt: gefragt wird, ob es einer selbstverwalteten Justiz besser gelingen könnte, die Voraussetzungen zu schaffen, dass die berechtigten Erwartungen der Bürger an ein funktionierendes Rechtssystem erfüllt werden, sodass das Interesse am Thema Selbstverwaltung auch untrennbar und legitimerweise mit der Erwartung an Verbesserungen verbunden ist[566].

---

[564] v. Husen in AöR Bd. 78, S. 49, 55, 56, 59 sprach schon im Jahre 1952 davon, dass „der Kontrolleur (...) wirtschaftlich völlig in der Hand des Kontrollierten (ist). Eine ganz böse Fessel (liege) in dem Umstand, dass die Gerichte nicht selbst ihre Haushaltsmittel bei der Legislative beantragen, ihre Forderungen dort begründen und nur ihr gegenüber für die Verwendung verantwortlich sind, dass all das vielmehr in der Hand der Exekutive ist. Der Kontrollierte sucht sich die Richter aus, hält sie durch Beförderungsaussichten und Dienstaufsichtsmittel in Atem, misst ihnen jährlich die sachlichen Bedürfnisse zu - tropfenweise gibt der Finanzminister bewilligte Mittel frei und lässt nötige Überschreitungen erbetteln. (...) Der Weg zur Unabhängigkeit der Gerichte führt (daher) über die Leiche des Justizministers".

[565] Schulte-Kellinghaus in ZRP 2008, S. 205, 206 ff.; Schulte-Kellinghaus in ZRP 2006, S. 169; Brause in ZRP 2005, S. 82; Papier in NJW 2002, S. 2585, 2586; Mackenroth/Teetzmann in ZRP 2002, S. 337, 338; Papier in NJW 2001, S. 1089, 1093; Macke in DRiZ 1999, S. 481, 484.

[566] Etwa Frank in KritV 2009, S. 405, 408.

Zwischenzeitlich haben alle großen Richterverbände, sei es der Deutsche Richterbund, die Neue Richtervereinigung oder die in ver.di organisierten Richter, die Thematik aufgegriffen und eigene Selbstverwaltungsmodelle ausgearbeitet und präsentiert. Sie alle propagieren, wenn auch mit unterschiedlichen Akzentuierungen und inhaltlich teilweise divergierend, im Ergebnis die Implementierung einer selbstverwalteten Justiz.

Die verfassungsrechtliche Umsetzbarkeit einer derartigen justiziellen Selbstverwaltung, wie sie von den Richterverbänden gefordert wird, soll im Folgenden untersucht werden. Hierzu gilt es zunächst, die gegenwärtigen Strukturen der Justizverwaltung aufzuzeigen, ehe als Ausgangspunkt der aktuellen Debatte die gegen das bestehende Verwaltungssystem vorgebrachten Einwände dargelegt werden. Im Anschluss sind die angebotenen Selbstverwaltungsmodelle der Richterverbände zu skizzieren, bevor eine verfassungsrechtliche Bewertung der Selbstverwaltungsidee unter Geltung des Grundgesetzes erfolgen kann.

II. Bestehende Strukturen der Justizverwaltung

Zur Justizverwaltung[567] gehören die Aufgaben, die das Funktionieren der Rechtsprechung in sachlicher und persönlicher Hinsicht sicherstellen sollen, mithin selbst keine Rechtspflege darstellen[568]. Im Wesentlichen sind dies die Richterwahl bzw. Richterberufung, die Einstellung der Beamten, Angestellten und Arbeiter, der Haushalt bzw. die Bereitstellung von Sachmitteln, Räumen etc., so-

[567] Teilweise werden die Terminologien „Justizverwaltung" und „Gerichtsverwaltung" synonym gebraucht oder als sich überschneidend angesehen; richtigerweise sind sie indes voneinander abzugrenzen. Praktisch ist dies jedoch ohne Bedeutung, da Gerichts- und Justizverwaltung einzeln einen getrennten, zusammen aber den gesamten Tätigkeitsbereich der rechtsprechenden Gewalt bezeichnen, in dem materiell zur Exekutive zählende Handlungen vorgenommen werden, der hier zu untersuchen sein wird; vgl. insofern Zimmermann in MüKo, ZPO-Kommentar, § 1 GVG, Rn. 6; Stelkens in Schoch/Schmidt-Aßmann/Pietzner, VwGO, § 1, Rn. 30, § 38, Rn. 8 m.w.N. In Gesetzeswerken finden sich beide Begriffe, vgl. „Gerichtsverwaltung" in § 39 VwGO, § 4 Abs. 2 Nr. 1 DRiG; § 2 Abs. 3 S. 1 VwVfG verwendet beide Begriffe, § 21e Abs. 6 GVG nur den Begriff der „Justizverwaltung".
[568] Stern, Das Staatsrecht der BRD, Bd. II, § 43 I 5 b (S. 901).

wie die innergerichtliche Organisation, die Durchführung des Strafvollzuges und die Dienstaufsicht. Sie liegen zum Teil in der Hand von Richtern[569], zum Teil von Verwaltungsbehörden - Justiz- oder Rechtspflegeministerien -, zum Teil bei den Gerichtspräsidenten als Behördenleitern und sind außerordentlich heterogen. Nachstehend sollen die im Hinblick auf eine Selbstverwaltung der Justiz thematisch und verfassungsrechtlich im Fokus stehenden Aufgabenfelder der Justizverwaltung näher erläutert werden.

1. Richterwahl, Richterberufung

Die Mitglieder des Bundesverfassungsgerichtes werden gemäß Art. 94 Abs. 1 S. 2 GG je zur Hälfte vom Bundestag und vom Bundesrat gewählt (Paritätsklausel). Durch diesen Wahlmodus soll einerseits den Richtern als Mitgliedern des Verfassungsorgans Bundesverfassungsgericht demokratische Legitimation durch die Bindung an die politischen Mehrheitsverhältnisse verliehen werden und andererseits das Bundesstaatsprinzip Geltung finden[570]. Daher handelt es sich bei Art. 94 Abs. 1 S. 2 GG auch um eine zwingende Vorschrift, die eine andere Art der Auswahl und Berufung der Verfassungsrichter ausschließt.

Näheres zum Wahlverfahren der Verfassungsrichter regeln die §§ 5 ff. des BVerfGG. Gemäß § 5 Abs. 1 S. 2 BVerfGG werden von den aus der Zahl der Richter an den obersten Gerichtshöfen des Bundes zu berufenden Richtern einer von dem einen (Bundestag oder Bundesrat), zwei von dem (jeweils) anderen

---

569 Vgl. etwa § 4 Abs. 2 Nr. 1 DRiG; bei der Erfüllung solcher Aufgaben unterliegen Richter nicht dem Art. 97 GG, sondern nehmen funktionell Aufgaben der Exekutive wahr und sind keine verfassungs-unmittelbaren Organe der Rechtsprechung, sondern weisungsabhängige Amtswalter der vollziehenden Gewalt, so Detterbeck in Sachs, GG-Kommentar, Art. 92, Rn. 14 m.w.N.; Papier in NJW 2001, S. 1089, 1090. Dies ist nach BVerfGE NJW 1956, S. 137, 138 verfassungsrechtlich auch unbedenklich, denn das Grundgesetz fordert keine vollständige Trennung von Verwaltung und Rechtsprechung, lässt vielmehr gewisse Überschneidungen zu. So bestehen gegen eine nebenamtliche Betrauung des Richters mit Geschäften der Justizverwaltung, wie sie bei der ordentlichen Gerichtsbarkeit hergebracht ist, auch unter der Herrschaft des Grundgesetzes keine Bedenken: denn der Charakter der Gerichte als besondere Organe der Staatsgewalt wird dadurch nicht beeinträchtigt.

570 Vgl. Hopfauf in Schmidt-Bleibtreu/Hofmann/Hopfauf, GG-Kommentar, Art. 94, Rn. 9; Pieroth in Jarass/Pieroth, Kommentar zum GG für die BRD, Art. 94, Rn. 1.

Wahlorgan, von den übrigen Richtern drei von dem einen, zwei von dem anderen Wahlorgan in die Senate gewählt. Der Bundestag wählt hierbei nach den Regeln der Verhältniswahl einen Wahlausschuss für die Richter des Bundesverfassungsgerichts, der aus zwölf Mitgliedern des Bundestages besteht, sodass die vom Bundestag zu berufenden Richter in indirekter Wahl gewählt werden, vgl. § 6 Abs. 1, Abs. 2 S. 1 BVerfGG. Zum Richter ist nach § 6 Abs. 5 BVerfGG gewählt, wer mindestens acht Stimmen dieses Ausschusses auf sich vereinigt. Hingegen wählt der Bundesrat die von ihm zu Berufenden nach § 7 BVerfGG direkt mit zwei Dritteln seiner Stimmen. Die Richter der obersten Bundesgerichtshöfe werden gemäß Art. 95 Abs. 2 GG durch den für das jeweilige Sachgebiet zuständigen Bundesminister gemeinsam mit einem Richterwahlausschuss berufen[571]. Ein solcher Richterwahlausschuss besteht aus den für das jeweilige Sachgebiet zuständigen Ministern der Länder und einer gleichen Anzahl von Mitgliedern, die vom Bundestag gewählt werden, vgl. Art. 95 Abs. 2 2. Hs. GG. „Für das jeweilige Sachgebiet zuständig" ist auf Bundesebene der Bundesminister, in dessen etatmäßig ausgewiesenem Ressort das jeweilige Gericht angesiedelt ist und der bei der Dienstaufsicht tätig wird; dies sind nach der gegenwärtigen Geschäftsverteilung der Bundesminister der Justiz für den Bundesgerichtshof, das Bundesverwaltungsgericht und den Bundesfinanzhof und der Bundesminister für Arbeit und Soziales für das Bundesarbeitsgericht und das Bundessozialgericht[572].

Für die Zusammensetzung der Richterwahlausschüsse resultiert die Zuständigkeit der Landesminister entsprechend des § 3 Abs. 1 RiWahlG daraus, zu wessen „Geschäftsbereich die diesem obersten Gerichtshof im Instanzenzug untergeordneten Gerichte des Landes gehören" und damit wiederum wie auf Bundesebene nach der ressortmäßigen Zuordnung. Nach § 4 Abs. 1 RiWahlG müssen die vom Bundestag zu wählenden weiteren Mitglieder des Richterwahlausschusses lediglich gemäß Art. 38 Abs. 2 GG zum Bundestag passiv wahlberechtigt sein und Erfahrung im Rechtsleben haben, sodass sie von Verfassungs we-

---

[571] Gesetzlich näher ausgestaltet worden sind das Berufungsverfahren und die Zusammensetzung und Wahl des Richterwahlausschusses durch das Richterwahlgesetz (RiWahlG).

[572] Vgl. Schulze-Fielitz in Dreier, GG-Kommentar, Art. 95, Rn. 23 m.w.N.; Morgenthaler in BeckOK GG, Art. 95, Rn. 7.

gen weder selbst dem Bundestag anzugehören noch Juristen zu sein haben[573]. Das Berufungsverfahren selbst wird eingeleitet, indem der zuständige Bundesminister oder ein Mitglied des Richterwahlausschusses einen Kandidaten vorschlägt, vgl. § 10 Abs. 1 RiWahlG. Sodann entscheidet der Richterwahlausschuss über den Bewerber gemäß § 12 Abs. 1 RiWahlG - unter Beachtung der Voraussetzungen der §§ 55, 57 DRiG - in geheimer Abstimmung mit der Mehrheit der abgegebenen Stimmen. Stimmt der zuständige Bundesminister zu, so hat er die Ernennung des Gewählten beim Bundespräsidenten zu beantragen, § 13 RiWahlG. Erhält der Kandidat indes bei der Wahl im Richterwahlausschuss nicht die Mehrheit der abgegebenen Stimmen oder stimmt der Bundesminister der Wahl nicht zu[574], scheitert die Berufung, da der zuständige Bundesminister und der Richterwahlausschuss über die Berufung der Bundesrichter „gemeinsam" entscheiden (Art. 95 Abs. 2 GG), sodass ein Einigungszwang besteht[575].

Dabei steht im Rahmen des jeweiligen Berufungsprozesses sowohl dem Richterwahlausschuss als auch dem Bundesminister ein Beurteilungsspielraum zu, der seine Grenzen jedoch an dem Prinzip der Bestenauslese im Sinne des Art. 33 Abs. 2 GG findet[576]. Die Auswahl muss demnach ausschließlich nach der Eignung, Befähigung und fachlichen Leistung der Bewerber erfolgen[577].

---

573 Hopfauf in Schmidt-Bleibtreu/Hofmann/Hopfauf, GG-Kommentar, Art. 95, Rn. 15; Schulze-Fielitz in Dreier, GG-Kommentar, Art. 95, Rn. 24.

574 Vorausgesetzt wird nämlich, dass die Verantwortlichkeit der Minister für die Richterbestellung diese in Konsequenz des Grundsatzes der Volkssouveränität demokratisch legitimiert: Schulze-Fielitz in Dreier, GG-Kommentar, Art. 95, Rn. 23; Groß in ZRP 1999 S. 361, 363.

575 Herzog in Maunz/Dürig, GG-Kommentar, Art. 95, Rn. 63; Meyer in v. Münch/Kunig, GG-Kommentar, Art. 95, Rn. 9; Morgenthaler in BeckOK GG, Art. 95, Rn. 7; für Landesrichterwahlen entsprechend, vgl. BVerwGE DtZ 1997, S. 142.

576 BVerwGE NVwZ-RR 1990, S. 489; OVG Schleswig NJW 2001, S. 3495, 3498; implizit wohl auch BGH NJW 2005, S. 2304, 2305; vgl. im Einzelnen Schnellenbach in NJW 1989, S. 2227 ff.

577 Die Einhaltung dieser verfassungsrechtlichen Vorgabe ist gerichtlicher Kontrolle zugänglich: weil die gemäß Art. 95 Abs. 1 GG gemeinsam mit dem Richterwahlausschuss zu treffende Berufungsentscheidung des Bundesministers als mehrstufiger Verwaltungsakt im Sinne des § 35 S. 1 VwVfG zu qualifizieren ist, kann sie gemäß § 42 Abs. 1 VwGO im Wege der Anfechtungsklage angegriffen werden. Auf diese Weise ist inzident auch die Wahlentscheidung des Richterwahlausschusses gerichtlich überprüfbar, vgl. BVerwGE DtZ 1996, S. 118, 119; äußerst skeptisch Hoffmann-Riem in DRiZ 2003, S. 284, 290, der das Auswahlverfahren um ungeschriebene Anforderungen ergänzt sieht, die die Auffassung diskreditieren würden, die Auswahl sei als reiner Subsumtionsvorgang zu verstehen.

Auch bei der Richterberufung in den Bundesländern muss das eben benannte Prinzip der Bestenauslese stets Beachtung finden. Auf Länderebene entscheidet nach dem Ressortprinzip der zuständige Ressortminister gegebenenfalls unter Beteiligung des Präsidialrates - vgl. §§ 55, 75 DRiG - über die Personalauswahl für die Instanzgerichte[578].

Nach Art. 98 Abs. 4 GG können die Länder aber auch bestimmen, dass über die Anstellung von Richtern in den Bundesländern der Landesjustizminister als Ressortminister gemeinsam mit einem Richterwahlausschuss entscheidet[579]. Diese Richterwahlausschüsse dürfen allerdings keine Allein- oder Letztentscheidungsbefugnis haben. Eine Richterbestellung ohne die Zustimmung des jeweiligen Justizministers ist nach Auffassung des Bundesverfassungsgerichtes vielmehr unzulässig, denn ein Richterwahlausschuss sei Parlament und Regierung nicht verantwortlich und könne schon deshalb keine alleinige Entscheidungsbefugnis haben, ohne dass damit das Demokratieprinzip verletzt würde[580]. Machen die Länder von der Ermächtigung in Art. 98 Abs. 4 GG Gebrauch, sind sie auf das dort vorgegebene Modell der gemeinsamen Entscheidung des Landesjustizministers mit einem Richterwahlausschuss festgelegt[581]. Art. 98 Abs. 4 GG enthält indes keine Vorschrift darüber, wie sich der jeweilige Richterwahlausschuss zusammen zu setzen hat, sodass den Ländern weite Gestaltungsspielräume zustehen, die sich aber an grundgesetzlichen Vorgaben, wie dem Demokratieprinzip, orientieren müssen[582].

---

[578] Das ist nicht immer der Justizminister, so bei der Arbeits-, Finanz-, Sozial- und Verwaltungsgerichtsbarkeit.

[579] Morgenthaler in BeckOK GG, Art. 98, Rn. 14; auf dieser Grundlage hat Art 98. Abs. 4 GG eine doppelte kompetenzrechtliche Zielrichtung. Einerseits schützt diese Norm die Länder vor einer abweichenden Festlegung durch den Bund aufgrund der konkurrierenden Gesetzgebungskompetenz gemäß Art. 74 Abs. 1 Nr. 27 GG. Andererseits gilt: Art. 98 Abs. 4 GG dient dem Zweck, auch auf der Landesebene die Justiz zusätzlich demokratisch zu legitimieren und damit zugleich die Akzeptanz von Personalentscheidungen des Ministers zu erhöhen und die richterliche Unabhängigkeit zu stärken.

[580] BVerfGE NJW 1998, S. 2590, 2592 m.w.N.; a. A. Weber-Grellet in ZRP 2003, S. 145, 148.

[581] Schulze-Fielitz in Dreier, GG-Kommentar, Art. 98, Rn. 42; Detterbeck in Sachs, GG-Kommentar, Art. 98, Rn. 21 m.w.N.; Stern, Das Staatsrecht der BRD, Bd. II, § 33 V 2 (S. 406).

[582] Pieroth in Jarass/Pieroth, Kommentar zum GG für die BRD, Art. 98, Rn. 4.

2. Haushalt und Personalausstattung

Die Haushalts- und Personalverantwortung für den Bereich der Judikative liegt in weiten Teilen bei der Exekutive, prinzipiell bei dem Bundesjustizminister und den Justizministern der Länder[583], lediglich das Bundesverfassungsgericht besitzt eine eigene Personal- und Budgethoheit[584]. Vom Budgetrecht der Exekutive erfasst wird die Einrichtung der Spruchkörper auf der Grundlage der im Haushaltsplan vorgesehenen Personalstellen, die Bereitstellung und Zuweisung von Räumen und Sachmitteln, in denen und mit denen die richterliche Tätigkeit ausgeübt werden kann, also neben Mobiliar, Schreib- und Datenverarbeitungsgeräten etwa auch das Anschaffen von Büchern und Zeitschriften, ferner etwa die Beschaffung und Unterhaltung von Dienstfahrzeugen, zudem auch Dienstleistungen, wie das Erledigen von Schreibarbeiten, die Durchführung von Versendungen und der Postverkehr, das Führen und Aufbewahren der Akten, sowie das Haushalts- und Kassenwesen der Gerichte[585]. Zuständiges bzw. ausführendes Verwaltungsorgan ist der jeweilige Gerichtspräsident als vom Minister eingesetzte Verwaltungsspitze, soweit nicht die Zuständigkeit eines Ministers direkt begründet ist[586].

In diesen Kontext gehören auch die „Neuen Steuerungsmodelle", mit denen betriebswirtschaftliche Organisations- und Führungsgrundsätze auf den öffentlichen Sektor und hier wiederum auch auf die Gerichte übertragen werden sollen[587]. Ursprünglich zur Reform der öffentlichen Verwaltung entwickelt, werden sie nun von den Justizministerien zwecks Verbilligung, Erhöhung der Produktivität und Stärkung der Akzeptanz auf die Justiz übertragen und von allen Bundes-

---

[583] Wilke in Isensee/Kirchhof, Handbuch des Staatsrechts der BRD, § 112, Rn. 39, 40.

[584] Stern, Das Staatsrecht der BRD, Bd. II, § 32 II 3 b (S. 346); Böttcher in Umbach/Clemens, Mitarbeiterkommentar GG, Vor Art. 92 ff., Rn. 36.

[585] Zimmermann in MüKo, ZPO-Kommentar, § 1 GVG, Rn. 8.

[586] Stern, Das Staatsrecht der BRD, Bd. II, § 43 I 5 b (S. 902).

[587] Papier in NJW 2002, S. 2585, 2586; Sodan in DÖV 2005, S. 764, 766 m.w.N.; letztlich geht es darum, die Justizverwaltungen vom kameralistischen auf ein betriebswirtschaftliches Rechnungswesen umzustellen und umfassend zu modernisieren; kritisch Häuser in BJ 2000, S. 255 ff. und Hochschild in BJ 2000, S. 258 ff., die eine Übertragung derartiger Konzepte auf die Dritte Gewalt ablehnen.

ländern mehr oder weniger intensiv umgesetzt[588]. Wesentliche Elemente der „Neuen Steuerungsmodelle" sind dabei eine Modernisierung der Gerichtsorganisation sowie insbesondere ein „Neues Haushaltswesen", das die Einführung einer Kosten- und Leistungsrechnung, einer Budgetierung bei der Mittelzuweisung und eines operativen und strategischen Controlling zum Inhalt hat[589].

Diese Intendanturverwaltung darf jedoch nicht so weit gehen, dass Gerichte tatsächlich in den behördlichen Instanzenzug eingegliedert werden und dadurch die von Verfassungs wegen gebotene organisatorische Eigenständigkeit der Gerichte aufgehoben oder umgangen wird; deshalb muss ein Mindestmaß an Verwaltungsaufgaben vorhanden sein, das von den Gerichten selbst und weisungsfrei erledigt wird, so die geschäftsinterne Geschäftsverteilung entsprechend der §§ 21a ff. GVG[590].

3. Innergerichtliche Organisation

Die für die innergerichtliche Verwaltung typische Gemengelage von weisungsfreien Verwaltungsaufgaben, die untrennbar mit der Funktion einer unabhängigen Rechtsprechung verbunden sind, und solchen, deren Wahrnehmung nach Weisung staatlicher Behörden die Eigenständigkeit der Gerichte nicht beeinträchtigt, erfordert besondere organisatorische Vorkehrungen[591]. In diesem Sinne erfolgt die Verteilung der richterlichen Rechtsprechungsangelegenheiten nach den §§ 21a ff. GVG durch den Geschäftsverteilungsplan des aus richterlichen Mitgliedern des Gerichtes bestehenden Präsidiums (§ 21a GVG) im Wege

---

[588] Francken in NZA 2003, S. 457, 458; vgl. auch die Darstellung von Kramer in NJW 2001, S. 3449 ff. Die Bundesländer bezeichnen, konzipieren und gewichten ihre Reformprojekte recht unterschiedlich, sodass es keine einheitliche Terminologie für die Übertragung Neuer Steuerungsmodelle auf die Justiz gibt. Vorbereitet und begleitet wurde die Umstellung des Haushaltswesens von einer Arbeitsgruppe „Neues Haushaltswesen", an der sich alle Länder sowie das Bundesjustizministerium beteiligt haben, vgl. Berichte der Arbeitsgruppe „Neues Haushaltswesen" vom 31. März 1998 und April 2000.

[589] Papier in NJW 2002, S. 2585, 2586.

[590] Wilke in Isensee/Kirchhof, Handbuch des Staatsrechts der BRD, § 112, Rn. 40.

[591] Wilke in Isensee/Kirchhof, Handbuch des Staatsrechts der BRD, § 112, Rn. 41.

richterlicher Selbstverwaltung[592]. Darin liegt zugleich eine Sicherung der Unabhängigkeit der Gerichtsbarkeit als Trägerin der rechtsprechenden Gewalt gegenüber der exekutivischen Gerichtsverwaltung[593]. Das Präsidium als Teil jeder Gerichtsbehörde hat gesetzlich festgelegte Kompetenzen, vgl. § 21e GVG, die im Wesentlichen in der Verteilung der Rechtsprechungs- und anderer Dienstaufgaben auf die Richter eines Gerichtes liegen. Dabei ist die Tätigkeit im Präsidium richterliche Tätigkeit mit voller Unabhängigkeitsgarantie und unterliegt daher der Dienstaufsicht nur in den Grenzen des § 26 DRiG[594].

Bei der Zusammensetzung des Präsidiums bestimmt das Gesetz neben den gewählten richterlichen Mitgliedern den Präsidenten als „geborenes" Mitglied ohne Wahl gemäß § 21a Abs. 2 GVG zum Vorsitzenden des Präsidiums eines jeden Gerichtes[595]. Dieser Präsident hat indes nur gleiches Stimmrecht wie jedes andere Präsidiumsmitglied und kein Vetorecht; er übt die organisatorischen Vorbereitungen wie Einberufen der Sitzungen, Vorbereiten und Einbringen von Vorschlägen aus und setzt gefasste Beschlüsse um. Ihm kommt hierdurch letztlich eine Doppelbelastung zu. Er ist zugleich Richter und Behörde[596] und in dieser zweiten Funktion weisungsgebunden und weisungsbefugt: einerseits unterliegt er einer ministeriellen Dienstaufsicht bzw. Weisungsbindung für Aufgaben, bei denen er keine Weisungsfreiheit reklamieren kann, andererseits erstreckt sich seine Weisungsbefugnis primär auf die Bediensteten seiner eigenen Gerichtsbehörde, zu denen auch die Richter gehören, die gemäß § 4 Abs. 2 Nr. 1 DRiG Aufgaben der Gerichtsverwaltung wahrnehmen[597].

---

[592] Die §§ 21a bis 21e, 21i GVG betreffen das Präsidium als „Organ richterlicher Selbstverwaltung", während §§ 21f und 21g GVG Regelungen über die Besetzung und Aufgabenverteilung im Spruchkörper enthalten; vgl. Katholnigg, Strafgerichtsverfassungsrecht, § 21a GVG, Rn. 1.
[593] Vgl. Zimmermann in MüKo, ZPO-Kommentar, § 1 GVG, Rn. 8; siehe auch Begründung des RegE BT-Drucksachen VI/557 S. 15; Bericht des Rechtsausschusses BT-Drucksachen VI/2903.
[594] Zimmermann in MüKo, ZPO-Kommentar, § 21a GVG, Rn. 2.
[595] §§ 59, 115, 124 GVG (i.V.m. § 4 VwGO; § 4 FGO; § 6a ArbGG; § 6 SGG); bei Amtsgerichten, falls kein Präsident bestellt ist, der aufsichtsführende Richter, §§ 21a Abs. 2, 22 Abs. 3 GVG.
[596] Behördenchef oder Verwaltungsleiter.
[597] Wilke in Isensee/Kirchhof, Handbuch des Staatsrechts der BRD, § 112, Rn. 42, 43.

III. Darstellung der Einwände gegen das aktuelle System

1. Abhängigkeit von Exekutive

Die Unabhängigkeit der Dritten Gewalt bzw. ihre verfassungsrechtliche Einordnung als selbständige Staatsgewalt im Sinne des Art. 20 Abs. 2 S. 2 GG wird nach vielfach vertretener Ansicht zunehmend durch den Einfluss der Exekutive eingeschränkt. Die Gerichte befänden sich insbesondere in vielfältiger - ihre verfassungsrechtliche Stellung konterkarierende - Abhängigkeit, von der Einstellung und Beförderung bis hin zur Zuweisung oder Streichung von Haushaltsmitteln[598]. Als Schwerpunkt dieser Entwicklung wurde die Justizstruktur in Ihrer Gesamtheit eruiert, also der Aufbau der Gerichtsorganisation und insbesondere der Gerichte zueinander, die heute noch dem GVG- Modell von 1877 unterliegt, einem Modell, das dem Obrigkeitsstaat verhaftet und nicht demokratieadäquat sei[599]. So würden die Gerichte zum einen als „nachgeordnete Behörden" in den Verwaltungsapparat integriert und hierarchisch dem Justizminister unterstellt[600]. Zum anderen verdecke die bereits dargelegte Anbindung der Gerichte an Ministerien[601] den verfassungsrechtlichen Rang der Rechtsprechung als der Dritten Gewalt im Staatswesen und leiste dem Eindruck Vorschub - den die Spitzen der Exekutive auch nicht zu zerstreuen suchten - bei den Gerichten handele es sich um ihnen überantwortete Organisationseinheiten. In diesem Kontext wird vorgebracht, dass sich Gerichte verfassungstheoretisch schon deshalb einer solchen patrimonialen Betrachtung entziehen würden, weil sie unabhängige Instrumente einer ausschließlich an Gesetz und

---

598 Homepage des DRB: http://www.drb.de/cms/index.php?id=111 sowie die Homepage der Neuen Richtervereinigung (NRV), Grundsatzpapier der Fachgruppe Justizstruktur / Bundesvorstand der NRV vom 01. Juni 2002: http://www.nrv-net.de/downloads_publikationen/57.rtf; Weber-Grellet in ZRP 2003, S. 145, 147 spricht von einer „administrativen Entmündigung" der Gerichte; Brause in ZRP 2005, S. 82, 83 sieht gar evidente Machtmissbräuche, wie parteipolitisch motivierte Berichtsanforderungen und durch Gerichtsentscheidungen publik gewordene rechtswidrige Personalmaßnahmen.

599 Böttcher in Umbach/Clemens, Mitarbeiterkommentar GG, Vor Art. 92, Rn. 30 der sich am Beispiel der ordentlichen Gerichtsbarkeit orientiert und grundsätzliche Reformen fordert.

600 Homepage Deutscher Richterbund (DRB): http://www.drb.de/cms/index.php?id=111.

601 Siehe zur Justizstruktur etwa oben, S. 128.

Recht orientierten und daher dienenden Gewalt seien[602]. Teilweise wird gar ein unlösbarer Widerspruch darin gesehen, dass die Dritte Gewalt in der BRD unabhängigen Richtern anvertraut ist, die Verwaltung der Gerichte und die Richterpersonalpolitik jedoch der Exekutive und damit letztlich der Regierung[603].

Auch sei der Verfassungsauftrag des Art. 98 GG, die Rechtsstellung der Richter durch besonderes Gesetz zu regeln, durch das Deutsche Richtergesetz von 1961 (DRiG) und durch die Richtergesetze der Länder nur unzureichend erfüllt worden[604]. Nach § 46 DRiG in der geltenden Fassung bleibt es nämlich bei der subsidiären Anwendung der beamtenrechtlichen Vorschriften auf die Rechtsverhältnisse der Richter „bis zu einer besonderen Regelung" - eine Regelung, die seit nunmehr fast einem halben Jahrhundert aussteht. Man habe lediglich einige beamtenrechtliche Titel abgeschafft und eine eigene Besoldung für Richter eingeführt, doch sei es bei dem beamtenrechtlichen Laufbahn- und Beförderungssystem, das zu vielfachen Abhängigkeiten führe, geblieben.

Dies habe zur fatalen Folge, dass auch unter der Herrschaft des Grundgesetzes ein auf die absolutistische Konzentration der Staatsgewalt im Monarchen zurückgehendes, für die Laufbahn von Beamten geschaffenes, von Weisungsgebundenheit und Wohlverhalten geprägtes Einstellungs- und Beurteilungssystem für Richter Geltung habe, sodass es bis heute an einer ausreichenden Sicherung richterlicher Unabhängigkeit gegenüber der „Richterpersonalpolitik" durch die Justizverwaltung fehle[605]. Selbst in der Organisation und Verwaltung innerhalb der Gerichte, also in einem Bereich, in den die von Selbstverwaltungselementen geprägte Präsidialverfassung im Sinne der §§ 21a ff. GVG einzuordnen ist, wird ein erhebliches Strukturdefizit lokalisiert. Das Hauptproblem liege darin, dass zwar für den wichtigen Bereich der Geschäftsverteilung, mit der Präsidialverfassung im Sinne der §§ 21a ff. GVG ein Element der Selbstverwaltung der Richter in Form des Präsidiums als eines geschäftsführenden Aus-

---

[602] Wilke in Isensee/Kirchhof, Handbuch des Staatsrechts der BRD, § 112, Rn. 39.
[603] Häuser in KritV 2009, S. 410, 412.
[604] Häuser in KritV 2009, S. 410.
[605] Häuser in KritV 2009, S. 410, 411, der die Personalsteuerung durch die Justizverwaltung als „offene Flanke der richterlichen Unabhängigkeit" sieht; Groß in ZRP 1999, S. 361, 362.

schusses bestehe, dass hierneben jedoch im Übrigen eine Verwaltung durch von der Exekutive bestellte Präsidenten besteht[606].

2. Verfehltes Rollenverständnis der Justizminister

Die Ergebnisse eines im Auftrag der Justizministerkonferenz durch die inzwischen in der BRD aufgelöste Wirtschaftsprüfungsgesellschaft Arthur Andersen in den vergangenen Jahren entwickelten, neuen betriebswirtschaftlich orientierten Personalbedarfsberechnungssystems („PEBB§Y")[607] haben den Nachweis erbracht, dass die Justiz flächendeckend überlastet ist. Den Justizministern, die unter Kabinetts- und Parteizwängen stehen und Sparvorgaben umzusetzen haben, gelingt es gleichwohl trotz ihres Engagements nicht, ausreichende Mittel zu beschaffen und den in der Verfassung verankerten Justizgewährungsanspruch der Bürger umfassend zu sichern[608]. Entgegen ihren Ankündigungen bei der Implementierung von „PEBB§Y" sind sie in der Praxis nicht bereit oder nicht in der Lage, den von „PEBB§Y" geschätzten Mehrbedarf an Richterstellen - etwa 15 bis 20% - mit dem entsprechenden Nachdruck innerhalb ihrer jeweiligen Landesregierung geltend zu machen[609].

Hieraus wird zum Teil geschlossen, dass viele Justizminister selbst bei offensichtlichem Fehlbedarf ihre politisch motivierte Rolle darin sehen, Kürzungskonzepte zu verteidigen, statt Haushaltsdiskussionen zu nutzen, um sich berechtigte Forderungen der Justiz zu eigen zu machen[610]. Es gelinge den Justiz-

---

[606] Böttcher in Umbach/Clemens, Mitarbeiterkommentar GG, Vor Art. 92, Rn. 34.

[607] Mackenroth/Teetzmann in ZRP 2002, S. 337, 338 unter Verweis auf DRiZ 2002, S. 123 f.; vgl. auch Schulte-Kellinghaus in ZRP 2006, S. 169, 171 m.w.N.

[608] Frank in KritV 2009, S. 405, 406; Schulte-Kellinghaus in ZRP 2006, S. 169, 171; insgesamt sehr kritisch Macke in DRiZ 1999, S. 481, 282; trotz steigender Zahl von Verfahren und weiterer Verrechtlichung der Gesellschaft hat sich die Zahl der Richter (20.100) und der Staatsanwälte (5.084) heute im Vergleich zum Jahre 1995 - 22.100 Richter und 5.400 Staatsanwälte - deutlich reduziert; alleine vom 01. Januar 2000 bis zum 31. Dezember 2006 hat sich die Zahl der Richter in der BRD um 4 % verringert, während die Zahl der Anwälte um 34 % auf 135.775 gestiegen ist; Quelle: Statistisches Bundesamt, Justiz auf einen Blick, 2008.

[609] In diesem Sinne: Schulte-Kellinghaus in ZRP 2006, S. 169, 171; Mackenroth/Teetzmann in ZRP 2002, S. 337, 338.

[610] Frank in KritV 2009, S. 405, 406; a. A. Isermann/Fitting in DRiZ 2003, S. 281, 283.

ministern folglich nicht mehr, ausreichende Mittel zu beschaffen, damit der in der Verfassung verankerte Justizgewährungsanspruch umfassend erfüllt werden könne, zumal justizielle Fragen in der politischen Diskussion nur eine untergeordnete Rolle einnähmen, so dass die Belange der Justiz nicht ausreichend wahrgenommen würden[611]. Exekutive und Jurisdiktion seien in dieser Konstellation verteilungspolitische Gegner[612].

3. Systembedingte richterliche Anpassungsmechanismen

Als zwingende Konsequenz der flächendeckenden Überlastung der Justiz, verbunden mit einer Steuerung der Richterpersonalpolitik durch die exekutivische Justizverwaltung, werden zunehmend systembedingte richterliche Anpassungsmechanismen im Justizalltag festgestellt und moniert. Die Realität in den Gerichten zeige, dass die Anwendung materiellen und formellen Rechts nicht mehr allein durch das verbindliche Gesetz, sondern in erheblichem Umfang auch durch Ressourcenreduzierungen gesteuert werde. Die Justizverwaltungen in den Ländern hätten nicht nur die finanziellen Mittel reduziert, sondern nähmen inzwischen, insbesondere durch das Mittel der Dienstaufsicht, teilweise direkten Einfluss auf Richter, damit diese sich dem Erledigungsdruck anpassen und die Arbeitszeit pro Fall reduzieren[613]. Damit würden etwa Lebenszeiter-

---

[611] Vgl. Homepage des DRB: http://www.drb.de/cms/index.php?id=111.

[612] Frank in KritV 2009, S. 405, 406, 407, der zudem darauf verweist, dass es durch den Personalnotstand inzwischen bei nahezu allen Gerichtsbarkeiten zu längeren Verfahrenszeiten, zu keiner zeitnahen Reaktion im Jugendstrafrecht und zu Haftentlassungen wegen Verfahrensverzögerungen käme.

[613] Zwar ist die Dienstaufsicht zur Sicherung und Durchsetzung der staatlichen Justizgewährungspflicht verfassungsrechtlich geboten, sie muss aber im Interesse des Rechtssuchenden und der Rechtsstaatlichkeit ihre Grenze dort finden, wo die Gefahr bestünde, dass die richterliche Tätigkeit durch Maßnahmen der Justizverwaltung in ihrem geschützten Kernbereich, nämlich den Inhalten und Ergebnissen der konkret zu treffenden richterlichen Entscheidung, tangiert würde, vgl. insoweit Asbrock in BJ 2000, S. 262, 263; Schulte-Kellinghaus in ZRP 2006, S. 169, 171; für Pfeiffer in KK-StPO, Einleitung, Rn. 24 ist es unzulässig, wenn der Dienstvorgesetzte versucht, den Richter zu veranlassen, vermehrt oder verstärkt eine gewisse Form der Prozesserledigung anzustreben; Papier in NJW 1990, S. 8, 13 ergänzt dies um den Hinweis, dass dienstaufsichtsrechtliche Maßnahmen keinen Erledigungsdruck bewirken dürfen, der auf eine Aufforderung zu sachwidriger Bearbeitung hinausläuft.

nennungen, Beurteilungen[614] und Beförderungen[615] von Richtern zunehmend von Erledigungszahlen - und eben nicht von der Qualität, sondern von der Quantität - abhängen, mithin von der Exekutive nach politischen Proporzüberlegungen als Steuerungsinstrument verstanden[616]. Zwar existieren, soweit ersichtlich, keine empirischen Studien über den faktischen Einfluss exekutiver Entscheidungen auf richterliches Verhalten, die Vielzahl von Stimmen aus der Richterschaft lässt jedoch die Gefahr einer Minderung der Unabhängigkeit durch faktische Anpassung an vermutete oder gar formulierte Erwartungen als plausible These erscheinen[617]. So habe längst ein „Ärmlichkeitsprinzip" in die Justiz Einzug gehalten, infolgedessen überlastete Richter, die „unter unwürdigen Umständen als Fließbandarbeiter unter dem Diktat des Pensenschlüssels" wirken müssten, ihrer Aufgabe kaum gerecht werden könnten und zudem einem sachfremden Einfluss der Justizbürokratie unterlägen[618].

Für *Albrecht* lassen sich die hieraus resultierenden Anpassungsmechanismen im richterlichen Alltag für den Bereich der Strafgerichtsbarkeit wie folgt nachvollziehen. Durch die Vielzahl der Verdachtsfälle in Bagatell- und Jugendstrafverfahren, unzeitgemäße Organisationsformen des Kriminaljustizsystems einschließlich permanenter Ressourcenverknappung, zwinge die Exekutive die Richterschaft zu verfahrensökonomischen Erledigungsstrategien[619].

---

[614] Nach BGH DRiZ 1992, S. 24, 25; BGH NJW 1972, S. 634, 635; Bernsdorff in Umbach/Clemens, Mitarbeiterkommentar GG, Art. 97, Rn. 30 ist aber eine dienstliche Beurteilung dann nicht zulässig, wenn sie auf eine direkte oder indirekte Weisung hinausläuft, wie der Richter in Zukunft verfahren oder entscheiden soll.

[615] Groß in BJ 2006, S. 248, 249 m.w.N. sieht in der Beurteilung der Leistungen von Richtern, die mit der justizinternen Karriere verknüpft ist, ein wichtiges Element der Dienstaufsicht. Die hieran gekoppelten Beförderungsentscheidungen der Justizminister würden daher einen indirekten Anpassungsdruck der Richter zwecks positiver Beurteilung durch den in dieser Funktion exekutivischen Gerichtspräsidenten bewirken, was eine zentrale Schwächung der richterlichen Unabhängigkeit darstelle.

[616] Frank in KritV 2009, S. 405, 407, der in diesem Vorgehen der Exekutive zugleich den bösen Anschein der Einflussnahme auch auf die persönliche Unabhängigkeit der Richter erblickt; zustimmend Schulte-Kellinghaus in ZRP 2006, S. 169, 171.

[617] Groß in ZRP 1999, S. 361, 362 m.w.N.

[618] Sendler in NJW 1995, S. 2464, 2468 unter Verweis auf Rolf Lamprecht, Vom Mythos der Unabhängigkeit. Über das Dasein und Sosein der deutschen Richter, 1995.

[619] Albrecht, Kriminologie - Eine Grundlegung zum Strafrecht, S. 256, 257.

Um die Justizorganisation trotz zunehmender Falllast funktionsfähig zu erhalten, kämen im exekutivischen Konzept Informalisierungen zum Einsatz[620]. Dies habe zur Folge, dass Richter dazu angehalten werden[621], dem Ressourcendruck gerade bei Umfangstrafsachen durch informelle Verfahrensbeendigungen, wie Absprachen, Tribut zu zollen, was eine erhebliche Einflussnahme der Exekutive auf den Verlauf der betroffenen Strafverfahren bedeute und zu einer gravierenden Außerachtlassung der rechtsstaatlichen Prinzipien des Strafverfahrens, insbesondere der Unabhängigkeit der richterlichen Entscheidung, führe[622].

Der Ressourcendruck bzw. die zu erbringenden Pensenvorgaben hätten - nicht nur für den Bereich der Strafgerichtsbarkeit - zur Folge, dass viele Richter dem systembedingten Anpassungsreiz oder Anpassungsdruck unterliegen würden und sich daher aus karriereorientierten Erwägungen eine Art von Anbiederungshierarchie mit vorauseilendem oder hinterher hastendem Gehorsam entwickelt habe[623].

So hat auch der ehemalige nordrhein-westfälische Justizminister Fritz Behrens hierzu korrespondierend erklärt, dass er „gelinde gesagt, erstaunt darüber ... (war), welche Obrigkeitshörigkeit ... (ihm) in dem Geschäftsbereich der Justiz entgegengeschlagen ist. (Es sei) ... frappierend, dass in einem öffentlichen Aufgabenbereich, in dem die richterliche Unabhängigkeit und das Denken und Entscheiden in Unabhängigkeit eine solch große Rolle spielen, ... die Denkstrukturen sehr ausgerichtet sind auf den Blick nach oben“[624].

---

620 Albrecht in KritV 2008, S. 39, 42; wiederum Albrecht in ZRP 2004, S. 259, 260 spricht in diesem Zusammenhang davon, dass McKinsey Einzug in die Dritte Gewalt erhalten habe.

621 Schulte-Kellinghaus in ZRP 2006, S. 169, 171 berichtet, dass in Bremen die Justizverwaltung versucht habe, mit so genanntem „Benchmarking“ Erledigungszahlen der Richter zu steigern. Es gäbe zudem einzelne Gerichtspräsidenten in Deutschland, die in Gesprächen mit Richtern bei „Rückständen“ bis zur Androhung disziplinarischer Maßnahmen gingen; vgl. insoweit auch DRiZ 2003, S. 69 ff.

622 Albrecht, Kriminologie - Eine Grundlegung zum Strafrecht, S. 257; Frank in KritV 2009, S. 405, 407.

623 Häuser in KritV 2009, S. 410, 411.

624 Nach Häuser in KritV 2009, S. 410, 411; vgl. auch Behrens in BJ 1998, S. 254 ff.

4. Verfassungswidrige Steuerung durch Ressourcenbegrenzung

Diese Steuerung der Rechtsprechung durch Ressourcenbegrenzungen wird mitunter als verfassungswidrig angesehen. Das gelte nicht nur für direkte Einflussnahmen der Justizverwaltungen (beispielsweise durch Beurteilungen und Beförderungsentscheidungen oder auch durch Androhung von Disziplinarmaßnahmen), sondern auch für die Ressourcenbegrenzungen als solche, denn schon diese würden aus psychologischen Gründen erhebliche Auswirkungen auf die Art und Weise der Rechtsanwendung durch die Richter haben[625].

Wenn Finanzminister oder Justizminister über vorhandene oder künftige „Sparzwänge" sprächen, denen sich auch die Justiz nicht entziehen könne, würden sie die im Grundgesetz garantierte Selbständigkeit und Unabhängigkeit der Dritten Gewalt verkennen. Die Politik könne und dürfe die Judikative allein durch Gesetzesänderungen im formellen oder materiellen Recht steuern, das heißt alleine der Gesetzgeber dürfe vor dem Hintergrund des Wortlautes des Art. 97 Abs. 1 GG - „die Richter sind unabhängig und nur dem Gesetz unterworfen" - diesen vorschreiben, wann und wie sie zu arbeiten haben[626]. Daher seien allein das Verfahrensrecht und das materielle Recht die verfassungslegitimen Steuerungsinstrumente richterlicher Tätigkeit[627].

Ein gesetzesfreier „Sparzwang" sei demnach verfassungswidrig und dürfe von Verfassungs wegen die Rechtsanwendung der unabhängigen Richter nicht verändern. Aus verfassungsrechtlichen Gründen könne es einen politischen Sparzwang folglich nur dort geben, wo die Exekutive in vollem Umfang die Art und Weise der Verwaltungstätigkeit nachgeordneter Behörden verfassungskonform regeln könne, nicht jedoch bei den - unabhängigen - Gerichten[628].

---

[625] Schulte-Kellinghaus in ZRP 2006, S. 169, 170, 171.
[626] Hochschild in BJ 2000, S. 258.
[627] Sodan in DÖV 2005, S. 764, 769 m.w.N. sowie Schulte-Kellinghaus in BJ 2005, S. 198, 199 zur Konzeption von Qualitätsmanagement an den Gerichten.
[628] Schulte-Kellinghaus in ZRP 2006, S. 169, 170, 171; ähnlich Sodan in DÖV 2005, S. 764, 769.

5. Institutionelle Strukturen im europäischen Vergleich

Fast alle Mitgliedsländer der europäischen Union haben inzwischen eine selbstverwaltete Justiz etabliert. Die deutsche Praxis der Anbindung der Gerichte über die Justizminister an die Exekutive wird daher sogar schon auf Ministerialebene partiell als „Auslaufmodell“ bezeichnet[629]. Neben der Bundesrepublik hält man nämlich, wie eingangs bereits erwähnt, lediglich in Finnland, Österreich und Tschechien an tradierten Justizstrukturen fest bzw. hat man sich gegen eine justizielle Selbstverwaltung entschieden.

Vor dem Hintergrund der weitüberwiegenden Anzahl von Mitgliedsstaaten, die sich zu einem Selbstverwaltungsmodell bekannt haben und in der Rechtspraxis über vornehmlich positive Erfahrungen berichten, wird nun auch im Rahmen der Selbstverwaltungsdebatte hierzulande verstärkt auf die Erkenntnisse im EU-Raum verwiesen[630]. Insbesondere läge der Gedanke an einen Rechtsraum „Europa“ eine Selbstverwaltung der bundesdeutschen Justiz nahe[631].

Überdies wird angeführt, dass die deutsche Justizstruktur offensichtlich den Empfehlungen des Europarates widerspräche, wonach die für die Auswahl und Laufbahn der Richter zuständige Stelle von der Exekutive unabhängig sein und ihre Zusammensetzung durch Wahl seitens der Mitglieder der Richterschaft erfolgen müsse[632].

---

[629] Steffen in DRiZ 2008, S. 229; zu ausländischen Modellen Oberto in ZRP 2004, S. 207, 208 f.

[630] Steffen in DRiZ 2008, S. 229; Schulte-Kellinghaus in ZRP 2008, S. 205; Münchbach in ZRP 2007, S. 156, 159; Groß in DRiZ 2003, S. 298; Weber-Grellet in ZRP 2003, S. 153; Mackenroth/Teetzmann in ZRP 2002, S. 337, 339; kritisch Mertin in ZRP 2002, S. 332, 335.

[631] Mackenroth/Teetzmann in ZRP 2002, S. 337, 339.

[632] Empfehlung Nr. R (94) 12 des Ministerkomitees des Europarates über die Unabhängigkeit, Effizienz und Rolle der Richter: „The authority taking the decision on the selection and career of judges should be independent of the government and the administration“; zwar ist diese Empfehlung nicht bindend, sie nimmt aber ausdrücklich Bezug auf die dahingehenden Verpflichtungen aus Art. 6 EMRK; vgl. Groß in DRiZ 2003, S. 298; ferner Groß in BJ 2006, S. 248, 250; Frank in KritV 2009, S. 405, 407.

6. Forderungen und Konsequenzen

Basierend auf den dargelegten Kritikpunkten an den deutschen Justizstrukturen hat die Diskussion über eine Implementierung bzw. Erweiterung der justiziellen Selbstverwaltung in Deutschland neuen Schwung bekommen. Dabei dürfte primär die Übertragung „Neuer Steuerungsmodelle" auf die Justiz sowie die damit einhergehende Frage nach der organisatorischen Absicherung richterlicher Unabhängigkeit zur erneuten Aktualität der Thematik beigetragen haben. Bemerkenswert erscheint in diesem Zusammenhang, dass die Forderung nach justizieller Selbstverwaltung, Eigenverantwortung und Deregulierung aus Richterkreisen zwar seit Entstehung des Grundgesetzes in immer wiederkehrenden Abständen Anlass zu verfassungsrechtlichen Diskursen geliefert hat. Die Selbstverwaltungsdebatte ist aber nunmehr wegen der aufgezeigten Entwicklungen erstmals derart intensiv in das Bewusstsein von Richterschaft und Lehre getreten, dass die Richterverbände - wenn auch mit verschiedenen Akzentuierungen und Schwerpunkten - geschlossen eine Selbstverwaltung der Justiz fordern.

IV. Modelle justizieller Selbstverwaltung

In der Folge sollen die Selbstverwaltungsmodelle verschiedener Richterverbände vorgestellt werden. Einzugehen sein wird auf die Konzeptionen des Deutschen Richterbundes, der Neuen Richtervereinigung und der Richter in ver.di.

1. Zwei-Säulen-Modell des Deutschen Richterbundes

Der Deutsche Richterbund (DRB) strebt die Umsetzung einer Selbstverwaltung der Justiz über ein so genanntes „Zwei-Säulen-Modell", bestehend aus Justizverwaltungsrat (JVR) und Justizwahlausschuss (JWA) an [633].

[633] Vgl. Beschlussfassung des DRB bzw. Eckpunktepapier zur Selbstverwaltung der Justiz auf seiner Bundesvertreterversammlung am 27. April 2007; Näheres auf der Homepage des DRB: http://www.drb.de/cms/index.php?id=109; kritisch Isermann/Fitting in DRiZ 2003, S. 281 ff.

Dieses Modell soll eine Machtkonzentration bei einem einzelnen Gremium vermeiden und die Justiz aus der Steuerung durch die Exekutive lösen, sie zugleich aber stärker und unmittelbarer gegenüber dem Parlament verantwortlich machen sowie eine höchstmögliche demokratische Legitimation der Selbstverwaltungsorgane gewährleisten[634]. Überdies sollen die Prinzipien des gesetzlichen Richters und der Unabhängigkeit der Richter durch die weitgehende Abkopplung von der Regierung eine Verstärkung erfahren. Im Wesentlichen liegen dem Zwei-Säulen-Modell folgende Strukturen und Erwägungen zugrunde[635]:

a. Justizverwaltungsrat - Erste Säule

Die Konzeption des Deutschen Richterbundes sieht vor, dass an die Stelle des Justizministers ein Justizverwaltungsrat aus Richtern und Staatsanwälten tritt (erste Säule). Dieser Justizverwaltungsrat ist die administrative, professionelle Spitze der Justizverwaltung. Er ist eine Verwaltungsbehörde, die jene exekutiven Funktionen, die zurzeit die Justizministerien für die Justiz ausführen, in Selbstverwaltung übernimmt, mithin die Aufgaben, die derzeit in den Justizverwaltungsabteilungen der Ministerien erfüllt werden.

Hierzu gehören insbesondere alle Personalentscheidungen[636], die Dienstaufsicht in der Justiz sowie das Qualitätsmanagement und die Qualitätssicherung. Darüber hinaus stellt der Justizverwaltungsrat das Gesamtbudget der Justiz auf, vertritt es direkt gegenüber dem Finanzminister und - soweit mit diesem keine Einigung erzielt wurde - gegenüber dem Parlament. Verwaltungsaufgaben, die gegenwärtig dezentral von den Gerichten und Staatsanwaltschaften selbst erledigt werden, verbleiben dort.

---

634 Frank in KritV 2009, S. 405, 408.

635 Vgl. das Eckpunktepapier des DRB zur Selbstverwaltung der Justiz auf seiner Bundesvertreterversammlung am 27. April 2007; sämtliche Ausführungen basieren hierauf; Näheres auf der Homepage des DRB: http://www.drb.de/cms/index.php?id=109; Frank in KritV 2009, S. 405, 408, 409; Weber-Grellet in ZRP 2007, S. 153 ff.; Edinger in DRiZ 2007, S. 161, 162.

636 Kontroverse Personalentscheidungen werden an den Justizwahlausschuss abgegeben.

Der Justizverwaltungsrat besteht aus mindestens je einem Mitglied aus jeder Gerichtsbarkeit und der Staatsanwaltschaft. Die Mitglieder werden für sechs Jahre gewählt. Aus der Mitte der Mitglieder des Justizverwaltungsrates wird vom Parlament mit 2/3 Mehrheit der Justizpräsident gewählt, der den Justizverwaltungsrat nach außen vertritt. An der Spitze der Verwaltung des Justizverwaltungsrates steht ein Generalsekretär, dem die Führung der Behörde obliegt.

b. Justizwahlausschuss - Zweite Säule

Der Justizwahlausschuss (zweite Säule) ist für die Wahl der Mitglieder des Justizverwaltungsrates zuständig. Zudem obliegt ihm die Letztentscheidung in dem Fall, dass zwischen Justizverwaltungsrat und Präsidialrat (bzw. Hauptpersonalrat der Staatsanwälte) bei Einstellungen, Lebenszeiternennungen und Beförderungen von Richtern (und Staatsanwälten) keine Einigung erzielt werden kann.

In jedem Bundesland und im Bund ist ein Justizwahlausschuss zu bilden. Er ist paritätisch, je zur Hälfte mit gewählten Richtern und bzw. oder Staatsanwälten und zur Hälfte mit Parlamentariern zu besetzen, die im Verhältnis der Sitzverteilung der Parteien von den jeweiligen Parlamenten gewählt werden. Die Mitglieder und Vertreter aus der Justiz werden jeweils für ihren Bereich von allen Richtern der jeweiligen Gerichtsbarkeit und der Staatsanwaltschaft gewählt. Der Vorsitzende des Justizwahlausschusses sollte der Parlamentspräsident sein, der in einer Pattsituation die wegen der demokratischen Legitimation erforderliche Stimmenmehrheit herstellt. Bei ihm liegt auch die Dienstaufsicht über die Mitglieder des Justizverwaltungsrates.

c. Gerichtsorganisation

Die bisherige Justizstruktur im Verhältnis zu den Präsidien wird nicht verändert. Diese behalten die ihnen verfassungsrechtlich gebotenen, zugewiesenen Aufgaben. Die Befugnisse der Mitbestimmungsgremien (Personalvertretungen der Richter und Staatsanwälte wie Präsidialrat, Richterrat und Personalrat für

Staatsanwälte) bleiben unverändert, der Präsidialrat erhält in Personalangelegenheiten ein echtes Mitbestimmungsrecht.

d. Aufgaben der Justizministerien

Bei den Justizministerien weiterhin angesiedelt sind die Zuständigkeiten für die Erarbeitung von Gesetzen, welche die Justiz betreffen, die Juristenausbildung, die Notaraufsicht, die Strafvollstreckung und die Gnadensachen. Die Mitwirkungsgremien in Gerichten und Staatsanwaltschaften bleiben erhalten.

2. Selbstverwaltungsmodell der Neuen Richtervereinigung

Die Neue Richtervereinigung (NRV) sieht auf Basis der aktuellen Justizstrukturen eine maßgebliche Steuerung und Beeinflussung der Judikative durch die Exekutive, die mit dem Anspruch der Bürgerinnen und Bürger auf eine unabhängige Justiz nicht vereinbar sei[637]. Eine damit einhergehende Beeinträchtigung von Funktion und Qualität der Rechtsprechung kann nach Ansicht der NRV nur durch eine umfassende Selbstverwaltung der Dritten Gewalt beseitigt werden. Diese Selbstverwaltung ist ihrer Auffassung nach im demokratischen Rechtsstaat dadurch zu verwirklichen, dass eine Enthierarchisierung der Justiz vorgenommen wird, Gerichtsbarkeitsräte auf Länder- und Bundesebene eingerichtet, Richterwahlausschüsse in allen Bundesländern eingeführt und Präsidien zu kollektiven Leitungsorganen der Gerichte ausgebaut werden.

Im Wesentlichen liegen dem Selbstverwaltungsmodell der Neuen Richtervereinigung folgende Strukturen und Erwägungen zugrunde[638].

---

637 Grundsatzpapier der Fachgruppe Justizstruktur / Bundesvorstand der NRV vom 01. Juni 2002; Vgl. auch NRV-Homepage: http://www.nrv-net.de/downloads_publikationen/57.rtf.

638 Vgl. das vom NRV-Bundesvorstand publizierte Selbstverwaltungskonzept vom 28. Februar 2009 sowie das Grundsatzpapier der Fachgruppe Justizstruktur / Bundesvorstand vom 01. Juni 2002; sämtliche folgenden Ausführungen basieren hierauf; Näheres auch auf der NRV-Homepage: http://www.nrv-net.de, http://www.nrv-net.de/downloads_publikationen/428.pdf, sowie unter http://www.nrv-net.de/downloads_publi-kationen/57.rtf; ferner Häuser in KritV 2009, S. 410 ff.; Schulte-Kellinghaus in ZRP 2008, S. 205, 206.

a. Enthierarchisierung der Justiz

Das Modell geht grundlegend davon aus, dass Hierarchien das falsche Leitbild für eine funktionsgerechte und unabhängige Dritte Gewalt in einem demokratischen Rechtsstaat sind und derartige Justizstrukturen, die dem Obrigkeitsstaat des vergangenen Jahrhunderts näherstünden als dem demokratischen Rechtsstaat des Grundgesetzes, durch demokratische Strukturen in der Justiz ersetzt werden müssten.

Aus diesem Grund sieht das Selbstverwaltungssystem der NRV vor, dass zwecks Beseitigung hierarchischer Binnenstrukturen in der Justiz alle Richterämter gleichwertig sein müssen. Die Gleichwertigkeit der Richterämter schließt die Einheitlichkeit der Richterbesoldung mit ein, wobei das Gehalt der Bedeutung des Richteramtes angemessen sein soll. Gleichwertigkeit setzt weiterhin voraus, dass es keine Beförderungen mehr geben darf, sondern nur noch gerichtsübergreifende Funktionszuweisungen durch die Gerichtsbarkeitsräte, z. B. zu anderen Instanzen und anderen Gerichtsbarkeiten. Auch Beurteilungen sind grundsätzlich nicht mehr notwendig und kommen allenfalls bei Bewerbungen um einen Funktionswechsel in Betracht.

b. Gerichtsbarkeitsräte

Die Gerichtsbarkeitsräte[639] ersetzen auf Landes- und Bundesebene die für die Verwaltung der Gerichte bisher jeweils zuständigen Landes- und Bundesministerien. Sie übernehmen die übergeordnete und koordinierende Verwaltung der sachlichen und personellen Ressourcen - einschließlich der Vorbereitung der Wahl der Richter und der Unterbreitung der Vorschläge an den Richterwahlausschuss -, der Verwaltung - insbesondere Funktionszuweisungen und Versetzungen -, der Gestaltung und Verwaltung der Richterfortbildung, der zentralen Verwaltungsaufgaben (z. B. IT) - sowie das Disziplinarrecht und verhandeln und verantworten die Haushaltsmittel gegenüber dem Parlament. Ih-

---

[639] Synonym oder von der Konzeption her ähnlich: Justizverwaltungsrat, Justizrat, Oberster Richterrat, Council for the judiciary.

nen steht, wie bisher den jeweiligen Justizministerien, ein zugeordneter Unterbau von Verwaltungsmitarbeitern zur Verfügung.

Die Gerichtsbarkeitsräte bestehen zu zwei Dritteln aus von der Richterschaft gewählten richterlichen Mitgliedern (zwanzig Mitglieder) und zu einem Drittel aus vom Parlament gewählten Parlamentariern (zehn Mitglieder). Die Gerichtsbarkeiten müssen angemessen vertreten sein. Die Mitglieder werden für vier Jahre gewählt; eine sofortige Wiederwahl ist nicht möglich.

c. Richterwahlausschüsse

Die Richterwahlausschüsse sind in den Ländern und dem Bund für die Auswahl und die endgültige Einstellung von Richtern zuständig. Ihre Entscheidungen werden mit einfacher Mehrheit getroffen. Sie bestehen jeweils aus fünfzehn Mitgliedern, die - in Umkehrung der Wahlmodalitäten zu den Gerichtsbarkeitsräten - zu zwei Dritteln vom Parlament und zu einem Drittel von Richtern gewählt werden. Die Wahlen erfolgen nach den Grundsätzen der Verhältniswahl, die Mitgliedschaftsdauer entspricht zeitlich der Dauer der Legislaturperiode.

d. Gerichtspräsidien und Gerichtspräsidenten

Das Selbstverwaltungsmodell der NRV legt einen wesentlichen Schwerpunkt auf die Organisation der einzelnen Gerichte und deren Präsidien.

Künftig soll das Präsidium nicht nur seine bisherigen Aufgaben der Zusammensetzung der Spruchkörper und der Geschäftsverteilung beibehalten, sondern als kollektives Leitungsorgan alle organisatorischen und personellen Entscheidungen zur Verwaltung des Gerichtes vor Ort treffen[640]. Den Vorsitz im Präsidium führt der Präsident, der nicht mehr vom Justizminister ernannt oder vom Gerichtsbarkeitsrat bestimmt, sondern von den Richtern des Gerichtes für vier Jahre gewählt wird - und zwar ohne dass eine sofortige Wiederwahl möglich wäre. Die Aufgabe des Präsidenten besteht darin, die Beschlüsse des Präsidiums aus-

[640] Grundsatz der Allzuständigkeit des Präsidiums.

zuführen, die Verwaltung zu leiten sowie das Gericht nach außen zu repräsentieren. Die eigentliche Leitungsfunktion liegt jedoch beim Präsidium, in dessen Auftrag der Präsident seine Aufgaben wahrnimmt und in dem er - wie alle anderen Mitglieder - nur eine Stimme hat. Das bei jedem Gericht vorhandene Präsidium besteht bei Gerichten mit weniger als zehn Richtern aus ihnen allen, bei den größeren Gerichten aus von der Richterschaft nach den Grundsätzen der Persönlichkeitswahl Gewählten; in diesen Fällen besteht das Präsidium je nach Gerichtsgröße aus sechs bis zwölf Mitgliedern. Sie werden für vier Jahre gewählt; eine sofortige Wiederwahl ist einmal möglich.

e. Aufgaben der Justizministerien

Bei den Justizministerien angesiedelt bleiben die Gesetzgebungsangelegenheiten bzw. Stellungnahmen zu Rechtsfragen der Regierung und zu Gesetzesvorhaben anderer Ministerien sowie die Juristenausbildung und der Strafvollzug.

3. Selbstverwaltungsmodell der Richter in ver.di

Für die Richter in ver.di kann eine qualitativ und in der Form der Rechtsgewährung reiche Justiz bei optimaler Ausschöpfung ihrer Potentiale und ökonomischer Mittelverwendung nur durch den verstärkten Ausbau von Selbstverwaltungsstrukturen sowie durch einen damit korrespondierenden Abbau von hierarchischen Elementen innerhalb der Justiz erfolgen[641]. Da für die in ver.di organisierten Richter zudem die Verwaltung der Justiz nur durch eine klare Trennung von den Justizministerien dem Gewaltenteilungsgrundsatz gerecht kann[642], müsse eine grundlegende Reform der Justiz in ihrem Inneren und im Verhältnis zur Regierung und zum Parlament stattfinden[643]. Als Musterbeispiel

---

[641] Kommentar der ver.di Fachgruppe Justiz zum Beschluss der 76. Justizministerkonferenz vom 29. Juni 2005 - 30. Juni 2005 bzgl. einer „Großen Justizreform"; Näheres auf der ver.di-Homepage: http://bund-laender.verdi.de/fachgruppen/justiz/data/grosse_justizreform.

[642] Als Musterbeispiel wird hier insofern die Organisation des Bundesverfassungsgerichtes angeführt, dessen Konstruktion richterlicher Selbstverwaltung dieser Vorstellung nahe käme.

[643] Pressemitteilung der ver.di Fachgruppe Justiz vom 03. Dezember 2007 „Berufsorganisationen der Richter über Selbstverwaltung der Justiz einig"; vgl. auch die ver.di- Homepage: http://bund-laender.verdi.de/fachgruppen/justiz.

wird insofern die Organisation des Bundesverfassungsgerichtes angeführt, dessen Verwaltung dieser Vorstellung nahe käme.

Im Wesentlichen liegen dem Modell justizieller Selbstverwaltung der ver.di-Richter folgende Strukturen und Erwägungen zugrunde[644]:

a. Enthierarchisierung der Justiz

Das Beförderungswesen ist auch nach diesem Modell abzuschaffen; Richterstellen sind gleichwertig und werden gleich besoldet. Funktionsstellen sind auf Zeit zu besetzen[645]. Das formelle Vorsitzendenamt in Spruchkörpern entfällt.

b. Gerichtsbarkeitsräte

Gerichtsbarkeitsräte sind für Angelegenheiten der Justizverwaltung auf Landes- und Bundesebene als oberste Verwaltungsorgane der Justiz zu installieren. Zu ihren Aufgaben gehören etwa die Vorbereitung des Haushaltes und die Kommunikation mit dem Finanzministerium und dem Parlament, also Aufgaben, die bisher den Justizministerien zugewiesen sind. Sie bestehen mehrheitlich aus Richtern, die auf Vorschlag der Richterschaft vom Parlament gewählt werden. Diese Nominierungen werden anhand des Verhältniswahlprinzips vorgenommen, wobei jedem Richter das gleiche Stimmrecht zukommt. Neben Richtern sind Parlamentarier oder Vertreter der gesellschaftlichen Pluralität und/oder der juristischen Fachprofessionen als Mitglieder vorgesehen, die wiederum vom Parlament gewählt werden.

---

644 Böttcher in KritV 2009 S. 417, 420 ff.; Pressemitteilung der ver.di Fachgruppe Justiz vom 03. Dezember 2007 „Berufsorganisationen der Richter über Selbstverwaltung der Justiz einig"; Kommentar der ver.di Fachgruppe Justiz zum Beschluss der 76. Justizministerkonferenz vom 29. Juni 2005 bis zum 30. Juni 2005 bezüglich einer „Großen Justizreform"; sämtliche nachstehenden Ausführungen basieren auf diesen Papieren; Näheres auf der ver.di- Homepage: http://bund-laender. verdi.de/fachgruppen/justiz sowie http://bund-laender.verdi.de/fachgruppen/justiz/data/grosse_justizreform.

645 Vgl. insofern Böttcher in Umbach/Clemens, Mitarbeiterkommentar GG, vor Art. 92 ff., Rn. 27 (Fn. 17), Rn. 55.

c. Richterwahlausschüsse

Parlamentarische Richterwahlausschüsse sind, soweit nicht vorhanden, auf Landesebene einzuführen bzw. mit Richtern zu besetzen, die auf Vorschlag der Richterschaft nach vorgenannten Grundsätzen vom Parlament gewählt werden.

d. Gerichtspräsidien und Gerichtspräsidenten

Die Kompetenzen der Gerichtspräsidien als Selbstverwaltungsorgane sollen in Richtung einer Zuständigkeit für alle personellen und organisatorischen Angelegenheiten des Gerichtes und seiner Angehörigen ausgebaut werden. Ihnen steht jeweils ein Präsident vor, der die Geschäfte des Präsidiums führt und der - wie die Inhaber aller Funktionsstellen - künftig auf Zeit zu wählen ist. Da überdies eine Selbstverwaltung von unten nach oben ausgebaut werden müsse, sind nach Auffassung von ver.di auf der Ebene größerer Gerichtsbezirke - also bei der ordentlichen Gerichtsbarkeit den Landgerichten und Oberlandesgerichten - sowie auf der Landesebene jeweils Selbstverwaltungsorgane zu schaffen.

e. Aufgaben der Justizministerien

Der künftige Tätigkeitsbereich der Justizministerien umfasst etwa das Justiziariat der Regierung, Gesetzgebungsangelegenheiten sowie die Koordinierung der Gesetzgebung und der verbleibenden Justizministerialangelegenheiten im Verhältnis vom Bund zu den Ländern. Zudem sollen der Justizvollzug, das Gnadenwesen und die Notardienstaufsicht bei den Justizministerien verbleiben.

V. Verfassungsrechtliche Positionen zur Selbstverwaltung

Die dargestellten Modelle justizieller Selbstverwaltung divergieren in ihrer inhaltlichen Ausgestaltung teilweise nicht unerheblich. Sie enthalten jedoch kongruente Kernforderungen und -vorstellungen, die sich auf einen gemeinsamen

Nenner bringen lassen. So soll die Justizverwaltung in weiten Teilen nicht mehr in den Kompetenzbereich der Justizministerien fallen - z. B. die Verwaltung der sachlichen und personellen Ressourcen - sondern einem Selbstverwaltungsorgan zugeordnet sein. Daneben sollen alle Personalentscheidungen sowie das Gesamtbudgetierungsrecht einem Selbstverwaltungsorgan obliegen. Diese Forderungen werfen diverse verfassungsrechtliche Fragestellungen auf, sei es nach ihrer Vereinbarkeit mit dem Gewaltenteilungsprinzip, nach der demokratischen Legitimation der Selbstverwaltungsorgane oder auch nach der Rolle der richterlichen Unabhängigkeit im Gesamtkontext.

Die nachfolgende Darstellung wird sich auf eine Auseinandersetzung mit diesen grundlegenden Fragen beschränken. Es sollen bewusst die Verbindungen zu der ökonomischen Denkweise und der Diktion der Neuen Steuerungsmodelle zumindest weitestgehend gekappt und allein die verfassungsrechtlichen Fragestellungen behandelt werden. Um den verfassungstheoretischen Duktus dieser Arbeit nicht zu verlassen, wird auch auf die praktische Realisierbarkeit von Erwartungen und Hoffnungen, die von den Interessengruppen an die Implementierung einer selbstverwalteten Justiz geknüpften werden, vordergründig nicht einzugehen sein, punktuell ergänzt in der Kenntnis, dass eine größere Selbständigkeit der Justiz umso eher gerechtfertigt ist, je mehr dazu beigetragen werden kann, den spezifischen Gemeinwohlauftrag tatsächlich zu erfüllen[646].

In einem ersten Schritt sei die Frage erörtert, ob eine Selbstverwaltung der Dritten Gewalt von dem Prinzip der Gewaltenteilung her geboten ist, oder ob sie diesem Prinzip zumindest adäquater entspricht als die bestehende Einbindung der Gerichte in die exekutivisch geprägten Justizverwaltungsstrukturen[647]. Denn vor allem von dieser Prämisse gehen die Forderungen nach mehr Selbstverwaltung aus. Hierbei wird zunächst auf die allgemeine Vereinbarkeit mit dem Gewaltenteilungsgrundsatz einzugehen sein, ehe das Verhältnis von Gewaltenteilung zur Personalauswahl durch Selbstverwaltungsorgane im Speziellen zu untersuchen sein wird.

---

646 So mit Recht Hoffmann-Riem in DRiZ 2003, S. 284, 285.
647 Papier in NJW 2002, S. 2585, 2587.

Anschließend soll in einem zweiten Schritt geprüft werden, ob den vorgesehenen Selbstverwaltungsorganen eine hinreichende demokratische Legitimation zukommt, wobei schwerpunktmäßig die Legitimation von Richterwahlorganen und administrativ tätigen Selbstverwaltungsorganen thematisiert wird. Darauf folgend sind weitere Anliegen der Richterverbände verfassungsrechtlich zu bewerten, so die Forderung nach Einräumung eines eigenen Budget(antrags)-rechtes der Dritten Gewalt und die von der NRV sowie den Richtern in ver.di propagierte Enthierarchisierung der Justiz.

Eine Verbindung zu dem ersten Hauptteil der Arbeit soll letztlich mit einer Darstellung des Verhältnisses von richterlicher Unabhängigkeit bzw. ihrer Legitimationsgrundlage zur Idee justizieller Selbstverwaltung hergestellt werden.

1. Verhältnis zu Gewaltenteilung im Allgemeinen

Da nach geltendem Recht der Dritten Gewalt weder die Befugnis zur Selbstorganisation noch ein umfassendes Recht der Selbstverwaltung zusteht, ist die Exekutive von großem Einfluss auf die Judikative, sieht man von dem Sonderfall der Verfassungsgerichtsbarkeit, der eigene personal- und haushaltsrechtliche Befugnisse zustehen, ab[648]. Die Exekutive steht durch die Justizministerien an der Spitze der Justizverwaltung bzw. Gerichtsorganisation und kann die Dritte Gewalt - wie bereits aufgezeigt - in nicht unerheblichem Maße steuern. Strittig ist, ob dieser Aufbau im Widerspruch zu dem Gewaltenteilungsprinzip steht und ob eine selbstverwaltete Justiz mit der Idee der Gewaltenteilung vereinbar oder gar vorzugswürdig wäre.

Verfehlt erscheint es zunächst, ein Erfordernis justizieller Selbstverwaltung alleine aus dem Trennungsaspekt des Gewaltenteilungsgrundsatzes und somit aus einem singulären, überholten Gewaltenteilungsverständnis[649] herleiten zu wollen. Maßgeblich für die Beantwortung aktueller Rechtsfragen kann nämlich immer nur die konkrete verfassungsgesetzliche Regelung sein. Inhalt und Trag-

---

[648] Wilke in Isensee/Kirchhof, Handbuch des Staatsrechts der BRD, § 112, Rn. 38.
[649] Zum Inhalt des Gewaltenteilungsprinzips im Einzelnen oben, S. 50 ff.

weite des Gewaltenteilungsprinzips ergeben sich dabei über den Wortlaut des Art. 20 Abs. 2 S. 2 GG hinaus, aus der Gesamtheit der staatsorganisationsrechtlichen Bestimmungen und deren systematischem Zusammenhang[650]. Der Grundsatz der organisatorischen Gewaltenteilung ist im Grundgesetz nicht strikt verwirklicht, vielmehr ist die Gewaltenteilung nicht auf absolute Trennung, sondern eben auch auf gegenseitige Kontrolle, Hemmung und Mäßigung der Staatsgewalt angelegt[651]. Es sind nämlich eine politische Machtverteilung und ein Ineinandergreifen der Staatsgewalten gewollt, um die Staatsherrschaft zu mäßigen [652] und hierdurch die Freiheit des Einzelnen zu schützen[653]. Das heißt, dass auch Wechselwirkungen und Verzahnungen zwischen Judikative und Exekutive je nach Konstellation verfassungsrechtlich zulässig, gar gewollt sein können. Eine vollständige oder weitgehende Isolation der Judikative gegenüber den anderen Staatsgewalten hat im Grundgesetz demnach weder explizit noch implizit Niederschlag gefunden, sodass eine Abkopplung der Justizorganisation vom Wirkungsbereich der Verwaltung, unter Berufung auf Gewaltenteilung lediglich im Sinne von Gewaltentrennung, zwangsläufig scheitern muss.

Dies bedeutet jedoch nicht, dass sich ein globales Gewaltenteilungsverständnis nicht zustimmend zu einer Selbstverwaltung der Justiz verhalten kann. Für einen derartigen Gedanken lässt sich vielmehr ergänzend Art. 20 Abs. 3 GG bemühen, der die Rechtsprechung an Gesetz und Recht bindet und auf eine Asymmetrie zwischen den Gewalten angelegt ist[654]. Während die Justiz einerseits an die von den Parlamenten erlassenen Gesetze gebunden ist, der Haushaltsgesetzgebung unterliegt und insoweit dem Parlament untergeordnet ist, hat sie gegenüber der Exekutive einen umfassenden Kontrollauftrag, der sich im

---

650 Papier in NJW 2002, S. 2585, 2587.

651 BVerfGE NJW 1973 S. 451; BVerfGE NJW 1958 S. 97; BVerfGE NJW 1954, S. 65, 68; Leibholz/Rinck/Hesselberger/Burghart, Rspr. des BVerfG, Art. 20, Rz. 461; Jarass in Jarass/Pieroth, Kommentar zum GG für die BRD, Art. 20, Rn. 24; vgl. schon oben, S. 51.

652 BVerfGE NJW 1973 S. 451; BVerfGE NJW 1959, S. 1171; BVerfGE NJW 1958 S. 97; BVerfGE NJW 1954, S. 65, 68; Sachs in Sachs, GG-Kommentar, Art. 20, Rn. 81.

653 Vgl. BVerfGE NJW 1959, S. 1171; Leiholz/Rinck/Hesselberger/Burghart, Rspr. des BVerfG, Art. 20, Rz. 461; Sachs in Sachs, GG-Kommentar, Art. 20, Rn. 81; Jarass in Jarass/Pieroth, Kommentar zum GG für die BRD, Art. 20, Rn. 23.

654 Groß in BJ 2006, S. 248, 250.

Ergebnis auf alle Gerichtszweige erstreckt und zudem durch die verfassungsrechtliche Rechtsschutzgarantie des Art. 19 Abs. 4 GG gesichert ist[655]. Kontrolliert jedoch im bestehenden System der Justizverwaltung der Kontrollierte den Kontrolleur, lässt sich die Gefahr der Negierung eines effektiven Rechtsschutzes in obigem Sinne nicht von der Hand weisen.

In diese Richtung lässt sich wohl auch die Rechtsprechung des Bundesverfassungsgerichtes deuten. Das Bundesverfassungsgericht hat bereits in einer seiner ersten Entscheidungen betont, dass der Unabhängigkeit der Rechtspflege als einem der wesentlichen Grundsätze unseres Staatsaufbaus im Hinblick auf die Erfahrungen während der nationalsozialistischen Gewaltherrschaft erhöhte Bedeutung zukommt[656]. In anderem Kontext hat es kurz darauf bezüglich der Gerichtsbarkeit insgesamt ausgeführt, dass „die ressortmäßige Gebundenheit der Richter in der so genannten Justizverwaltung schwere Gefahren für die richterliche Unabhängigkeit heraufbeschwört"[657]. Die Gerichte müssten selbständig, vor allem organisatorisch hinreichend von den Verwaltungsbehörden getrennt und von diesen unabhängig sein[658]. Zudem stelle die Verfassung an die Trennung der Justiz von der Verwaltung strenge Anforderungen[659] und eine dem Art. 19 Abs. 4 GG genügende Rechtsprechung könne nur erfolgen, wenn Gerichte als besondere, von der vollziehenden Gewalt getrennte Organe ausgestaltet sind[660]. Diese Notwendigkeit der umfassenden gerichtlichen Überprüfung von Akten öffentlicher Gewalt, die Rechte der Bürger berühren, hat das Bundesverfassungsgericht erst kürzlich wieder betont[661].

Es ist damit offensichtlich, dass jeder schon nur indirekte Einfluss der Exekutive auf die Justiz, verstanden als ihren Kontrolleur, verfassungsrechtlich problematisch ist und besonderer Rechtfertigung bedarf. Folglich ist aus dem Gewalten-

---

[655] Vgl. schon oben, S. 83 ff.; ferner Groß in BJ 2006, S. 248, 250; Groß in ZRP 1999, S. 361.
[656] BVerfGE 2, S. 307, 320; vgl. auch die Ausführungen von Brunn in BJ 2005, S. 32, 37.
[657] JöR, Neue Folge, Bd. 6 (1957), S. 194, 204 (Fn. 29).
[658] BVerfGE NJW 1970, S. 1227, 1228; BVerfGE NJW 1965, S. 343, 344.
[659] BVerfGE NJW 1960, S. 187, 188.
[660] BVerfGE NJW 1956, S. 137, 138.
[661] Vgl. BVerfGE NJW 2005, S. 2289, 2294, 2295 bzgl. des europäischen Haftbefehlsgesetzes.

teilungsprinzip abzuleiten, dass die Judikative auch unbeschadet gegenseitiger „checks and balances" möglichst wenig von der Exekutive abhängig sein darf[662].

2. Verhältnis zu Gewaltenteilung im Speziellen

Wenn auch in den Kontext des Gewaltenteilungsprinzips einzubetten, soll die verfassungsrechtliche Umsetzbarkeit einer Personalauswahl durch Selbstverwaltungsorgane aufgrund ihrer in der aktuellen Debatte hervorgehobenen Bedeutung an dieser Stelle separat thematisiert werden. Soweit bisher eine Vereinbarkeit von Gewaltenteilung und Selbstverwaltung festgestellt werden konnte, stellt sich die Frage, ob sich diese auch auf die Berufung des richterlichen Personals durch reine Judikativorgane bzw. jedenfalls durch exekutivfremde Organe übertragen lässt.

Zunächst vermag schon ein kursorischer Exkurs auf die Entstehung des aktuellen Systems der Richtergenese zu verdeutlichen, dass die Auswahl und Beförderung der Richter durch die Exekutive dem Obrigkeitsstaat entstammt und der absolutistischen Konzentration der Staatsgewalt im Monarchen verhaftet ist[663].

Nach den verheerenden Justizerfahrungen während der NS-Herrschaft gab es bei Schaffung des Grundgesetzes einen politischen Willen zur Realisierung eines neuen Richtertypen, der von einer Beamtenrechtslaufbahn unabhängig, hervorgehoben besoldet und in seiner speziellen Stellung auch rechtlich herausgehoben werden sollte[664]. So hat auch das Grundgesetz in den Art. 20 Abs. 2 S. 2, 92, 97, 98 Abs. 1 GG verfassungsrechtliche Vorkehrungen getroffen, die die Stellung der Judikative als eigenständige Staatsgewalt gegenüber Exekutive sowie Legislative betonen und den Status des einzelnen Richters sichern. Das grundgesetzliche Gebot einer spezialgesetzlichen Regelung des richterlichen Amts- und Dienstrechtes nach Art. 98 GG ist dabei Folge und Ausdruck der be-

---

[662] Groß in BJ 2006, S. 248, 250.
[663] Vgl. schon oben S. 7 f., 13 ff.; ferner Groß in ZRP 1999, S. 361, 362 m.w.N.
[664] Schulze-Fielitz in Dreier, GG-Kommentar, Art. 98, Rn. 3, 4 m.w.N.; Meyer in v. Münch/Kunig, GG-Kommentar, Art. 98 Rn. 5.

sonderen verfassungsrechtlichen Rechtsstellung der Richter[665], die sich nach Vorstellung des Grundgesetzes grundlegend von der Rechtsstellung der Beamten unterscheidet[666]. Dementsprechend ist eine je eigene Ordnung der Rechtsverhältnisse von Richtern und Beamten von Verfassungs wegen gerechtfertigt und geboten. Vor diesem Hintergrund stellt die vorgenommene, weitestgehende Gleichbehandlung von Richtern und Beamten bei deren Auswahl oder Beförderung eine verfassungsrechtlich begründungsbedürftige Ausnahme dar, so dass es schon insofern keinen funktionalen Grund dafür gibt, die Anstellung von Richtern dem Tätigkeitsbereich der Exekutive zuzuordnen[667].

Während die Rekrutierung von Beamten für den hierarchisch gegliederten Behördenapparat - unter Beachtung des Art. 33 GG - behördenintern seitens der Exekutive von oben nach unten erfolgt, lässt sich eine derartige Prozedur nicht pauschal auf die Richterschaft übertragen. Richter sind weder weisungsabhängig, noch in den Behördenaufbau der Exekutive integriert. Vielmehr legt die grundgesetzliche Konzeption der Rechtsprechung als eigenständige Gewalt - vgl. Art. 20 Abs. 2 S. 2 GG, konkretisiert durch Art. 92 GG - den Schluss nahe, dass sie auch in organisatorischer Hinsicht[668] und damit auch, soweit dies mit den übrigen Verfassungsprinzipien des Grundgesetzes vereinbar ist, bezüglich der Personalauswahl eigenständig sein muss.

Soweit *Papier* daher anführt, dass sich das Grundgesetz durch eine vielfältige Verschränkung und ein differenziertes Zusammenwirken der Staatsgewalten auszeichne und es zu den typischen Mitteln der Mäßigung der Staatsgewalt gehöre, dass die Amtswalter einer Teilgewalt durch Funktionsträger einer ande-

---

665 Vgl. Art. 92 1. Hs. GG: „Die rechtsprechende Gewalt ist (allein) den Richtern anvertraut".

666 Heusch in Schmidt-Bleibtreu/Hofmann/Hopfauf, GG-Kommentar, Art. 98, Rn. 1, 2; Detterbeck in Sachs, GG-Kommentar, Art. 98, Rn. 6; Meyer in v. Münch/Kunig, GG-Kommentar, Art. 98 Rn. 5 kritisch zur praktischen Umsetzung des richterlichen Amts- und Dienstrechtes im DRiG und den LRiG.

667 Groß in ZRP 1999, S. 361, 362.

668 Weber-Grellet in ZRP 2007, S. 153, 155; Hoffmann-Riem in DRiZ 2003, S. 284, 291 befürchtet bei vorrangiger richterlicher Verantwortung der Personalressourcen die Verwirklichung des Risikos, Selbstergänzungen nach dem eigenen Ebenbild zu produzieren und dies anschließend argumentativ unter Rückgriff auf die ausfüllungsbedürftigen Begriffe der Eignung und Leistung zu rechtfertigen.

ren Teilgewalt vorgeschlagen, gewählt oder ernannt und schließlich kontrolliert werden[669], stellt sich dies jedenfalls im Hinblick auf die Auswahl der Richter durch Exekutivorgane nicht als zwingende Folgerung aus dem Gewaltenteilungsprinzip, sondern eher als vergessenes, vorkonstitutionelles Relikt dar.

Indes setzen einige verfassungsrechtliche Bestimmungen, vor allem die Art. 95 Abs. 2 GG und Art. 98 Abs. 4 GG betreffend der Richterernennung, der Forderung nach mehr Selbstständigkeit für die Dritte Gewalt gewisse Schranken. Sowohl das Richterwahlverfahren nach Art. 95 Abs. 2 GG, als auch das Anstellungsverfahren nach Art. 98 Abs. 4 GG - letzteres nur, wenn die Länder von der Regelung Gebrauch machen - bestimmen, dass über die Anstellung der Richter der jeweilige Minister zusammen mit einem Richterwahlausschuss entscheiden kann. Die Letztentscheidungskompetenz steht dabei alleine dem der Exekutive zuzuordnenden Minister zu[670]. Insoweit bedürfte es im Hinblick auf eine Neugestaltung des Richterwahlverfahrens ohne Exekutivbeteiligung jedenfalls der Änderung dieser Bestimmungen und demnach einer Verfassungsänderung.

Von dieser Schranke abgesehen, ist das Gewaltenteilungsprinzip, da es in hohem Maße auf Konkretisierung angewiesen ist, so inhaltsoffen, dass sich - unter dem Blickwinkel dieses Prinzips - Spielräume für Kompetenzverlagerungen ergeben können[671]. Selbst die vorerwähnte Schranke der Verfassungsänderung erweist sich bei genauer Betrachtung aus Sicht des Gewaltenteilungsprinzips nicht als Hinderungsgrund einer Reformierung des Richterwahlverfahrens. Das Grundgesetz ist seit seiner Einführung in über 50 Änderungen fortentwickelt worden[672]. Der Gesetzgeber hat durch Verfassungsänderungen im Rahmen des vorgeschriebenen Verfahrens nach Art. 79 Abs. 1, Abs. 2 GG immer wieder politischen, gesellschaftlichen und ökonomischen Entwicklungen Tribut gezollt. Ein nicht unwesentlicher Teil der Änderungen wies hierbei eine organisatorische bzw. kompetenzverlagernde Dimension auf, führte so zu zahlreichen Erweite-

---

669 Papier in NJW 2002, S. 2585, 2587.
670 BVerfGE NJW 1998, S. 2590, 2592; Hillgruber in Maunz/Dürig, GG-Kommentar, Art. 97, Rn. 112; vgl. Art. 95 Abs. 2 GG und Art. 98 Abs. 4 GG.
671 So auch Papier in NJW 2002, S. 2585, 2588.
672 Vgl. Jarass in Jarass/Pieroth, Kommentar zum GG für die BRD, Einleitung, Rn. 3.

rungen der Gesetzgebungskompetenz des Bundes sowie der Beteiligung des Bundesrates an der Bundesgesetzgebung und erlaubte im Zusammenhang mit dem „großen Lauschangriff", bei Gefahr in Verzug gar ohne präventive richterliche Kontrolle, eine weitgehende Ausweitung exekutiver Eingriffsbefugnisse verbunden mit einer Einschränkung des Art. 13 GG[673].

Die Änderung des Richterwahlverfahrens im Sinne einer selbstverwalteten Justiz könnte sich vor diesem Hintergrund nahtlos in die Reihe bisheriger Verfassungsänderungen einfügen, zumal sie auch nicht mit den Vorgaben der Ewigkeitsgarantie des Art. 79 Abs. 3 GG kollidiert. Die Schranke der Verfassungsänderung ist damit, soweit sie nicht bei Durchführung des Änderungsverfahrens am Veto von Bundestag oder Bundesrat scheitert, lediglich eine theoretische.

3. Demokratieprinzip und Selbstverwaltungsorgane

Wesentlich für eine neue Organisationsstruktur im Sinne justizieller Selbstverwaltung ist nach sämtlichen aufgezeigten Selbstverwaltungsmodellen, dass die Justizverwaltung in weiten Teilen nicht mehr in den Kompetenzbereich der Justizministerien fallen soll - beispielsweise die Verwaltung der sachlichen und personellen Ressourcen sowie das Gesamtbudgetierungsrecht - sondern einem rein administrativ tätigen Selbstverwaltungsorgan (Justizverwaltungsrat bzw. Gerichtsbarkeitsrat) zugeordnet wird. Darüber hinaus sollen sämtliche Personalentscheidungen für den Bereich der Dritten Gewalt nicht mehr durch die Ministerien, sondern in Selbstverwaltung getroffen werden.

Indes divergieren hierbei die Lösungsansätze der einzelnen Selbstverwaltungsmodelle, da insoweit nach dem Zwei-Säulen-Modell des DRB wiederum das vorgenannte administrativ tätige Selbstverwaltungsorgan - um den Terminus des DRB aufzugreifen, der „Justizverwaltungsrat" - zuständig wäre, hingegen nach den Modellen der NRV und der Richter in ver.di ein danebenstehender Richterwahlausschuss. Letztlich sollen diese Organe die bestehenden Justizministerien bzw. die für die besonderen Gerichtsbarkeiten zuständigen jeweiligen

---

[673] Zu den Verfassungsänderungen Sachs in Sachs, GG-Kommentar, Einführung, Rn. 22 ff.

Fachministerien fast vollständig aus ihren bisherigen Aufgaben verdrängen und auch organisatorisch aus der Ministerialverwaltung abgetrennt werden.

Es stellt sich die Frage, ob derart weitgehende Veränderungen der Justizstruktur mit dem Demokratieprinzip des Grundgesetzes, insbesondere mit dem Prinzip der Volkssouveränität nach Art. 20 Abs. 2 S. 1 GG - „alle Staatsgewalt geht vom Volke aus" - und mit den daraus folgenden Grundsätzen der demokratischen Organisation und Legitimation der Staatsgewalt[674], vereinbar sind.

Das Prinzip der Volkssouveränität wird von einem doppelten Gedanken getragen: politische Herrschaftsgewalt bzw. die Wahrnehmung staatlicher Aufgaben und die Ausübung staatlicher Befugnisse ist nicht einfach vorgegeben und hinzunehmen, sie bedarf vielmehr einer rechtfertigenden Herleitung (Legitimation) und diese Legitimation kann nur vom Volk selbst, nicht von einer Instanz außerhalb des Volkes, ausgehen[675]. Damit hat demokratische Legitimation zum Ziel, einen effektiven Einfluss des Volkes auf die Ausübung der Staatsgewalt zu bewirken und sicherzustellen. Da Rechtsprechung nach Art. 20 Abs. 2 S. 2 GG Ausübung von Staatsgewalt ist, müssen folglich auch die „besonderen Organe der Rechtsprechung", durch die Staatsgewalt (Legitimationsobjekt) ausgeübt wird, eine Rückkopplung an das Volk (Legitimationssubjekt) erfahren und ihre Entscheidungen im Bereich der Justiz wirksamer demokratischer Kontrolle unterliegen, mithin einen hinreichend engen Legitimationszusammenhang zu dem durch die Wahlen bekundeten Volkswillen aufweisen[676].

Ob dies der Fall ist, beurteilt das Bundesverfassungsgericht anhand der Effektivität der demokratischen Legitimation, die ein bestimmtes Legitimationsniveau erfordert[677]. Zur Feststellung des Gehaltes demokratischer Legitimation werden dabei verschiedene Legitimationsformen herangezogen, nämlich die funktio-

---

674 Papier in NJW 2002, S. 2585, 2589.
675 BVerfGE NVwZ 2003, S. 974, 975; BVerfGE NVwZ 1996, S. 574; BVerfGE NJW 1991, S. 159, 160; Böckenförde in Isensee/Kirchhof, Handbuch des Staatsrechts der BRD, § 24, Rn. 3, 11.
676 Sachs in Sachs, GG-Kommentar, Art. 20, Rn. 35; Voßkuhle/Sydow in JZ 2002, S. 673, 675.
677 BVerfGE NVwZ 2003, S. 974, 975; BVerfGE NVwZ 1996, S. 574; BVerfGE NJW 1991, S. 159.

nell-institutionelle, die personelle und die sachlich-inhaltliche Legitimation[678]. Allerdings schreibt Art. 20 Abs. 2 GG bestimmte Legitimationsformen als solche nicht vor, sondern fordert lediglich einen bestimmten Gehalt an demokratischer Legitimation staatlichen Handelns, für den die einzelnen Legitimationsformen als zusammenwirkende Bausteine herangezogen werden[679].

Daher soll unter Zugrundelegung dieser Einzelkomponenten nachfolgend aufgezeigt werden, unter welchen Voraussetzungen im Hinblick auf eine Selbstverwaltung der Justiz ein bestimmtes, dem Demokratieprinzip genügendes Legitimationsniveau erreicht werden kann.

a. Funktionell-institutionelle Legitimation von Selbstverwaltungsorganen

Von funktioneller und institutioneller demokratischer Legitimation wird im Hinblick darauf gesprochen, dass der Verfassungsgeber selbst die gesetzgebende, vollziehende und rechtsprechende Gewalt als je eigenständige Funktionen und Organe (Gewalten im organisatorischen Sinn) verfassungsrechtlich konstituiert hat, durch die das Volk die von ihm ausgehende Staatsgewalt im Sinne des Art. 20 Abs. 2 GG ausübt[680]. Das und der daraus folgende Umstand, dass außer dieser Grundaussage üblicherweise keine weiteren Anforderungen und Konsequenzen für die demokratische Legitimation gezogen werden, unterscheidet sie von den anderen beiden Legitimationsformen[681]. Grundsätzlich besitzen damit sämtliche Zweige der Staatsgewalt - Legislative, Exekutive und Judikative - institutionelle und funktionelle demokratische Legitimation[682]. So wird die funktio-

---

[678] BVerfGE NVwZ 1996, S. 574, 575; BVerfGE NJW 1991, S. 159, 160; ferner Sachs in Sachs, GG-Kommentar, Art. 20, Rn. 35; Böckenförde in Isensee/Kirchhof, Handbuch des Staatsrechts der BRD, § 24, Rn. 14.

[679] BVerfGE NVwZ 2003, S. 974, 975; Böckenförde in Isensee/Kirchhof, Handbuch des Staatsrechts der BRD, § 24, Rn. 14; Voßkuhle/Sydow in JZ 2002, S. 673, 675.

[680] BVerfGE NJW 1979, S. 359, 360; Böckenförde in Isensee/Kirchhof, Handbuch des Staatsrechts der BRD, § 24, Rn. 15; Papier in NJW 2002, S. 2585, 2589.

[681] Dreier in Dreier, GG-Kommentar, Art. 20 (Demokratie), Rn. 114 m.w.N.

[682] BVerfGE NJW 1985, S. 603, 605; BVerfGE NJW 1979, S. 359, 360; Sachs in Sachs, GG-Kommentar, Art. 20, Rn. 35.

nell-institutionelle Legitimation der Rechtsprechung verfassungsunmittelbar durch die Art. 92 ff. GG gewährleistet[683].

Zwar betreffen die mit einer Selbstverwaltung einhergehenden Kompetenzverlagerungen von der Exekutive auf die Justiz auch die funktionell-institutionelle Legitimation der Zweiten Gewalt, sie dürften jedoch die Exekutive insgesamt nicht in ihrem Kernbereich berühren[684]. Das Erfordernis funktionell-institutioneller demokratischer Legitimation staatlichen Handelns steht damit der Einführung einer selbstverwalteten Justiz nicht entgegen.

b. Legitimation von Richterwahlorganen

Bei der Legitimation judikativen Handelns ist zwischen der Ausübung und der Übertragung richterlicher Gewalt zu unterscheiden. Während die Frage nach der Legitimation für die Ausübung von Rechtsprechung durch unabhängige Richter schon erörtert worden ist[685], bleibt bezüglich der Übertragung richterlicher Gewalt festzuhalten, dass als Anknüpfungspunkt für eine Legitimation, die den Richter an das Volk zurückbindet, nur der Mechanismus der Personalauswahl in Betracht kommt[686]. Die Legitimationsbedürftigkeit der Personalentscheidung ergibt sich hierbei aus der damit übernommenen Verantwortung für die Eignung der ausgewählten Person zu einer funktionsgerechten Ausübung des Richteramtes und der dadurch begründeten Entscheidungsgewalt in richterlicher Unabhängigkeit[687].

Die Legitimation der Mitglieder eines für die Personalauswahl zuständigen, selbstverwalteten Richterwahlorganes hängt von der Form seiner Bestellung ab[688]. Bereits aufgezeigt worden ist, dass nach geltendem Verfassungsrecht die

---

[683] Vgl. Dreier in Dreier, GG-Kommentar, Art. 20 (Demokratie), Rn. 143 m.w.N.; Tschentscher, Demokratische Legitimation der Dritten Gewalt, S. 186, 263, 264.
[684] Papier in NJW 2002, S. 2585, 2589.
[685] Vgl. insoweit oben, S. 124 f.
[686] Groß in ZRP 1999, S. 361, 362.
[687] Groß in DRiZ 2003, S. 298, S. 301; Groß in ZRP 1999, S. 361, 362, 363.
[688] Papier in NJW 2002, S. 2585, 2589.

Einstellung von Richtern gemäß Art. 98 Abs. 4 GG gegen den Willen des parlamentarisch verantwortlichen Ministers nicht möglich ist, dass insoweit aber eine Verfassungsänderung denkbar und möglich erscheint. Unabhängig von der speziellen Vorschrift des Art. 98 Abs. 4 GG unterliegen die an Personalentscheidungen mitwirkenden Organe und Amtswalter aber dem allgemeinen Erfordernis der personellen demokratischen Legitimation; dies betrifft insbesondere die Mitwirkung der Richterschaft, sei es durch einen Justizverwaltungsrat oder durch von den Richtern gewählte Mitglieder eines Wahlausschusses[689]. Inhaltlich ist ein Amtswalter nur dann personell demokratisch legitimiert, wenn er sein Amt im Wege einer Wahl durch das Volk oder das Parlament oder aber dadurch erhalten hat, dass er durch einen seinerseits personell legitimierten, „unter Verantwortung gegenüber dem Parlament" handelnden Amtsträger oder mit dessen Zustimmung bestellt worden ist[690].

Das Demokratieprinzip verlangt demnach zur Erfüllung des Amtsauftrages, dass die Letztentscheidung eines dem Parlament verantwortlichen Entscheidungsträgers gesichert ist[691]. Auf Grund der persönlichen Unabhängigkeit der Richter aus Art. 97 Abs. 2 GG fehlt es aber an einer solchen effektiven parlamentarischen Verantwortlichkeit soweit Richter Personalentscheidungen treffen[692]. Eine korporative Autonomie der Justiz bei der Richterberufung, mithin die Auswahl durch ein Gremium, das rein aus von der Richterschaft gewählten Mitgliedern besteht, kommt mangels hinreichender Legitimation der ihm zugewiesenen Personalentscheidungen folglich nicht in Betracht.

---

689 Papier in NJW 2002, S. 2585, 2590.

690 BVerfGE NVwZ 1996, S. 574, 575; BVerfGE NJW 1991, S. 159, 160; BVerfGE NJW 1988, S. 890, 891; in Bezug auf eine Selbstverwaltung der Justiz Hopfauf in Schmidt-Bleibtreu/ Hofmann/Hopfauf, GG-Kommentar, Vorb. v. Art. 92, Rn. 35; Schnapp in v. Münch/Kunig, GG-Kommentar, Art. 20, Rn. 20; zum Erfordernis durchgängiger Legitimationsketten zu den mit staatlichen Aufgaben betrauten Organen und Amtswaltern vgl. bereits oben, S. 115 ff.

691 Hofmann in Schmidt-Bleibtreu/Hofmann/Hopfauf, GG-Kommentar, Art. 20, Rn. 44.

692 Papier in NJW 2002, S. 2585, 2590; eindringlicher Wassermann in Alternativkommentar zum Grundgesetz, Art. 92, Rn. 14: die Staatsgewalt gehe nach Art. 20 Abs. 2 S. 1 GG vom Volke aus. Damit sei nicht ein neuer Typ von Demokratie geschaffen worden, in dem sich die Richterschaft als Stand formieren und einen „Staat im Staat" bilden könne und die Staatsgewalt vom Volke und von den Gerichten ausgehe; weitere Nachweise gegen ein reines Kooptationsverfahren bei Voßkuhle/Sydow in JZ 2002, S. 673, 677; Berlit in DRiZ 2003, S. 292, 293.

Differenzierter verhält es sich indessen bei der Richterberufung durch richterlich-parlamentarische Mischwahlorgane bzw. durch Richterwahlausschüsse, wie sie von der NRV und den Richtern in ver.di direkt und durch den DRB indirekt - mit der Wahl des für Personalentscheidungen zuständigen Justizverwaltungsrates durch den mehrheitlich parlamentarischen Justizwahlausschuss - vorgeschlagen werden. Soweit die Zulässigkeit derartiger Kollektivorgane unter Verweis auf die grundsätzliche Frage, ob die demokratische Legitimation staatlichen Handelns alle an den Entscheidungen eines bestimmten Organes irgendwie Beteiligten umfassen muss, oder nur die Entscheidung des Organes als solche legitimieren muss[693] in Frage gestellt wird, sei auf die diesbezügliche Rechtsprechung des Bundesverfassungsgerichtes verwiesen. Danach erhält der, von einem nur teils aus personell legitimierten Amtsträgern zusammengesetzten Gremium, zu Bestellende volle demokratische Legitimation für sein Amt dadurch, dass die die Entscheidung tragende Mehrheit sich ihrerseits aus der Mehrheit unbeschränkt demokratisch legitimierter Mitglieder des Kreationsorganes ergibt[694]. Im Ergebnis wird dem Erfordernis personeller demokratischer Legitimation hinreichend genügt, wenn so viele die jeweilige Richterberufung unterstützende Mitglieder eines Kollegialorganes über eine individuelle demokratische Legitimation verfügen, dass dadurch die Entscheidung des Organes als solche ihre Legitimation erhält[695]. Damit ist ein Übergewicht bzw. eine einfache Mehrheit der demokratisch legitimierten Mitglieder ausreichend. Für die einzelnen Selbstverwaltungsmodelle führt dies zu den folgenden Ausführungen:

Nach dem Modell der NRV bestehen die für die Auswahl und die endgültige Einstellung von Richtern zuständigen Richterwahlausschüsse aus fünfzehn Mitgliedern, die sich jeweils zu zwei Dritteln aus vom Parlament gewählten Parlamentariern (zehn Mitglieder) und zu einem Drittel aus von der Richterschaft

[693] Vgl. zum Streitstand Böckenförde in Isensee/Kirchhof, Handbuch des Staatsrechts der BRD, § 24, Rn. 17 ff. m.w.N.

[694] BVerfGE NVwZ 1996, S. 574, 575.

[695] Böckenförde in Isensee/Kirchhof, Handbuch des Staatsrechts der BRD, § 24, Rn. 19; Papier in NJW 2002, S. 2585, 2591; im Umkehrschluss Dreier in Dreier, GG-Kommentar, Art. 20 (Demokratie), Rn. 143 m.w.N., für den eine Richtermehrheit keine hinr. demokratische Legitimation vermittelt.

gewählten richterlichen Mitgliedern (fünf Mitglieder) zusammensetzen. Die hieraus resultierende parlamentarische 2/3 Mehrheit bedingt innerhalb des Gremiums grundsätzlich eine Überzahl derjenigen Mitglieder, die über eine individuelle demokratische Legitimation verfügen, sodass auch die Letztentscheidung der dem Parlament verantwortlichen Entscheidungsträger im Sinne durchgängiger Legitimationsketten prinzipiell gesichert werden kann. Gleichwohl vermag nicht jede denkbare Mehrheit innerhalb eines Richterwahlausschusses auf Grundlage des NRV-Modells zu einem hinreichenden Legitimationsniveau zu führen. Ein Defizit besteht etwa immer dort, wo weniger als acht parlamentarische Mitglieder des 15-köpfigen Richterwahlausschusses eine bestimmte Richterberufung tragen. Dies gilt selbst dann, wenn zusätzlich alle fünf richterlichen Mitglieder des Gremiums, mithin insgesamt zwölf der fünfzehn Abstimmungsberechtigten eine bestimmte Personalentscheidung herbeizuführen suchen. Denn in derartigen Fällen kann trotz evident überwiegender Mehrheit innerhalb des Richterwahlausschusses nicht die erforderliche demokratische Legitimation bzw. Kontrolle der getroffenen Entscheidung gewährleistet werden.

Die vorgenannten Erwägungen können auf das ver.di-Konzept direkt übertragen werden. Nach diesem Modell sind parlamentarische Richterwahlausschüsse, soweit noch nicht vorhanden, auf Landesebene einzuführen bzw. auch mit Richtern zu besetzen, die auf Vorschlag der Richterschaft vom Parlament gewählt werden. Geht man verständigerweise davon aus, dass auch hier ein Übergewicht der parlamentarisch bestellten und verantwortlichen Mitglieder bestehen soll, können wiederum unter Beachtung der vorstehenden Erwägungen zum NRV-Modell aus demokratie-prinziplicher Perspektive keine generellen Einwendungen erhoben werden.

Grundlegende verfassungsrechtliche Bedenken erheben sich jedoch im Hinblick auf die personelle Legitimation von Richterwahlorganen, soweit man das Zwei-Säulen-Modell des DRB zugrunde legt. Abweichend von der Konzeption der Modelle von NRV und ver.di, bei denen sowohl ein administrativ tätiges Selbstverwaltungsorgan als auch je ein selbständiger, für die Richterauswahl zuständiger, Richterwahlausschuss vorgesehen ist, hat sich der DRB dazu entschieden, sämtliche Verwaltungsaufgaben ausschließlich in einem Organ, dem Justizverwaltungsrat, zu zentrieren. Der Justizverwaltungsrat soll aus mindestens je einem Mitglied aus jeder Gerichtsbarkeit und der Staatsanwaltschaft bestehen, mithin nur parlamentsexterne Personen umfassen. Gewählt werden die Mitglieder des Justizverwaltungsrates durch einen Justizwahlausschuss. Dieser ist paritätisch, je zur Hälfte mit gewählten Richtern und bzw. oder Staatsanwälten und zur Hälfte mit Parlamentariern zu besetzen. Vorsitzender des Justizwahlausschusses ist der Parlamentspräsident, der in einer Pattsituation die erforderliche Stimmenmehrheit herstellt. Durch seine Letztentscheidungsbefugnis wird zugleich die personelle demokratische Legitimation des Justizwahlausschusses direkt hergestellt, da insofern in Zweifelsfällen die positive parlamentarische Überzahl und in der Folge die parlamentarische Verantwortlichkeit des Justizwahlausschusses als Ganzes direkt gesichert wird.

Hingegen kommt eine direkte personelle Legitimation des Justizverwaltungsrates im Hinblick auf richterliche Personalentscheidungen mangels Teilhabe von dem Parlament verantwortlichen Parlamentariern in diesem Organ nicht in Betracht. Eine direkte Legitimation kann auch nicht dadurch konstruiert werden, dass der Justizverwaltungsrat durch den Justizwahlausschuss, also durch ein demokratisch legitimiertes Kollektivorgan gewählt wird. Zwar ist aufgezeigt worden, dass das Bundesverfassungsgericht die Vermittlung personeller demokratischer Legitimation auch durch Gremien annimmt, die sich - wie im Übrigen bei allen Selbstverwaltungsmodellen - nur teilweise aus personell legitimierten (parlamentarischen) Mitgliedern zusammensetzen. Allerdings kann auch dann eine direkte personelle demokratische Legitimation des Justizverwaltungsrates bei richterlichen Personalentscheidungen nur in Betracht kommen, wenn die die Entscheidung tragende Mehrheit des Rates sich ihrerseits aus einer Mehrheit unbeschränkt so legitimierter Mitglieder des Kreationsorganes ergibt, die ihrerseits bei der Entscheidung zur Bestellung eines Amtsträgers parlamentarisch verantwortlich handeln [696]. Diese Voraussetzung ist bei dem rein mit Rich-

[696] BVerfGE NVwZ 1996, S. 574, 575; BVerfGE 107, S. 59, 88; a. A. Weber-Grellet in ZRP 2007, S. 153, 155.

tern (und Staatsanwälten) besetzten Justizverwaltungsrat mangels direkter parlamentarischer Verantwortlichkeit aber - wie vorerwähnt - nicht erfüllt.

Vielmehr dürfte allenfalls der seinerseits demokratisch legitimierte Justizwahlausschuss dem Justizverwaltungsrat eine indirekte personelle Legitimation als Legitimationsmittler vermitteln, da über ihn eine parlamentarische Verantwortlichkeit für das Handeln bzw. für die Personalauswahl des Justizverwaltungsrates statuiert werden kann. Insoweit besteht im Vergleich zu den Richterwahlausschüssen im Sinne des NRV-und ver.di-Modells, deren direkte Verantwortlichkeit gegenüber dem Parlament gesichert ist, ein Legitimationsdefizit. Das vorgesehene Recht zur Ausübung der Dienstaufsicht des jeweiligen Landtagspräsidenten als Vorsitzendem eines Justizwahlausschusses vermag dies wegen der persönlichen Unabhängigkeit der richterlichen Mitglieder des Justizverwaltungsrates allenfalls eingeschränkt zu kompensieren. Auch hat der Landtagspräsident nur Exekutivfunktionen in Bezug auf den Landtag und ist kein Organ um eine parlamentarische Verantwortung für andere - nach geltendem Verfassungsrecht - Exekutivfunktionen wahrzunehmen[697].

Ob eine lediglich indirekte personelle demokratische Legitimation verfassungsrechtlichen Vorgaben genügen kann, hängt entscheidend davon ab, welche Anforderungen an das zu erreichende Gesamtlegitimationsniveau zu stellen sind.

Zu berücksichtigen gilt es hierbei, dass bei der vorzunehmenden Globalbetrachtung zugleich die sachlich-inhaltliche Komponente demokratischer Legitimation tangiert wird, die durch Gesetzesbindung und parlamentarische Kontrolle staatlichen Handelns wesentlich darauf zielt, die Ausübung der Staatsgewalt ihrem Inhalt nach vom Willen des Volkes herzuleiten[698]. Zwar bewirkt die personelle Legitimation für sich genommen, dass die Personen bzw. die Entscheidungsträger, die Staatsgewalt ausüben, ihrer Einsetzung nach vom Volk her legitimiert sind, darüber hinaus sichert aber die sachlich-inhaltliche Legitimation, dass kei-

[697] Brockmeyer in Schmidt-Bleibtreu/Hofmann/Hopfauf, GG-Kommentar, Art. 97, Rn. 19.
[698] Hopfauf in Schmidt-Bleibtreu/Hofmann/Hopfauf, GG-Kommentar, Einl., Rn. 125; Sachs in Sachs, GG-Kommentar, Art. 20, Rn. 41; Dreier in Dreier, GG-Kommentar, Art. 20 (Demokratie), Rn. 116.

ne vom Volkswillen unabhängige Herrschaftsgewalt hervorgehen kann, indem sie die Bindung an den demokratischen Gesetzgeber und seine Gesetze sowie die unmittelbare oder mittelbare Verantwortlichkeit gegenüber dem Volk oder dem Parlament verlangt[699]. Sie kann eine verfassungsrechtlich zulässige Einschränkung wegen Weisungsunabhängigkeit des Organes oder seiner Mitglieder erfahren, wenn die Maßgeblichkeit des demokratischen Willens sichergestellt und eine funktionelle Rechtfertigung gegeben ist, was insbesondere der Fall ist, wenn die effektive Aufgabenwahrnehmung eine gewisse Staatsferne bedingt[700].

Diese Staatsferne wird für die effektive Ausübung von Rechtsprechung jedoch nicht durch das Richterwahlverfahren, sondern mit der verfassungsrechtlichen Garantie richterlicher Unabhängigkeit erreicht, sodass jedenfalls eine solche Einschränkung der sachlich-inhaltlichen Legitimation ausscheidet.

Da beide Legitimationsformen auf eine effektive demokratische Legitimation bezogen sind, sind sie miteinander verzahnt und können sich in gewissem Umfang substituieren, solange das geforderte Legitimationsniveau bestehen bleibt[701]. Ungeachtet der aufgezeigten Bedenken verlangt das Demokratieprinzip nämlich lediglich, dass die einzelnen komplementären Legitimationsbausteine insgesamt ein hinreichendes Legitimationsniveau erreichen, wobei dieses Legitimationsniveau bei den verschiedenen Erscheinungsformen von Staatsgewalt im allgemeinen und der vollziehenden Gewalt im besonderen unterschiedlich ausgestaltet sein kann[702].

Bei richterlicher Personalauswahl durch den Justizverwaltungsrat und damit de facto durch Richter selbst besteht jedoch stets das Risiko, bei der Richtergenese die gesellschaftliche Pluralität nur ausschnitthaft abzubilden und die ausfül-

---

699 Böckenförde in Isensee/Kirchhof, Handbuch des Staatsrechts der BRD, § 24, Rn. 23; Dreier in Dreier, GG-Kommentar, Art. 20 (Demokratie), Rn. 116; Papier in NJW 2002, S. 2585, 2589.
700 Sommermann in v. Mangoldt/Klein/Starck, Bonner GG-Kommentar, Art. 20, Rn. 179.
701 Vgl. Böckenförde in Isensee/Kirchhof, Handbuch des Staatsrechts der BRD, § 24, Rn. 23 m.w.N.; Sommermann in v. Mangoldt/Klein/Starck, Bonner GG-Kommentar, Art. 20, Rn. 179.
702 BVerfGE NVwZ 1996, S. 574, 575; BVerfGE NJW 1991, S. 159, 160; Weber-Grellet in ZRP 2007, S. 153, 155.

lungsfähigen und -bedürftigen Qualitätskriterien des Art. 33 Abs. 2 GG zugunsten einer Ämterpatronage zweckzuentfremden; die direkte und mehrheitliche Beteiligung von justizexternen, parlamentarisch kontrollierbaren Mitgliedern bei der Richterauswahl ist daher auch als Mittel zur Sicherung einer ausbalancierten, plural ausgerichteten - in richterlicher Unabhängigkeit agierenden - Richterschaft und als Schutz vor personeller Erstarrung zu verstehen[703].

Das Modell des DRB vermag aufgrund der lediglich indirekten Beteiligung parlamentarischer Mitglieder des Justizwahlausschusses bei der Richtergenese diesen Vorgaben nicht zu genügen. Insofern kann nach hier vertretener Auffassung mangels direkter parlamentarischer Verantwortlichkeit des Justizverwaltungsrates und mangels direkter Beteiligung justizexterner Personen bei richterlichen Personalentscheidungen auch im Gesamtzusammenhang keine hinreichende Kompensation des vorliegenden Legitimationsdefizites erfolgen. Es ist folglich ein dauerhafter Mangel an demokratischer Legitimation des Justizverwaltungsrates festzustellen, soweit diesem die Richterberufung obliegen soll. In Erwägung ziehen müsste man daher etwa die Abkoppelung der Zuständigkeit für die Richterberufung, weg vom Justizverwaltungsrat hin zu einem selbständigen, nach den Grundsätzen der Wahl zum Justizwahlausschuss und durch diesen gewählten Selbstverwaltungsorgan.

c. Legitimation administrativer Selbstverwaltungsorgane

Eine administrativ-organisatorische Verselbständigung der Justiz, sei es über einen Justizverwaltungsrat oder Gerichtsbarkeitsrat, würde einen nicht unerheblichen Prozentsatz des jeweiligen Landeshaushalts zur Verwendung und Verteilung in die Hand eines Selbstverwaltungsorganes legen, zudem ist eine Personalverantwortung über mehrere tausend Mitarbeiter, in vielen Bundesländern sogar über mehr als zehntausend Mitarbeiter, vorgesehen[704]. Die notwendige demokratische Legitimation bzw. Kontrolle eines solchen Verwal-

---

[703] Ähnlich Hoffmann-Riem in DRiZ 2003, S. 284, 290 m.w.N.; Voßkuhle in v. Mangoldt/Klein/Starck, Bonner GG-Kommentar, Art. 95, Rn. 30.
[704] Papier in NJW 2002, S. 2585, 2589.

tungsapparates wird in der gegenwärtigen Organisationsstruktur, also bei staatlicher Justizverwaltung, durch die Aufsichts-, Weisungs- und Kontrollbefugnisse der Justizminister sowie durch die sanktionierte parlamentarische Verantwortlichkeit der Landesregierungen gewährleistet[705].

Soll die demokratische, insbesondere die personelle und sachlich-inhaltliche Legitimation[706] administrativ tätiger Selbstverwaltungsorgane - die richterliche Personalauswahl sei nunmehr ausgeklammert - künftig nicht mehr über die Justizminister bzw. die Landesregierungen, also über die Exekutive, verlaufen, besteht die Gefahr einer verfassungswidrigen Legitimationslücke zwischen Erster und Dritter Gewalt, die im aktuellen System der Justizverwaltung durch die Zweite Gewalt geschlossen wird[707]. Ob und wie diese Lücke überbrückt werden muss, hängt davon ab, welche Anforderungen man an ein zureichendes Niveau demokratischer Legitimation stellt.

Sowohl das Zwei-Säulen-Modell des DRB (keine parlamentarisch verantwortlichen Mitglieder im Justizverwaltungsrat) als auch die Modelle von NRV (1/3 Parlamentarier in den Gerichtsbarkeitsräten) und ver.di (Gerichtsbarkeitsräte bestehen mehrheitlich aus Richtern) können mangels mehrheitlicher Anzahl parlamentarisch verantwortlicher und kontrollierbarer Mitglieder in dem jeweiligen Selbstverwaltungsorgan jedenfalls keine direkte demokratische Legitimation gewährleisten. Indes vermag zumindest das Konzept des DRB mit der Wahl

---

[705] Hillgruber in Maunz/Dürig, GG-Kommentar, Art. 97, Rn. 112.

[706] Zu den Anforderungen vgl. oben, S. 162 ff.

[707] Hillgruber in Maunz/Dürig, GG-Kommentar, Art. 97, Rn. 112; Papier in NJW 2002, S. 2585, 2590; generell ablehnend Wassermann in Alternativkommentar zum Grundgesetz, Art. 92, Rn. 13 ff.: unmissverständlich lehne das Grundgesetz eine korporative Autonomie der rechtsprechenden Gewalt ab. Ständisch-elitärer Ideenwelt entsprungen, lasse sich diese Forderung als Versuch unpolitischer Richterkreise begreifen, die Justiz vor externen Einflüssen zu immunisieren. Verfassungspolitisch stehe sie in Widerspruch zu dem Demokratieprinzip, das die Justiz nicht als Angelegenheit eines Standes, sondern des gesamten Staatsvolkes betrachte. Das Grundgesetz lasse für eine organisatorische Verselbständigung einer sich selbst verwaltenden Justiz keinen Raum, denn es folge nicht der primär im anglo-amerikanischen Rechtskreis verbreiteten Vorstellung, wonach die richterliche Unabhängigkeit auch die kollektive Unabhängigkeit der Justiz als Körperschaft einschließen müsse, sondern belasse es bei der Betreuung der Justiz durch die Regierungen von Bund und Ländern.

der Mitglieder des Justizverwaltungsrates durch den überwiegend parlamentarisch besetzten Richterwahlausschuss eine indirekte demokratische Legitimation sicherzustellen. Die Modelle der NRV und von ver.di sehen hingegen konzeptionell bewusst nicht einmal eine indirekte demokratische Legitimation vor, da ein maßgeblicher Einfluss der Legislative (und der Exekutive) auf das Innenleben der Dritten Gewalt abgelehnt wird[708].

Das ist vorliegend jedoch unschädlich, weil in diesem Zusammenhang, im Gegensatz zur Legitimation von Richterwahlorganen, primär Faktoren von Bedeutung sind, die das zu erreichende Legitimationsniveau auf einer vergleichsweise niedrigen Stufe ansiedeln lassen. Die Selbstverwaltungsorgane sollen in ihrer administrativen Orientierung nämlich nicht den Weg auf den Richterstuhl ebnen und damit gerade keine die Unabhängigkeitsgarantie auslösenden richterlichen Befugnisse vermitteln. Während die Richtergenese wegen der weitgehenden verfassungsrechtlichen Absicherung des richterlichen Status und der Kontrolle von Exekutivhandeln durch Richter im Allgemeinen oder von Gesetzgebung durch das Bundesverfassungsgericht im Besonderen letztlich einer hohen demokratischen Legitimation bedarf, sind derartige Erwägungen auf das übrige Justizpersonal nicht übertragbar.

Sämtliches nicht-richterliches Verwaltungspersonal handelt lediglich justizintern und bleibt in hierarchischen Strukturen mit Weisungs- und Kontrollbefugnissen integriert. Des Weiteren besteht nach allen Selbstverwaltungsmodellen zumindest in strittigen Konstellationen bezüglich des Budgets eine parlamentarisch gebundene Haushaltsverantwortung. So entscheidet nach dem DRB-Modell im Falle der Nichteinigung über das Budget zwischen dem Justizverwaltungsrat und dem Finanzminister das Parlament, nach den Modellen von NRV und der Richter in ver.di müssen die Haushaltsmittel vom Parlament angefordert und ihm gegenüber verantwortet werden.

Ohnehin ist das Demokratieprinzip für sachlich begründete Differenzierungen offen, da es im Kontext der gesamten von der Verfassung geschaffenen Staats-

[708] Vgl. für das NRV-Modell Häuser in KritV 2009, S. 410, 415.

organisation steht[709]. Insofern muss ebenso berücksichtigt werden, dass die Judikative aus Sicht des Gewaltenteilungsprinzips auch unter Beachtung gegenseitiger „checks and balances“ möglichst wenig von der Exekutive abhängig sein darf, sodass die Entstehung einer Legitimationslücke durch Abkopplung von der Exekutive wenig naheliegend und das Legitimationsniveau vielmehr ausreichend ist. So genügt für die sachlich-inhaltliche Legitimation der Ausübung rechtsprechender Gewalt wegen ihrer Eigenart und zur Sicherung ihrer Funktion lediglich die Gesetzesbindung des unabhängigen Richters[710]; daneben bedarf es keiner demokratischen Verantwortlichkeit und Weisungsabhängigkeit. Es erscheint plausibel eine derartige Wertung vor dem Hintergrund der verfassungsrechtlichen Stellung der Judikative als eigenständiger und unabhängiger Gewalt auch auf die Justizverwaltung übertragen zu können, zumal es sich hierbei nicht um eine genuin exekutivische Zuständigkeit handelt[711]. Die demokratische Legitimation der vorgelegten Selbstverwaltungsmodelle ist daher in diesem Punkt, sofern die Richtergenese außer Acht bleibt, nicht zu beanstanden.

4. Einräumung eines Budget(antrags)rechtes

Bedenken gegen die Einführung eines eigenen Haushaltsinitiativrechtes gegenüber dem Parlament sind primär justizpolitischer und praktischer Art. So wird oftmals vorgebracht, dass sich eine autonome Wahrnehmung von Haushaltsinteressen auf den finanzpolitischen Einfluss der Justiz im Ringen um die Verteilung notorisch knapper Haushaltsmittel zwischen dem Finanzministerium und den einzelnen Ressorts, eher kontraproduktiv auswirken dürfte, da keine hinreichende Kompensation der Einwirkungs- und Verhandlungsfähigkeit des ressortmäßig zuständigen und durchsetzungsfähigen Justizministers als Regierungs- und in der Regel auch Parlamentsmitgliedes im Kabinett gegeben sei[712].

---

[709] Groß in DRiZ 2003, S. 298, 301.

[710] Böckenförde in Isensee/Kirchhof, Handbuch des Staatsrechts der BRD, § 24, Rn. 24; Dreier in Dreier, GG-Kommentar, Art. 20 (Demokratie), Rn. 144; Sommermann in v. Mangoldt/Klein/Starck, Bonner GG-Kommentar, Art. 20, Rn. 171; Voßkuhle/Sydow in JZ 2002, S. 673, 679; vgl. zur Rückbindung des Richters an Gesetz und Recht bereits oben, S. 115 ff.

[711] Siehe insofern schon auf S. 155 ff.; a. A. Papier in NJW 2002, S. 2585, 2589.

[712] Hillgruber in Maunz/Dürig, GG-Kommentar, Art. 97, Rn. 112; Mertin in ZRP 2002, S. 332, 335; Papier in NJW 2002, S. 2585, 2592; ähnlich Hoffmann-Riem in DRiZ 2003, S. 284, 289.

Im Übrigen führe die Übertragung genuin politischer Entscheidungen auf die Justiz notwendig zu deren eigener „Politisierung", die ihr die neutrale Erfüllung ihrer eigentlichen Rechtsprechungsaufgabe erschwere[713].

Aus verfassungsrechtlicher Perspektive bleibt festzuhalten, dass die vorgesehenen Mitwirkungs- und Beteiligungsrechte der Justiz im Haushaltsverfahren nach der Ausgestaltung der Selbstverwaltungsmodelle wohl eine Verfassungsänderung voraussetzen. Unter geltendem Verfassungsrecht befindet sich die Aufstellung des Haushaltsplanentwurfes, in den alle Einnahmen und Ausgaben - auch des Justizressorts - einzustellen sind, vollständig in der Hand der Exekutive[714]. Gemäß Art. 110 Abs. 3 GG, Art. 113 Abs. 1 S. 1 GG liegt das Initiativmonopol für den Haushaltsplan bei der Bundesregierung. Diese Prärogative ist nicht nur ein Recht, sondern eine von der Verfassung als selbstverständlich vorausgesetzte Pflicht der Regierung[715]. Der dem Parlament vorgelegte Entwurf versteht sich dabei als das entsprechende Haushaltsprogramm der Regierung, in das auch die Justizpolitik gehört[716].

Sämtliche Selbstverwaltungsmodelle wollen diesen Haushaltsplanentwurf, soweit er sachliche und personelle Ressourcen der Judikative tangiert, aus dem Zuständigkeitsbereich der Regierung und damit der Exekutive herauslösen und zur Justiz transferieren. Indes sieht nur das Konzept der NRV ein reines Budgetantragsrecht des Gerichtsbarkeitsrates direkt gegenüber dem Parlament vor. Die Modelle des DRB und der Richter in ver.di schlagen einen tendenziell konservativeren Weg ein, ausgehend von der Idee, dass der Justizverwaltungsrat bzw. Gerichtsbarkeitsrat das Gesamtbudget der Justiz zwar aufstellt, aber nicht

---

[713] Vgl. Hillgruber in Maunz/Dürig, GG-Kommentar, Art. 97, Rn. 112; ferner Hoffmann-Riem in DRiZ 2003, S. 284, 289; Papier in NJW 2002, S. 2585, 2592.

[714] Siekmann in Sachs, GG-Kommentar, Art. 110, Rn. 71; Jarass in Jarass/Pieroth, Kommentar zum GG für die BRD, Art. 110, Rn. 11; Heun in Dreier, GG-Kommentar, Art. 110, Rn. 33 ff.; Papier in NJW 2002, S. 2585, 2589; entsprechende Regelungen bestehen in den Ländern.

[715] Brockmeyer in Schmidt-Bleibtreu/Hofmann/Hopfauf, GG-Kommentar, Art. 110, Rn. 7; Siekmann in Sachs, GG-Kommentar, Art. 110, Rn. 71 ff.

[716] Heusch in Schmidt-Bleibtreu/Hofmann/Hopfauf, GG-Kommentar, Art. 97, Rn. 20; Hillgruber in v. Mangoldt/Klein/Starck, Bonner GG-Kommentar, Art. 110, Rn. 23, 28; Heintzen in v. Münch/Kunig, GG-Kommentar, Art. 110, Rn. 4 m.w.N.

direkt mit dem Parlament, sondern primär mit dem Justizminister kommuniziert. Lediglich im Falle der Nichteinigung soll danach eine direkte Verantwortung gegenüber dem Parlament erfolgen.

Zwar lassen sich solche Strukturen mit geltendem Verfassungsrecht, also dem Budgetantragsrecht der exekutivischen Bundesregierung, offenkundig nicht vereinbaren, gleichwohl kommt eine entsprechende Änderung der Verfassung in Betracht. Dem stehen auch, wie bereits oben festgestellt, weder das Gewaltenteilungsprinzip noch das Demokratieprinzip entgegen. Es gilt vielmehr zu berücksichtigen, dass gewisse verfassungsrechtliche Faktoren ein Budgetrecht von Selbstverwaltungsorganen gar nahe legen. So dürfen bei der Frage nach der Einräumung eines Gesamtbudgetierungsrechtes die Neuen Steuerungsmodelle und das Qualitätsmanagement in der Justiz nicht unberücksichtigt bleiben. Ist von Kundenorientierung und effizientem Ressourceneinsatz die Rede, lässt sich aus dem Gewaltenteilungsgrundsatz ableiten, dass die Verfahren der Qualitätssicherung, auch sofern sie nicht auf die juristische, sondern auf die ökonomische Seite richterlichen Handelns beziehen, von der Justiz eigenverantwortlich durchgeführt werden können: insbesondere wegen der verfassungsrechtlich problematischen Einflussmöglichkeiten auf die Rahmenbedingungen richterlicher Tätigkeit ist davon auszugehen, dass der Exekutive keine eigene Verantwortung für die Leistungsfähigkeit der Judikative zukommen darf[717].

Vor diesem Hintergrund ist es nicht ersichtlich, weshalb die Justiz nicht - ohne Zwischenschaltung des Justizministers - unmittelbar mit dem Parlament ihren Haushalt verhandeln sollen dürfte. Schließlich ist durch die Einräumung eines eigenen Budgetierungsrechtes der Dritten Gewalt auch unter Beachtung der einschlägigen haushaltsrechtlichen Regelungen noch nichts darüber gesagt, ob der Justizhaushalt tatsächlich nach oben angepasst würde.

Eher ist davon auszugehen, dass sich in Zeiten der Wirtschaftskrise und knapper öffentlicher Mittel die Hoffnungen der Richterverbände nach einer sach- und aufgabengerechten Budgetausstattung in der Praxis kaum realisieren dürften.

---

[717] Groß in BJ 2006, S. 248, 251.

Tatsächlich wird es nur darum gehen, dass die Justiz die ihr überlassenen Mittel nach sachnahen Kriterien selbst verteilen kann und somit eine effektivere Ressourcensteuerung zu erwarten sein dürfte. Hilfreich könnte allenfalls sein, wenn die Justiz ihre Leistungen weitgehend definiert und messbar macht. Denn wenn es gelingt, die Leistung der Justiz so zu bemessen, dass verantwortliche Haushaltsentscheidungen darauf gestützt werden können, ist dies ein Beitrag zur rationalen Fundierung von Haushaltsentscheidungen, der zugleich bei der Budgetierung zugunsten der Judikative ausfallen könnte und ein Wegweiser zur Sicherung der Leistungsfähigkeit und Unabhängigkeit der Gerichte wäre[718].

Zudem wird der Staat durch die in Art. 19 Abs. 4 GG manifestierte Gewährung effektiven Rechtsschutzes, also „die tatsächlich wirksame gerichtliche Kontrolle“[719] von Akten öffentlicher Gewalt, verpflichtet, die erforderlichen Mittel zur Verfügung zu stellen, damit die Gerichte ihren Aufgaben nachkommen können[720]. Die Mittel werden zwar von den Landtagen bewilligt, die Haushaltsanträge werden jedoch von der Exekutive gestellt. Kein Landtag hat aber in der BRD Anlass, mehr Stellen zu bewilligen, als der Justizminister beantragt, sodass die Justizminister es bisher zumindest theoretisch in der Hand haben, der Justiz die verfassungsrechtlich erforderlichen Mittel zu verweigern[721]. Auch unter diesem Gesichtspunkt erscheint ein eigenes Budgetierungsrecht der Dritten Gewalt verfassungsrechtlich geboten.

5. Enthierarchisierung der Justiz

Eine grundlegende Beseitigung hierarchischer Binnenstrukturen in der Justiz sehen die Programme der NRV und von ver.di vor. Hierarchien seien das falsche Leitbild für eine funktionsgerechte und unabhängige Dritte Gewalt im demokratischen Rechtsstaat und müssten daher durch wesentlich effektivere bzw. effizi-

---

[718] So richtigerweise Hoffmann-Riem in DRiZ 2003, S. 284, 289.

[719] BVerfGE NVwZ 2009, S. 240, 241; BVerfGE NJW 1973, S. 1491, 1493; Schmidt-Aßmann in Maunz/Dürig, GG-Kommentar, Art. 19, Rn. 229; Krebs in v. Münch/Kunig, GG-Kommentar, Art. 19, Rn. 62.

[720] Schulte-Kellinghaus in ZRP 2008, S. 205, 206.

[721] Schulte-Kellinghaus in ZRP 2008, S. 205, 206.

entere dezentrale Verwaltungsstrukturen abgelöst werden[722]. Zu diesem Zwecke sollen künftig alle Richterämter gleichwertig sein und einheitlich besoldet werden[723]. Beförderungen sind nach beiden Modellen durch gerichtsübergreifende Funktionszuweisungen durch die Gerichtsbarkeitsräte, z. B. zu anderen Instanzen und anderen Gerichtsbarkeiten, zu ersetzen und Beurteilungen sollen nur noch in Ausnahmefällen, etwa bei Bewerbungen um einen Funktionswechsel, in Betracht kommen. Schon nach der derzeitigen grundgesetzlichen Ausgestaltung ergibt sich aus Art. 97 Abs. 1 GG das Erfordernis, zum Ausschluss vermeidbarer Einflussnahme der Exekutive auf die rechtsprechende Gewalt möglichst wenige richterliche Beförderungsämter vorzusehen[724]. Nach der Rechtsprechung des Bundesverfassungsgerichtes gibt es im Richteramtsrecht zwar angesichts der Sonderstellung des nach Art. 97 GG von Verfassungs wegen in hervorgehobener Weise in seiner Unabhängigkeit geschützten Richters keine dem Beamtenrecht entsprechenden Laufbahnen, gleichwohl könne auch dort im Rahmen der Gerichtsorganisation mit mehreren Instanzen und kollegialen Spruchkörpern auf Beförderungen im rechtstechnischen Sinne nicht gänzlich verzichtet werden[725].

Dies steht jedoch keineswegs im verfassungsrechtlichen Widerspruch zu einer Ersetzung hergebrachter Beförderungen durch Funktionszuweisungen seitens eines Gerichtsbarkeitsrates. Inhaltlich muss letztlich nur den Anforderungen eines sachgerechten Auswahlverfahrens unter Beachtung des Leistungsgrundsatzes genügt werden, sodass die Auslese mit besonderer Sorgfalt nach den objektiven Merkmalen fachlicher und persönlicher Eignung vorzunehmen ist[726]. Auch Funktionszuweisungen durch Gerichtsbarkeitsräte wäre denknotwendig eine Auswahlprozedur vorgeschaltet, die sich an sachnahen Kriterien zu orientieren hat und den vorgenannten Voraussetzungen entsprechen kann, aller-

---

[722] Häuser in KritV 2009, S. 410, 419 zum Selbstverwaltungsmodell der NRV.

[723] So beispielsweise Richter am AG, Richter am OLG, Vorsitzender Richter, Präsident.

[724] Vgl. BVerfGE 55, S. 372, 389; Meyer in v. Münch/Kunig, GG-Kommentar, Art. 97, Rn. 32, Art. 98, Rn. 6; Schulze-Fielitz in Dreier, GG-Kommentar, Art. 98, Rn. 29; Morgenthaler in BeckOK GG, Art. 95, Rn. 7.

[725] BVerfGE 56, S. 146, 165.

[726] BVerfGE 56, S. 146, 166.

dings mit dem wesentlichen Unterschied, dass die Auswahl zukünftig nicht durch ein reines Exekutivorgan, sondern durch ein gemischt richterlich-parlamentarisches Selbstverwaltungsorgan vorgenommen würde. Dass ein solches Prozedere unter Einhaltung gewisser Vorgaben verfassungsrechtlich nicht zu beanstanden ist, wurde bereits dargelegt.

Unbeschadet dessen hat das Bundesverfassungsgericht in seiner Judikatur zur Neuordnung der Richterbesoldung festgehalten, dass die verschiedenen Aufgaben und Funktionen der Richter im Gerichtsaufbau sowie in der Gerichtsverwaltung durch den Besoldungsgesetzgeber angemessen zu berücksichtigen und zu werten sind und „eine entsprechende Zahl von unterschiedlich besoldeten Richterämtern" ausdrücklich „bedingen"[727]. Derartige Besoldungsunterschiede sind auch mit dem Grundgesetz, insbesondere mit Art. 98 GG, vereinbar[728]. Jede besoldungsmäßige Abstufung setzt nämlich dem unterschiedlichen Aufgabenbereich der Richter, also jede besoldungsmäßige Besserstellung - ausgenommen das Vorrücken nach Lebensalterstufen - die Zuweisung entweder qualifizierterer, verantwortungsreicherer richterlicher Aufgaben oder gewichtigerer Verwaltungsfunktionen voraus[729].

So lässt auch für *Geiger* diese Rechtsprechung der Karlsruher Richter den Schluss zu, dass die Vorstellung, jeder Richter, gleichgültig in welcher Instanz er tätig ist, habe dieselbe Verantwortung, nicht tragbar ist und daher auch bei Festgehältern für Richter die Besoldung für Richter an Gerichten erster, zweiter und dritter Instanz verschieden hoch zu bemessen sein dürfte[730]. Andererseits gilt es zwingend Folgerungen daraus zu ziehen, dass die richterliche Unabhän-

[727] BVerfGE 55, S. 372, 389; Hillgruber in Maunz/Dürig, GG-Kommentar, Art. 97, Rn. 91.
[728] Schulze-Fielitz in Dreier, GG-Kommentar, Art. 98, Rn. 30; Detterbeck in Sachs, GG-Kommentar, Art. 98, Rn. 9; äußerst kritisch etwa Meyer in v. Münch/Kunig, GG-Kommentar, Art. 98, Rn. 14.
[729] BVerfGE 55, S. 372, 390; Hillgruber in Maunz/Dürig, GG-Kommentar, Art. 97, Rn. 91; nach BVerfGE NJW 1961, S. 915 fordert die richterliche Unabhängigkeit zum Ausschluss jeder vermeidbaren Einflussnahme der Exekutive auf den Status des Richters, dass das Aufsteigen des Richters im Gehalt gesetzlich normiert wird und dass ein Aufrücken in der Besoldung in den Fällen, in denen es nicht die Folge der Zuweisung einer anderen, mit höherer Verantwortlichkeit verbundenen Dienstaufgabe ist, nicht in das Ermessen der Exekutive gestellt ist.
[730] Geiger in FS Schäfer, S. 79, 87.

gigkeit stets gewahrt bleiben muss und es innerhalb der Richterschaft nicht die typische hierarchische Ordnung der Verwaltung und auch nicht die dem Berufsbeamtentum eigentümliche, klassische Beförderungslaufbahn geben darf[731].

Im Ergebnis führt das aufgezeigte Spannungsverhältnis dazu, dass eine gesetzlich einheitliche, von Aufgaben und Funktionen vollständig abgekoppelte Richterbesoldung vom Bundesverfassungsgericht - wohl unter Verweis auf die Wertungen des Art. 33 Abs. 5 GG - aller Voraussicht nach als verfassungswidrig verworfen würde. Indes entgegnet eine erhebliche Reduktion der mit Funktionszuweisungen verbundenen besoldungsrechtlichen Besserstellungen auf ein verfassungsrechtlich legitimes Minimum keinen Bedenken. Letztlich ist auch die Rechtsprechung des Bundesverfassungsgerichtes in die selbe Richtung zu deuten, wenn es dort heißt, dass solange der Richterstand - ebenso wie die Beamtenschaft - in der heutigen Form gegliedert ist, freilich nicht ausgeschlossen werden könne, dass die Justizverwaltung in den Fällen der Besetzung einer höheren Richterstelle, also bei Beförderungen, Einflüssen Raum gibt, die eine Gefährdung der richterlichen Unabhängigkeit bedeuten können[732]. Dass sich der Gesetzgeber mit der zehnstufigen Hierarchie von Beförderungsämtern in der Besoldungsskala (R 1 - R 10)[733] für ein vielfach differenzierendes Besoldungssystem entschieden hat, kann an dieser Wertung nichts ändern, da das Grundgesetz insoweit keinerlei Vorgaben macht.

6. Richterliche Unabhängigkeit als Legitimation?

Wendet man sich den einzelnen Regelungen des Grundgesetzes zu, so ist festzuhalten, dass eine Selbstverwaltung der Gerichte nicht aus der Garantie der richterlichen Unabhängigkeit abgeleitet werden kann.

---

731 Meyer in v. Münch/Kunig, GG-Kommentar, Art. 98, Rn. 6, 14, für den sich zumindest durch den Gehalt der Aufgaben des jeweiligen Richteramtes eine Höherwertigkeit im Sinne eines Beförderungsamtes nicht begründen lässt; Geiger in FS Schäfer, S. 79, 86.
732 BVerfGE NJW 1961, S. 915, 916.
733 Kritisch Schulze-Fielitz in Dreier, GG-Kommentar, Art. 98, Rn. 20.

Die Verbürgung richterlicher Unabhängigkeit hat - trotz begrifflicher Parallelen - eine andere Schutzrichtung als die rechtspolitische Idee einer Autonomie oder Selbstständigkeit der Dritten Gewalt. Richterliche Unabhängigkeit ist - zum einen - verbunden mit dem Status des Richters. Sie zielt dagegen nicht auf eine institutionelle Unabhängigkeit der Gerichte. Dies wird auch daran erkennbar, dass Verpflichtungsadressat des durch Art. 97 GG vermittelten Schutzes nicht nur Legislative und Exekutive, sondern auch die Dritte Gewalt selbst ist[734].

Die Unabhängigkeitsgarantie lässt sich - zum anderen - aber auch deshalb nicht für die Legitimation einer Selbstverwaltung der Dritten Gewalt fruchtbar machen, weil sich ihr Schutzbereich funktional nur auf die Ausübung rechtsprechender Gewalt im Sinne von Art. 92 GG, also das „Kerngeschäft der Richter", erstreckt; auch bei einer großzügigen Auslegung des Begriffs der „richterlichen Tätigkeit" handelt es sich bei der Ausübung von Personalhoheit, bei Berufungs- und Anstellungsentscheidungen, bei der Aufstellung und dem Vollzug des Haushaltsplans wie auch bei den gesamten sonstigen Aufgaben des Gesetzesvollzugs im Rahmen der Justizverwaltung nicht um die Ausübung rechtsprechender Gewalt im Sinne von Art. 92 GG[735]. Nur auf diese aber bezieht sich das besondere Statusrecht des Art. 97 GG. Liegt insoweit keine Ausübung rechtsprechender Gewalt vor, so verbleibt, jedenfalls im Ausgangspunkt, nur die Zuordnung der entsprechenden Verwaltungsaufgaben zum Bereich der Exekutive[736]. Damit kann die Forderung nach einer Selbstverwaltung der Justiz nicht auf die Unabhängigkeitsgarantie gestützt werden.

Dies bedeutet aber noch nicht, dass sich das Prinzip richterlicher Unabhängigkeit zu einer Selbstverwaltung der Justiz nicht zustimmend verhalten, bzw. mit ihr korrespondieren kann.

---

[734] BVerfGE NJW 1996, S. 2149, 2150; Papier in NJW 2002, S. 2585, 2587; vgl. oben, S. 30 f.

[735] Vgl. Hillgruber in Maunz/Dürig, GG-Kommentar, Art. 92, Rn. 19, Art. 97, Rn. 112; Pieroth in Jarass/Pieroth, Kommentar zum GG für die BRD, Art. 92, Rn. 10; Papier in NJW 2002, S. 2585, 2587, 2588; differenzierter Groß in BJ 2006, S. 248, 250.

[736] Papier in NJW 2002, S. 2585, 2588.

7. Verhältnis zur Grundlage richterlicher Unabhängigkeit

Richterliche Unabhängigkeit dient der Gewährung effektiven Rechtsschutzes bzw. der Verwirklichung des Justizgewährungsanspruches, um dem Bürger eine rechtsstaatlich verbürgte Entscheidung durch eine neutrale Instanz zu ermöglichen. Zugleich bezweckt sie die gegenseitige Kontrolle, Hemmung und Mäßigung der Staatsgewalten im Sinne des Gewaltenteilungsprinzips, um die Freiheit des Individuums vor der zügellosen Ausübung staatlicher Herrschaftsgewalt zu bewahren. Sowohl in Bezug auf die Gerichtsschutzgarantie als auch hinsichtlich des Gewaltenteilungsgrundsatzes lässt sich vor dem Hintergrund der obigen Ausführungen eine weitestgehende Übereinstimmung mit der Idee justizieller Selbstverwaltung dokumentieren.

Die Justiz hat einen umfassenden Kontrollauftrag gegenüber der Exekutive, der verfassungsrechtlich durch Art. 19 Abs. 4 GG gesichert ist. Im bestehenden System der Justizverwaltung ist es jedoch gerade die Exekutive, die sämtliche richterliche Personalentscheidungen trifft und die Bereitstellung der sachlichen Ressourcen elementar steuert. Stellt aber im bestehenden System der Justizverwaltung der Kontrollierte (die Exekutive) den Kontrolleur (die Judikative) ein und obliegt es dem Kontrollierten dabei noch zu entscheiden, welche Mittel dem von ihr ernannten Kontrolleur zur Erfüllung seiner Aufgabe zur Verfügung gestellt werden, lässt sich die Gefahr der Negierung eines effektiven Rechtsschutzes in obigem Sinne nicht leugnen. Hingegen könnte sich eine selbstverwaltete Justiz aufgrund der in Rede stehenden Richterwahlverfahren gegenüber der Exekutive personell emanzipieren und über ein eigenes Budgetrecht zumindest die knappen, aber vorhandenen Mittel nach sachnahen Kriterien selbst verteilen, um eine effizientere Ressourcensteuerung zu gewährleisten und damit dem Rechtsschutz suchenden Bürger durch effektivere Justizstrukturen den wirkungsvollen Zugang zu den Gerichten zu erleichtern.

Zudem ist festgestellt worden, dass die Dritte Gewalt aus Sicht des Gewaltenteilungsgrundsatzes auch unter Beachtung gegenseitiger „checks and balances“ möglichst wenig von der Exekutive abhängig sein darf. Die grundgesetzliche

Konzeption legt gar den Schluss nahe, dass die Rechtsprechung in organisatorischer Hinsicht eigenständig sein muss, um ihrerseits dem verfassungsmäßigen Kontrollauftrag gegenüber den beiden anderen Staatsgewalten tatsächlich nachkommen zu können. Insbesondere die Richterwahl durch Exekutivorgane ist dabei keine zwingende Folgerung aus dem Gewaltenteilungsprinzip, sondern versteht sich eher als vorkonstitutionelles Relikt. Demzufolge verhält sich die Selbstverwaltungsidee auch zum Gewaltenteilungsprinzip zustimmend.

Abschließend bedürfen die Selbstverwaltungsmodelle, da sie inhaltlich auf die Ausübung staatlicher Herrschaftsgewalt angelegt sind und nach Art. 20 Abs. 2 S. 1 GG alle Staatsgewalt vom Volk ausgeht, einer Rückkopplung an das Volk. Diese wird vorliegend nicht nur durch die Bindung der Judikative an Gesetz und Recht, sondern auch mit der Wahl der Selbstverwaltungsorgane durch demokratisch legitimierte Gremien sowie durch die Verantwortung des in Selbstverwaltung aufgestellten Haushaltsplanentwurfes gegenüber dem demokratisch am unmittelbarsten legitimierten Parlament, dass diesen verabschiedet, hinreichend gewährleistet.

VI. Zusammenfassung: Kompatibilität mit Verfassungsrecht

Die Idee einer Selbstverwaltung der Justiz begegnet aus verfassungsrechtlicher Perspektive keinen grundlegenden Bedenken. Zwar fordert das Grundgesetz eine solche nicht zwingend, legt sie aber an einigen Stellen nahe. So lassen sich insbesondere das Gewaltenteilungsprinzip und die Gerichtsschutzgarantie für eine organisatorische Eigenständigkeit der Dritten Gewalt fruchtbar machen. Auch die zum Teil gegen eine Selbstverwaltung hervorgebrachten Einwände in Bezug auf die demokratische Legitimation von Selbstverwaltungsorganen erweisen sich unter Beachtung gewisser Vorgaben des Grundgesetzes als haltlos. Sofern es im Hinblick auf die bestehenden Regelungen zum Richterwahlverfahren nach Art. 95 Abs. 2 GG und Art. 98 Abs. 4 GG und dem Haushaltsverfahren gemäß der Art. 110 ff. GG einer Verfassungsänderung bedarf, handelt es sich hierbei um eine theoretische Hürde, an der die Umsetzung der Selbstverwaltungskonzepte allein nicht scheitern sollte.

Dennoch bleibt festzuhalten, dass die aktuellen Selbstverwaltungsmodelle der Richterverbände jeweils punktuell der Nachbesserung bedürfen, um den verfassungsrechtlichen Vorgaben zu genügen. Ursächlich für diesen Befund ist hinsichtlich des Zwei-Säulen-Modells des DRB die unzureichende demokratische Legitimation des Justizverwaltungsrates, soweit es um die richterliche Personalauswahl geht. Die Modelle der NRV und der Richter in ver.di erscheinen hingegen problematisch, solange sie eine absolute Enthierarchisierung der Justiz zugrunde legen, die jede funktions- oder aufgabenbezogene besoldungsmäßige Besserstellung von Richtern ausschließen soll.

Letztlich wird die Einführung einer justiziellen Selbstverwaltung in der Bundesrepublik über die verfassungstheoretische Dimension hinaus aber auch wesentlich davon abhängen, welche praktischen Vorteile durch eine derartige Neuregelung tatsächlich zu erwarten sind und ob diese gegenüber den politischen Entscheidungsträgern empirisch verifiziert werden können.

Literaturverzeichnis

Achterberg, Norbert	Die richterliche Unabhängigkeit im Spiegel der Dienstgerichtsbarkeit, NJW 1985, S. 3041 - 3047.
Albrecht, Peter-Alexis	Kriminologie - Eine Grundlegung zum Strafrecht, 3. Auflage, Berlin 2005.
Albrecht, Peter-Alexis	Eine unabhängige Judikative als Gegengewicht zur Erosion europäischer Strafrechtsprinzipien?, KritV 2008, S. 39 - 56.
Albrecht, Peter-Alexis	Die Kriminalisierung der Dritten Gewalt- Ein verfehlter Beitrag der Exekutive zur Steigerung der Funktionstüchtigkeit des Kriminaljustizsystems, ZRP 2004, S. 259 - 261.
Albrecht, Peter-Alexis	Die Bedrohung der Dritten Gewalt durch irrationale Sicherheitspolitik, DRiZ 1998, S. 326 - 333.
Asbrock, Bernd	Bernsteinzimmer und richterliche Unabhängigkeit, BJ 2000, S. 262 - 264.

Bähr, Otto Der Rechtsstaat. Eine publicistische Skizze, Kassel und Göttingen 1864, Neudruck der Ausgabe von 1864, Aalen 1961.

Bakker, Rainer Grenzen der Richtermacht - Die Kollegialkontrolle im Großen Senat des BAG, Konstanz 1994.

Behrens, Fritz Interview mit dem nordrhein-westfälischen Justizminister Dr. Fritz Behrens, BJ 1998, S. 254 - 260.

Berg, Wilfried Staatsrecht, Grundriß des Staatsorganisationsrechts und der Grundrechte, 5. Auflage, München 2007.

Berlit, Uwe Selbstverwaltung (in) der Justiz und grundgesetzliche Demokratie, DRiZ 2003, S. 292 - 302.

Böttcher, Hans-Ernst Weg von napoleonischen und wilhelminischen Modellen! Hin zu einer demokratischen Justizverfassung, auch in Deutschland!, KritV 2009, S. 417 - 422.

Brause, Peter — Notwendigkeit der Stärkung der dritten Gewalt, ZRP 2005, S. 82 - 85.

Brugger, Winfried — Staatszwecke im Verfassungsstaat, NJW 1989, S. 2425 - 2434.

Brunn, Bernd — Gefahren für die richterliche Unabhängigkeit, BJ 2005, S. 32 - 41.

Christensen, Ralph — Was heißt Gesetzesbindung?, Berlin 1989.

Conrad, Hermann — Richter und Gesetz im Übergang vom Absolutismus zum Verfassungsstaat, Graz 1971.

Conrad, Hermann — Recht und Verfassung des Reiches in der Zeit Maria Theresias, Köln, Opladen 1964.

Degenhardt, Christoph — Staatsrecht I, Staatsorganisationsrecht, 20. Auflage, Heidelberg 2004.

Denninger, Erhard (Hrsg.), Hoffmann-Riem, Rudolf (Hrsg.), Schneider, Hans-Peter (Hrsg.), Stein, Ekkehart(Hrsg.)	Kommentar zum Grundgesetz für die Bundesrepublik Deutschland, Reihe der Alternativkommentare, 3. Auflage, Neuwied 2001.
Döring, Uwe	„Eigenverantwortung der Gerichte stärken" - Interview mit dem Minister für Justiz, Arbeit und Europa des Landes Schleswig-Holstein, DRiZ 2008, S. 230 - 231.
Dreier, Horst (Hrsg.)	Grundgesetz Kommentar, Band III, Art. 83 - 146, 2. Auflage, Tübingen 2008.
Dreier, Horst (Hrsg.)	Grundgesetz Kommentar, Band II, Art. 20 - 82, 2. Auflage, Tübingen 2006.
Dreier, Ralf	Der Rechtsstaat im Spannungsverhältnis zwischen Gesetz und Recht, JZ 1985, S. 353 - 359.
Edinger, Thomas	Selbstverwaltung der Justiz: Bundesvertreterversammlung beschließt das „Zwei-Säulen-Modell", DRiZ 2007, S. 161 - 164.

Eichenberger, Kurt	Die richterliche Unabhängigkeit als staatsrechtliches Problem, Bern 1960.
Epping, Volker (Hrsg.), Hillgruber, Christian (Hrsg.)	Grundgesetz, Beck'scher Online-Kommentar, Edition 3, München 2009.
Feuerbach, Paul Johann Anselm von	Kleine Schriften vermischten Inhalts, Neudruck der Ausgabe von 1833, Osnabrück 1966.
Francken, Johannes Peter	Das Neue Steuerungsmodell und die Arbeitsgerichtsbarkeit, NZA 2003, S. 457 - 262.
Frank, Christoph	Selbstverwaltung der Justiz: Ein Modell auch für Deutschland, KritV 2009, S. 405 - 409.
Freudenberg, Ulrich	Das Verhältnis von Richter & Verfahrensbeteiligten - Überlegungen zur „Kundenzufriedenheit" mit der Rechtsprechung, ZRP 2002, S. 79 - 83.
Friedrich II., König von Preußen, Oppeln-Bronikowski, Friedrich von (Übers.)	Friedrich der Große: Das Politische Testament von 1752, Stuttgart 1987.

Friesenhahn, Ernst Der Rechtsschutz im öffentlichen Recht nach dem Bonner Grundgesetz,
DVBl. 1949, S. 478 - 485.

Geiger, Willi Zum verfassungsrechtlichen Status der Richter, in: Verfassung, Verwaltung, Finanzkontrolle,
Festschrift für Hans Schäfer, S. 79 - 92,
Köln, Berlin, Bonn, München 1975.

Geiger, Willi Der Richter und seine Bindung an Gesetz und Recht,
DRiZ 1963, S. 170 - 176.

Gerlach, Jürgen von Ein Königtum für das Recht - Zum 200. Todesjahr Friedrichs des Großen,
NJW 1986, S. 2292 - 2297.

Goeckel, Klaus Die Grundsätze des Rechtsstaats in der höchstrichterlichen Rechtsprechung der Bundesrepublik Deutschland,
Weimar 1965.

Grimm, Helmut Richterliche Unabhängigkeit und Dienstaufsicht in der Rechtsprechung des Bundesgerichtshofs,
Köln, Berlin, Bonn, München 1972.

Groß, Thomas Qualitätssicherung durch Gewaltenteilung, BJ 2006, S. 248 - 251.

Groß, Thomas Selbstverwaltung der Gerichte als Voraussetzung ihrer Unabhängigkeit, DRiZ 2003, S. 298 - 302.

Groß, Thomas Grundlinien einer pluralistischen Interpretation des Demokratieprinzips, in: Redaktion Kritische Justiz, Demokratie und Grundgesetz - Eine Auseinadersetzung mit der verfassungsrechtlichen Rechtspr., S. 93 - 101, Baden-Baden 2000.

Groß, Thomas Verfassungsrechtliche Möglichkeiten und Begrenzungen für eine Selbstverwaltung der Justiz, ZRP 1999, S. 361 - 365.

Gusy, Christoph Der Vorrang des Gesetzes, JuS 1983, S. 189 - 194.

Haberland, Stephan Problemfelder für die richterliche Unabhängigkeit, DRiZ 2002, S. 301 - 310.

Häuser, Horst | Selbstverwaltung der Gerichte: vertikal versus horizontal, KritV 2009, S. 410 - 416.

Häuser, Horst | Bericht über neue Steuerungsmodelle - Das neue Steuerungsmodell lässt sich wegen der Besonderheiten der Dritten Gewalt nicht auf die Justiz übertragen, BJ 2000, S. 255 - 257.

Hesse, Konrad | Grundzüge des Verfassungsrechts der Bundesrepublik Deutschland, 20. Auflage, Heidelberg 1995.

Hirsch, Günter | Auch Richter nehmen sich fundierte Kritik zu Herzen - Journalisten dürfen den Richtern die Meinung sagen, Politiker nicht, ZRP 2000, S. 536 - 539.

Hochschild, Udo | Neue Steuerungsmodelle in der Justiz - richterliche Unabhängigkeit als unüberbrückbares Gegenstück zu den Begriffen der neuen Steuerungsmodelle, BJ 2000, S. 258 - 261.

Hochschild, Udo | Gedanken zu einer stummen Säule des Staates, LKV 1999, S. 14 - 16.

Hochschild, Udo,
Schulte-Kellinghaus, Thomas

Qualitätsmanagement in der Justiz- Wer steuert die Rechtsprechung?, DRiZ 2003, S. 413 - 418.

Hoffmann, Birgit

Das Verhältnis von Gesetz und Recht: eine verfassungsrechtliche und verfassungstheoretische Untersuchung zu Art. 20 Abs. 3 GG, Berlin 2003.

Hoffmann-Riem, Wolfgang

Mehr Selbstverwaltung für die Dritte Gewalt?, DRiZ 2003, S. 284 - 297.

Hruschka, Joachim

Die Todesschüsse an der Berliner Mauer vor Gericht - Zu dem unten abgedruckten Urteil des LG Berlin vom 20-01-1992, JZ 1992, S. 665 - 670.

Hruschka, Joachim

Vorpositives Recht als Gegenstand und Aufgabe der Rechtswissenschaft, JZ 1992, S. 429 - 438.

Huber, Ernst Rudolf (Hrsg.)

Dokumente zur deutschen Verfassungsgeschichte, Band I. Deutsche Verfassungsdokumente 1803 - 1850, 3. Auflage, Stuttgart, Berlin, Köln 1978.

Husen, Paulus van — Die Entfesselung der Dritten Gewalt, AöR Bd. 78 (1952), S. 49 - 62.

Ipsen, Jörn — Staatsrecht I, Staatsorganisationsrecht, 17. Auflage, München 2005.

Isensee, Josef (Hrsg.), Kirchhof, Paul (Hrsg.) — Handbuch des Staatsrechts der Bundesrepublik Deutschland, Band V, Rechtsquellen, Organisation, Finanzen, 3. Auflage, Heidelberg 2007.

Isensee, Josef (Hrsg.), Kirchhof, Paul (Hrsg.) — Handbuch des Staatsrechts der Bundesrepublik Deutschland, Band II, Verfassungsstaat, 3. Auflage, Heidelberg 2004.

Isermann, Edgar, Fitting, Carl-Fritz — Keine echte Justizreform ohne mehr Selbstverwaltung, DRiZ 2003, S. 281 - 283.

Jarass, Hans D., Pieroth, Bodo — Grundgesetz für die Bundesrepublik Deutschland, Kommentar, 9. Auflage, München 2007.

Kaiser, Günther — Brauchen wir in Europa neue Konzepte der Kriminalpolitik?, ZRP 2000, S. 151 - 159.

Kant, Immanuel, Ludwig, Bernd (Hrsg.)	Metaphysische Anfangsgründe der Rechtslehre, neu herausgegeben, Hamburg 1986.
Katholnigg, Oskar	Strafgerichtsverfassungsrecht, Kommentar, 3. Auflage, Köln, Berlin, Bonn, München, 2005.
Kaufmann, Arthur	Rechtsphilosophie, 2. Auflage, München 1997.
Kaufmann, Arthur	Die Radbruchsche Formel vom gesetzlichen Unrecht und vom übergesetzlichen Recht in der Diskussion um das im Namen der DDR begangene Unrecht, NJW 1995, S. 81 - 86.
Kirchhof, Paul	Richterliche Rechtsfindung, gebunden an „Gesetz und Recht", NJW 1986, S. 2275 - 2280.
Kisker, Gunter	Zur Reaktion von Parlament und Exekutive auf unerwünschte Urteile, NJW 1981, S. 889 - 894.
Kissel, Otto Rudolf	Gerichtsverfassungsgesetz, Kommentar, 3. Auflage, München 2001.

Kissel, Otto Rudolf Grenzen der rechtsprechenden Gewalt, NJW 1982, S. 1777 - 1785.

Klawitter, Eckart Die Reduktion der Verteidigungsrechte im Anti-OK-Sonderrechtssystem, KritV 1997, S. 248 - 254.

Klein, Friedrich Tragweite der Generalklausel im Art. 19 Abs. 4 des Bonner Grundgesetzes, Abgedruckt in: VVDStRL Heft 8, Berlin 1950.

Kramer, Barbara Modernisierung der Justiz: Das Neue Steuerungsmodell, NJW 2001, S. 3449 - 3453.

Kramer, Barbara Das Neue Steuerungsmodell und die Unabhängigkeit der Richter, ZZP (114) 2001, S. 267 - 317.

Kröger, Klaus Die Entstehung des Grundgesetzes, NJW 1989, S. 1318 - 1324.

Kunig, Philip Das Rechtsstaatsprinzip - Überlegungen zu seiner Bedeutung für das Verfassungsrecht der Bundesrepublik Deutschland, Tübingen 1986.

Lamprecht, Rolf — Oligarchie in Karlsruhe: Über die Erosion der Gewaltenteilung, NJW 1994, S. 3272 - 3274.

Leibholz, Gerhard, Rinck, Hans-Justus, Hesselberger, Dieter, Burghart, Axel (Bearb.) — Grundgesetz für die Bundesrepublik Deutschland, Kommentar, Rechtsprechung des Bundesverfassungsgerichts, 47. Lieferung, Köln 2007.

Lerche, Peter — Koalitionsfreiheit und Richterrecht, NJW 1987, S. 2465 - 2472.

Limbach, Jutta — Die richterliche Unabhängigkeit - ihre Bedeutung für den Rechtsstaat, NJ 1995, S. 281 - 283.

Locke, John, Euchner, Walter (Hrsg.) — Zwei Abhandlungen über die Regierung, dt. Übersetzung, Frankfurt 1967.

Macke, Peter — Die Dritte Gewalt als Beute der Exekutive, DRiZ 1999, S. 481 - 487.

Mackenroth, Geert W., Teetzmann, Hanspeter — Mehr Selbstverwaltung der Justiz- Markenzeichen zukünftiger Rechtsstaaten, ZRP 2002, S. 337 - 343.

Mangoldt, Hermann von, Klein, Friedrich, Starck, Christian (Hrsg.)	Das Bonner Grundgesetz, Kommentar, Band 2, Art. 20 - 82, 5. Auflage, München 2005.
Mangoldt, Hermann von, Klein, Friedrich, Starck, Christian (Hrsg.)	Das Bonner Grundgesetz, Kommentar, Band 3, Art. 79 - 146, 4. Auflage, München 2001.
Maunz, Theodor, Dürig, Günther, Herzog, Roman (Hrsg.), Scholz, Rupert (Hrsg.), Herdegen, Matthias (Hrsg.), Klein, Hans H. (Hrsg.)	Grundgesetz, Kommentar, Band VI, Art. 86 - Art. 106, 50. und 57. Lieferung, München 2010.
Maunz, Theodor, Dürig, Günther, Herzog, Roman (Hrsg.), Scholz, Rupert (Hrsg.), Herdegen, Matthias (Hrsg.), Klein, Hans H. (Hrsg.)	Grundgesetz, Kommentar, Band III, Art. 17 - Art. 27, 50. und 57. Lieferung, München 2010.
Merten, Detlef	Rechtsstaat und Gewaltmonopol, Tübingen 1975.
Merten, Detlef	Die Bindung des Richters an Gesetz und Verfassung, DVBl. 1975, S. 677 - 684.

Mertin, Herbert	Selbstverwaltung der Justiz als Verfassungsauftrag?, ZRP 2002, S. 332 - 337.
Mishra, Robin	Zulässigkeit u. Grenzen der Urteilsschelte, Berlin 1997.
Montesquieu, Charles Louis de Secondat, Weigand, Kurt (Übers.)	Vom Geist der Gesetze, Stuttgart 2006.
Münch, Ingo von	Justiz - Reparaturbetrieb der Politik?, NJW 1996, S. 2073 - 2076.
Münch, Ingo von, Kunig, Philip (Hrsg.)	Grundgesetz-Kommentar, Band 3, Art. 70 - 146, 5. Auflage, München 2003.
Münch, Ingo von, Kunig, Philip (Hrsg.)	Grundgesetz-Kommentar, Band 2, Art. 20 - 69, 5. Auflage, München 2001.
Münch, Ingo von, Kunig, Philip (Hrsg.)	Grundgesetz-Kommentar, Band 1, Präambel. Art. 1 - 19, 5. Auflage, München 2000.

Münchbach, Werner — Führung auf Zeit - Chance oder Tort für eine unabhängige Justiz?, ZRP 2007, S. 156 - 160.

Naucke, Wolfgang — Die zweckmäßige und die kritische Strafgesetzlichkeit, dargestellt an den Lehren J.P.A. Feuerbachs (1775 - 1832), Mailand 2007.

Niebler, Engelbert — Der Einfluß der Rechtsprechung des Bundesverfassungsgerichts auf das Zivilrecht, DNotZ 1987, S. 259 - 290.

Oberto, Giacomo — Richterliche Unabhängigkeit - Rechtsvergleichende Betrachtung ihrer institutionellen Ausgestaltung in den Ländern Europas, ZRP 2004, S. 207 - 210.

Ogorek, Regina — Richterkönig oder Subsumtionsautomat? Zur Justiztheorie im 19. Jahrhundert, Frankfurt 1986.

Ormond, Thomas — Richterwürde und Regierungstreue, Frankfurt 1994.

Papier, Hans-Jürgen — Zur Selbstverwaltung der Dritten Gewalt, NJW 2002, S. 2585 - 2593.

Papier, Hans-Jürgen Die richterliche Unabhängigkeit und ihre Schranken,
NJW 2001, S. 1089 - 1094.

Papier, Hans-Jürgen Richterliche Unabhängigkeit und Dienstaufsicht,
NJW 1990, S. 8 - 14.

Pfeiffer, Gerd (Hrsg.) Karlsruher Kommentar zur Strafprozessordnung und zum Gerichtsverfassungsgesetz mit Einführungsgesetz, 5. Auflage,
München 2003.

Pfeiffer, Thomas Rechtsprechungsbegriff, richterliche Neutralität und hessische Wahlprüfung,
ZRP 2000, S. 378 - 386.

Pieroth, Bodo,
Aubel, Tobias Die Rechtsprechung des Bundesverfassungsgerichts zu den Grenzen richterlicher Entscheidungsfindung,
JZ 2003, S. 504 - 510.

Posser, Herbert (Hrsg.),
Wolff, Heinrich Amadeus (Hrsg.) Verwaltungsgerichtsordnung,
München 2008.

Radbruch, Gustav, Dreier, Ralf (Hrsg.), Paulson, Stanley L. (Hrsg.)	Rechtsphilosophie, Heidelberg 1999.
Rauscher, Thomas (Hrsg.), Wax, Peter (Hrsg.), Wenzel, Joachim (Hrsg.)	Münchener Kommentar zur Zivilprozessordnung, Band 3, §§ 946 - 1086, EGZPO, GVG, EGGVG, UKlaG, 3. Auflage, München 2008.
Redeker, Konrad	Justizgewährungspflicht des Staates versus richterliche Unabhängigkeit?, NJW 2000, S. 2796 - 2798.
Robbers, Gerhard	Für ein neues Verhältnis zwischen Bundesverfassungsgericht und Fachgerichtsbarkeit - Möglichkeit und Inhalt von „Formeln" zur Bestimmung von verfassungsgerichtlicher Kompetenzweite, NJW 1998, S. 935 - 941.
Roellecke, Gerd, Starck, Christian	Die Bindung des Richters an Gesetz und Verfassung, Abgedr. In: VVDStRL Heft 34, Berlin 1976.
Rüthers, Bernd	Gesetzesbindung oder freie Methodenwahl? - Hypothesen zu einer Diskussion, ZRP 2008, S. 48 - 51.

Rüthers, Bernd	Demokratischer Rechtsstaat oder oligarchischer Richterstaat?, JZ 2002, S. 365 - 371.
Rupp, Hans Heinrich	Die Bindung des Richters an das Gesetz- Zu Theorie und Praxis der Rechtsanwendung, NJW 1973, S. 1769 - 1774.
Sachs, Michael (Hrsg.)	Grundgesetz, Kommentar, 5. Auflage, München 2009.
Schäfer, Christoph	Justiz zwischen Anmaßung und Ohnmacht, NJW 1994, S. 428 - 429.
Schaffer, Wolfgang	Die Unabhängigkeit der Rechtspflege und des Richters, BayVBl. 1991, S. 641 - 648.
Schmidt-Bleibtreu, Bruno (Hrsg.), Hofmann, Hans (Hrsg.), Hopfauf, Axel (Hrsg.)	Kommentar zum Grundgesetz, 11. Auflage, München 2008.
Schmidt-Jortzig, Edzard	Effektiver Rechtsschutz als Kernstück des Rechtsstaatsprinzips nach dem Grundgesetz, NJW 1994, S. 2569 - 2573.

Schmidt-Jortzig, Edzard	Aufgabe, Stellung und Funktion des Richters im demokratischen Rechtsstaat, NJW 1991, S. 2377 - 2383.
Schmidt-Räntsch, Günther, Schmidt-Räntsch, Jürgen	Deutsches Richtergesetz: Richterwahlgesetz; Kommentar, 5. Auflage, München 1995.
Schmitt, Carl	Verfassungslehre, 8. Auflage, Neusatz auf Basis der 1928 erschienenen 1. Auflage, Berlin 1993.
Schneider, Hans-Peter	Die Gesetzmäßigkeit der Rechtsprechung - Zur Bindung des Richters an Gesetz und Verfassung, DÖV 1975, S. 443 - 452.
Schnellenbach, Helmut	Personalpolitik in der Justiz, NJW 1989, S. 2227- 2233.
Schoch, Friedrich (Hrsg.), Schmidt-Aßmann, Eberhard (Hrsg.), Pietzner, Rainer (Hrsg.)	Verwaltungsgerichtsordnung, 17. Ergänzungslieferung, München 2008.

Schütz, Carsten Der ökonomisierte Richter - Gewaltenteilung und richterliche Unabhängigkeit als Grenzen Neuer Steuerungsmodelle in den Gerichten, Berlin 2005.

Schulte-Kellinghaus, Thomas Die begrenzte Macht der Dritten Gewalt - Zur Notwendigkeit der Selbstverwaltung der Gerichte,
ZRP 2008, S. 205 - 208.

Schulte-Kellinghaus, Thomas Die Ressourcengarantie für die Dritte Gewalt - Verfassungsrechtliche Forderungen zur Gewährleistung einer unabhängigen Rechtsprechung,
ZRP 2006, S. 169 - 172.

Schulte-Kellinghaus, Thomas „Qualitätsmanagement“ an den Gerichten, BJ 2005, S. 198 - 203.

Sendler, Horst Politikermeinung und richterliche Unabhängigkeit, NJW 2001, S. 1909 - 1911.

Sendler, Horst Fragwürdigkeiten der richterlichen Unabhängigkeit, NJW 2001, S. 1256 - 1258.

Sendler, Horst Unabhängigkeit als Mythos?,
NJW 1995, S. 2464 - 2470.

Sendler, Horst Zur Unabhängigkeit des Verwaltungsrichters, NJW 1983, S. 1449 - 1458.

Siebert, Derk Die Auswahl der Richter am Gerichtshof der Europäischen Gemeinschaften, Frankfurt 1997.

Simon, Dieter Die Unabhängigkeit des Richters, Darmstadt 1975.

Sobota, Katharina Das Prinzip Rechtsstaat, verfassungs- und verwaltungsrechtliche Aspekte, Tübingen 1997.

Sodan, Helge Das Spannungsverhältnis von Qualität und Quantität in der Justiz, DÖV 2005, S. 764 - 771.

Sodan, Helge Qualitätsmaßstäbe für die Justiz?, NJW 2003, S. 1494 - 1496.

Soiné, Michael Erkenntnisverwertung von Informanten und V-Personen der Nachrichtendienste in Strafverfahren, NStZ 2007, S. 247 - 253.

Steffen, Till	Autonomie für die Dritte Gewalt - Erwartungen aus der Politik, KritV 2009, S. 354 - 359.
Steffen, Till	Diskussionsprozess zur Autonomie der Justiz in Hamburg angestoßen, DRiZ 2008, S. 229 - 229.
Steffen, Till	Selbstverwaltung der Justiz - Möglichkeiten der politischen Umsetzung, ZRP 2008, S. 208 - 211.
Stern, Klaus	Das Staatsrecht der Bundesrepublik Deutschland, Band II, Staatsorgane, Staatsfunktionen, Finanz- und Haushaltsverfassung, Notstandsverfassung, München 1980.
Stern, Klaus	Das Staatsrecht der Bundesrepublik Deutschland, Band I, Grundbegriffe und Grundlagen des Staatsrechts, Strukturprinzipien der Verfassung, München 1977.
Tschentscher, Axel	Demokratische Legitimation der dritten Gewalt, Tübingen 2006.

Umbach, Dieter C. (Hrsg.), Clemens, Thomas (Hrsg.) Grundgesetz, Mitarbeiterkommentar und Handbuch, Band I, Art. 1 - 37 GG, Heidelberg 2002.

Umbach, Dieter C. (Hrsg.), Clemens, Thomas (Hrsg.) Grundgesetz, Mitarbeiterkommentar und Handbuch, Band II, Art. 38 - 146 GG, Heidelberg 2002.

Unruh, Georg-Christoph von Grundlagen und Probleme der Verteilung der Staatsgewalt, JA 1990, S. 290 - 295.

Unruh, Peter Der Verfassungsbegriff des Grundgesetzes - Eine verfassungstheoretische Rekonstruktion, Tübingen 2002.

Voßkuhle, Andreas, Sydow, Gernot Die demokratische Legitimation des Richters, JZ 2002, S. 673 - 682.

Wagner, Albrecht Die Umgestaltung der Gerichtsverfassung und des Verfahrens- und Richterrechts im nationalsozialistischen Staat, in: Quellen und Darstellungen zur Zeitgeschichte Band 16.1, Die deutsche Justiz und der Nationalsozialismus, Stuttgart 1968.

Weber-Fas, Rudolf | Der Verfassungsstaat des Grundgesetzes: Entstehung - Prinzipien - Gestalt, Tübingen 2002.

Weber-Fas, Rudolf | Freiheit durch Gewaltenteilung - Montesquieu und der moderne Staat, Jus 2005, S. 882 - 884.

Weber-Grellet, Heinrich | Selbstverwaltung der Justiz - Zwei-Säulen-Modell des Deutschen Richterbundes, ZRP 2007, S. 153 - 156.

Weber-Grellet, Heinrich | Eigenständigkeit und Demokratisierung der Justiz, ZRP 2003, S. 145 - 149.

Wernicke, Kurt G. (Hrsg.), Booms, Hans (Hrsg.) | Der Parlamentarische Rat: 1948 - 1949; Akten und Protokolle, Bd. 2, Der Verfassungskonvent auf Herrenchiemsee, München 1981.

Wittreck, Fabian | Anwälte als Richter über Richter? - Anmerkungen zur jüngsten Novellierung des Richtergesetzes und der Neubesetzung der Richterdienstgerichte, NJW 2004, S. 3011 - 3015.

Wolff, Hans J., Bachof, Otto, Stober, Rolf — Verwaltungsrecht I, 10. Auflage, München 1994.

Zätzsch, Jörg — Richterliche Unabhängigkeit und Richterauswahl in den USA und Deutschland, Baden-Baden 2000.

Zippelius, Reinhold — Der Weg der Demokratie - ein Lernprozeß, NJW 1998, S. 1528 - 1534.

FRANKFURTER KRIMINALWISSENSCHAFTLICHE STUDIEN

Band 1 Peter Böning: Die Lehre vom Unrechtsbewußtsein in der Rechtsphilosophie Hegels 100 S., 1978.

Band 2 Wolfgang Schneider: Kriminelle Straßenverkehrsgefährdung (§ 315c Abs. 1 Ziff. 2, Abs. 3 StGB). Eine kriminologische und strafrechtliche Untersuchung zur Problematik dieser Verkehrsstraftaten unter Berücksichtigung ausländischer Rechte. 342 S., 1978.

Band 3 Lothar Kuhlen: Die Objektivität von Rechtsnormen. Zur Kritik des radikalen labeling approach in der Kriminalsoziologie. 178 S., 1978.

Band 4 Günther Grewe: Straßenverkehrsdelinquenz und Marginalität. Untersuchungen zur institutionellen Regelung von Verhalten. 148 S., 1978.

Band 5 Dieter Haberstroh: Strafverfahren und Resozialisierung. Eine Studie über Verstehen und Nicht-Verstehen, über Verstanden-Werden und Nicht-Verstanden-Werden und deren Bedingungen in der Hauptverhandlung. 202 S., 1979.

Band 6 Thomas Vogt: Die Forderungen der psychoanalytischen Schulrichtungen für die Interpretation der Merkmale der Schuldunfähigkeit und der verminderten Schuldfähigkeit (§§ 51 a.F., 20, 21 StGB). 182 S., 1979.

Band 7 Andreas Michael: Der Grundsatz in dubio pro reo im Strafverfahrensrecht. Zugleich ein Beitrag über das Verhältnis von materiellem Recht und Prozeßrecht. 214 S., 1981.

Band 8 Ilias G. Anagnostopoulos: Haftgründe der Tatschwere und der Wiederholungsgefahr (§§ 112 Abs. 3, 112 a StPO). Kriminalpolitische und rechtssystematische Aspekte der Ausweitung des Haftrechts. 1984.

Band 9 Helga Müller: Der Begriff der Generalprävention im 19. Jahrhundert. Von P.J.A. Feuerbach bis Franz v. Liszt. 1984.

Band 10 Frowin Jörg Kurth: Das Mitverschulden des Opfers beim Betrug. 1984.

Band 11 Martin J. Worms: Die Bekenntnisbeschimpfung im Sinne des § 166 Abs. 1 StGB und die Lehre vom Rechtsgut. 1984.

Band 12 Jong-Dae Bae: Der Grundsatz der Verhältnismäßigkeit im Maßregelrecht des StGB. 1985.

Band 13 Helmut Fünfsinn: Der Aufbau des fahrlässigen Verletzungsdelikts durch Unterlassen im Strafrecht. 1985.

Band 14 Christoph Krehl: Die Ermittlung der Tatsachengrundlage zur Bemessung der Tagessatzhöhe bei der Geldstrafe. 1985.

Band 15 Walter-Hermann Kiehl: Strafrechtliche Toleranz wechselseitiger Ehrverletzungen - Zur ratio legis der §§ 199, 233 Strafgesetzbuch -. 1986.

Band 16 Matthias Krahl: Die Rechtsprechung des Bundesverfassungsgerichts und des Bundesgerichtshof zum Bestimmtheitsgrundsatz im Strafrecht (Art. 103 Abs. 2 GG). 1986.

Band 17 Patrick Carroll Campbell: § 220a StGB. Der richtige Weg zur Verhütung und Bestrafung von Genozid? 1986.

Band 18 Winfried Hassemer (Hrsg.): Strafrechtspolitik. Bedingungen der Strafrechtsreform. 1987.

Band 19 Felix Herzog: Prävention des Unrechts oder Manifestation des Rechts. Bausteine zur Überwindung des heteronom-präventiven Denkens in der Strafrechtstheorie der Moderne. 1987.

Band 20 Astrid Michalke-Detmering: Die Mindestanforderungen an die rechtliche Begründung des erstinstanzlichen Strafurteils. Zur Auslegung des § 267 StPO. 1987.

Band 21 Lothar Kuhlen: Die Unterscheidung von vorsatzausschließendem und nichtvorsatzausschließendem Irrtum. 1987.

Band 22 Michael Buttel: Kritik der Figur des Aufklärungsgehilfen im Betäubungsmittelstrafrecht (§ 31 BtMG). 1988.

Band 23 Matthias Kögler: Die zeitliche Unbestimmtheit freiheitsentziehender Sanktionen des Strafrechts. Eine vergleichende Untersuchung zur Rechtslage und Strafvollstreckungspraxis in der Bundesrepublik Deutschland und den USA. 1988.

Band 24 Klaus Lüderssen / Cornelius Nestler-Tremel / Ewa Weigend (Hrsg.): Modernes Strafrecht und ultima-ratio-Prinzip. 1990.

Band 25 Jürgen Taschke: Die behördliche Zurückhaltung von Beweismitteln im Strafprozeß. 1989.

Band 26 Daniela Westphalen: Karl Binding (1841-1920). Materialien zur Biographie eines Strafrechtsgelehrten. 1989.

Band 27 Sigrid Jans: Die Aushöhlung des Klageerzwingungsverfahrens. 1990.

Band 28 Dimitris Spirakos: Folter als Problem des Strafrechts. Kriminologische, kriminalsoziologische und (straf-)rechtsdogmatische Aspekte unter besonderer Berücksichtigung der Folterschutzkonvention und der Pönalisierung der Folter in Griechenland. 1990.

Band 29 Stephan Moll: Strafrechtliche Aspekte der Behandlung Opiatabhängiger mit Methadon und Codein. 1990.

Band 30 Stefan Werner: Wirtschaftsordnung und Wirtschaftsstrafrecht im Nationalsozialismus. 1991.

Band 31 Xanthi Bassakou: Beiträge zur Analyse und Reform des Absehens von Strafe nach § 60 StGB. 1991.

Band 32 Rainer Runte: Die Veränderung von Rechtfertigungsgründen durch Rechtsprechung und Lehre. Moderne Strafrechtsdogmatik zwischen Rechtsstaatsprinzip und Kriminalpolitik. 1991.

Band 33 Olaf Hohmann: Das Rechtsgut der Umweltdelikte. Grenzen des strafrechtlichen Umweltschutzes. 1991.

Band 34 Klaus Jochen Müller: Das Strafbefehlsverfahren (§§ 407 ff. StPO). Eine dogmatisch-kriminalpolitische Studie zu dieser Form des schriftlichen Verfahrens unter besonderer Berücksichtigung der geschichtlichen Entwicklung – zugleich ein Beitrag zum StVÄG 1987. 1993.

Band 35 Sang-Don Yi: Wortlautgrenze, Intersubjektivität und Kontexteinbettung. Das strafrechtliche Analogieverbot. 1991.

Band 36 Birgit Malsack: Die Stellung der Verteidigung im reformierten Strafprozeß. Eine rechtshistorische Studie anhand der Schriften von C. J. A. Mittermaier. 1992.

Band 37 Rüdiger Schäfer: Die Privilegierung des "freiwillig-positiven" Verhaltens des Delinquenten nach formell vollendeter Straftat. Zugleich ein Beitrag zum Grundgedanken des Rücktritts vom Versuch und zu den Straftheorien. 1992.

Band 38 Cornelius Nestler-Tremel: AIDS und Strafzumessung. 1992.

Band 39 Christine Gutmann: Freiwilligkeit und (Sozio-)Therapie – notwendige Verknüpfung oder Widerspruch? 1993.

Band 40 Walter Kargl: Der strafrechtliche Vorsatz auf der Basis der kognitiven Handlungstheorie. 1993.

Band 41 Jürgen Rath: Zur strafrechtlichen Behandlung der aberratio ictus und des error in objecto des Täters. 1993.

Band 42 Martin Fischer: Wille und Wirksamkeit. Eine Untersuchung zum Problem des *dolus alternativus*. 1993.

Band 43 Regina Harzer: Der Naturzustand als Denkfigur moderner praktischer Vernunft. Zugleich ein Beitrag zur Staats- und Rechtsphilosophie von Hobbes und Kant. 1994.

Band 44 Helmut Pollähne: Lockerungen im Maßregelvollzug. Eine Untersuchung am Beispiel der Anwendung des nordrhein-westfälischen Maßregelvollzugsgesetzes im Westfälischen Zentrum für Forensische Psychiatrie (Lippstadt). 1994.

Band 45 Hans-Joachim Leonhardt: Rechtsmittelermessen der Staatsanwaltschaft. Eine Gegenüberstellung von § 296 StPO mit Nummern 147 und 148 Richtlinien für das Strafverfahren und das Bußgeldverfahren (RiStBV). 1994.

Band 46 Rolf Grünebaum: Zur Strafbarkeit des Therapeuten im Maßregelvollzug bei fehlgeschlagenen Lockerungen. 1996.

Band 47 Barbara Bialas: Promille-Grenzen, Vorsatz und Fahrlässigkeit. 1996.

Band 48 Christine Pott: Die Außerkraftsetzung der Legalität durch das Opportunitätsdenken in den Vorschriften der §§ 154, 154a StPO. Zugleich ein Beitrag zu einer kritischen Strafverfahrensrechtstheorie. 1996.

Band 49 Wolfgang Köberer: *Iudex non calculat*. Über die Unmöglichkeit, Strafzumessung sozialwissenschaftlich-mathematisch zu rationalisieren. 1996.

Band 50 Institut für Kriminalwissenschaften Frankfurt a.M. (Hrsg.): Vom unmöglichen Zustand des Strafrechts. 1995.

Band 51 Petra Kamberger: Treu und Glauben (§ 242 BGB) als Garantenstellung im Strafrecht? 1996.

Band 52 Anastassios Triantafyllou: Das Delikt der gefährlichen Körperverletzung (§ 223a StGB) als Gefährdungsdelikt. (Zugleich ein Beitrag zur Dogmatik der Gefährdungsdelikte). 1996.

Band 53 Norbert Kissel: Aufrufe zum Ungehorsam und § 111 StGB. Grundrechtlicher Einfluß bei der Feststellung strafbaren Unrechts. 1996.

Band 54 Susanne Ehret: Franz von Liszt und das Gesetzlichkeitsprinzip. Zugleich ein Beitrag wider die Gleichsetzung von Magna-charta-Formel und Nullum-crimen-Grundsatz. 1996.

Band 55 Stefan Braum: Geschichte der Revision im Strafverfahren von 1877 bis zur Gegenwart. Zugleich eine Kritik der Kontinuität politischer Macht im Recht. 1996.

Band 56 Katja Diel: Das Regreßverbot als allgemeine Tatbestandsgrenze im Strafrecht. 1997.

Band 57 Christoph Koller: Die Staatsanwaltschaft – Organ der Judikative oder Exekutivbehörde? Die Stellung der Anklagebehörde und die Gewaltenteilung des Grundgesetzes. 1997.

Band 58 Frank Schößler: Anerkennung und Beleidigung. Rechtsgut und Strafzweck des § 185 StGB. 1997.

Band 59 Regina Engelstädter: Der Begriff des Unfallbeteiligten in § 142 Abs. 4 StGB. Zugleich eine Kritik an aktuellen Zurechnungslehren. 1997.

Band 60 Jörg Reinhardt: Der Ausschluß und die Ablehnung des befangen erscheinenden Staatsanwaltes. 1997.

Band 61 Jens Christian Müller-Tuckfeld: Integrationsprävention. Studien zu einer Theorie der gesellschaftlichen Funktion des Strafrechts. 1998.

Band 62 Peter Maria Rohe: Verdeckte Informationsgewinnung mit technischen Hilfsmitteln zur Bekämpfung der Organisierten Kriminalität. Zugleich eine rechtsvergleichende Analyse der polizeilichen Abhörbefugnisse in den U.S.A. 1998.

Band 63 Dirk Fabricius: Was ein Lehrbuch lehrt ... Eine exemplarische Untersuchung von Jakobs *Strafrecht – Allgemeiner Teil.* 1998.

Band 64 Stefan Sinner: Der Vertragsgedanke im Strafprozeßrecht. 1999.

Band 65 Sebastian Schattenfroh: Die Staatsphilosophie Giovanni Gentiles und die Versuche ihrer Verwirklichung im faschistischen Italien. 1999.

Band 66 Athanassia Dionyssopoulou: Der Tatbestand der Geldwäsche. Eine Analyse der dogmatischen Grundlagen des § 261 StGB. 1999.

Band 67 Klaus von Lampe: *Organized Crime.* Begriff und Theorie organisierter Kriminalität in den USA. 1999.

Band 68 Christian Hanssen: "Trennung der Märkte". Rechtsdogmatische und rechtspolitische Probleme einer Liberalisierung des Drogenstrafrechts. 1999.

Band 69 Institut für Kriminalwissenschaften und Rechtsphilosophie Frankfurt a.M. (Hrsg.): Irrwege der Strafgesetzgebung. 1999.

Band 70 Konstantinos Chatzikostas: Die Disponibilität des Rechtsgutes Leben in ihrer Bedeutung für die Probleme von Suizid und Euthanasie. 2000.

Band 71 Bettina Wirmer-Donos: Die Strafrechtstheorie Karl Christian Friedrich Krauses als theoretische Grundlage des spanischen Korrektionalismus. 2001.

Band 72 Christine Löw: Die Erkundigungspflicht beim Verbotsirrtum nach § 17 StGB. 2001.

Band 73 Florian Ufer: Der Verwertungswiderspruch in Theorie und Praxis. Prozessuale Obliegenheiten des Verteidigers und ihre Bedeutung für die Rechtsposition des Beschuldigten. 2002.

Band 74 Katja Melzer: Psychisch kranke Straftäterinnen. Frauen im Maßregelvollzug. 2001.

Band 75 Gregor Kuntze-Kaufhold: Lebenswelt und Unparteilichkeit. Kriterien für eine Rechtsanwendungslehre am Beispiel der Analyse von fünf Hauptverhandlungen in Strafverfahren. 2002.

Band 76 Iris Kristina Passek: Die erstinstanzliche Zuständigkeit der Oberlandesgerichte in Staatsschutzstrafsachen. Historische Entwicklung und aktuelle Probleme. 2002.

Band 77 Michael Krebs: Die Weisungsgebundenheit des Staatsanwalts unter besonderer Berücksichtigung des rechtstatsächlichen Aspekts. 2002.

Band 78 Kerstin Degenhardt: Europol und Strafprozeß. Die Europäisierung des Ermittlungsverfahrens. 2003.

Band 79 Domenico Siciliano: Das Leben des fliehenden Diebes: Ein strafrechtliches Politikum. 2003.

Band 80 Marc Colussi: Produzentenkriminalität und strafrechtliche Verantwortung. 2003.

Band 81 Thilo Lars Hild: Grenzen einer strafrechtlichen Regulierung des Kapitalmarktes. Eine kriminalrechtliche Untersuchung von Börsengängen und Aktienhandel in Deutschland und den USA. 2004.

Band 82 Philipp Rau: Schweigen als Indiz der Schuld. Ein Vergleich des deutschen und englischen Rechts zur Würdigung des Schweigens des Beschuldigten. 2004.

Band 83 Alexandra Pfeiffer: Die Regelung der Lebendorganspende im Transplantationsgesetz. 2004.

Band 84 Elena Fischer: Recht auf Sterben?! Ein Beitrag zur Reformdiskussion der Sterbehilfe in Deutschland unter besonderer Berücksichtigung der Frage nach der Übertragbarkeit des Holländischen Modells der Sterbehilfe in das deutsche Recht. 2004.

Band 85 Jörg Ziethen: Grundlagen probabilistischer Zurechnung im Strafrecht. 2004.

Band 86 Stefanie Schork: Ausgesprochen schuldig. Dogmatische und metadogmatische Untersuchungen zum Schuldspruch. 2005.

Band 87 Claudia Schubert: Verbotene Worte? Versuch einer Neubestimmung im Umgang mit rassistischen Äußerungen jenseits des Strafrechts. 2005.

Band 88 Ulfrid Neumann / Cornelius Prittwitz (Hrsg.): Kritik und Rechtfertigung des Strafrechts. 2005.

Band 89 Denis Basak: Die Zuständigkeitsregeln internationaler Strafgerichte und Art. 101 GG. Zum Verhältnis der deutschen Strafgerichtsbarkeit zu den Internationalen Tribunalen für Jugoslawien und Ruanda sowie zum Ständigen Internationalen Strafgerichtshof. 2005.

Band 90 Hsiao-Wen Wang: Der universale Strafanspruch des nationalen Staates. Eine Untersuchung über das Weltrechtsprinzip im Internationalen Strafrecht. 2005.

Band 91 Leonie Frenz: Faktizität des Rechts in der forensischen Psychiatrie. Eine Untersuchung im LKH Moringen. 2005.

Band 92 Eva-Maria Unger: Schutzlos ausgeliefert? Der Europäische Haftbefehl. Ein Beispiel für die Missachtung europäischer Bürgerrechte. 2005.

Band 93 Marcus Bastelberger: Die Legitimität des Strafrechts und der *moralische Staat*. Utilitaristische und retributivistische Strafrechtsbegründung und die rechtliche Verfassung der Freiheit. 2006.

Band 94 Marc Reiß: Rechtliche Aspekte der Präimplantationsdiagnostik. Unter besonderer Berücksichtigung der Rechte der von einem Verbot betroffenen Paare. 2006.

Band 95 Alexander Kolz: Einwilligung und Richtervorbehalt. 2006.

Band 96 Vasco Reuss: Eine Kritik der juristischen Vernunft. Rezeptionsversuche der Negativen Dialektik Adornos für die Dogmatik des Strafrechts. 2007.

Band 97 Lutz Eidam: Die strafprozessuale Selbstbelastungsfreiheit am Beginn des 21. Jahrhunderts. 2007.

Band 98 Christiane Rüdiger: Schutzinteresse und Deliktsstruktur der „Bestechungsdelikte" (§§ 331 ff. StGB). 2007.

Band 99 Urte Eisenhardt: Das nemo tenetur-Prinzip: Grenze körperlicher Untersuchungen beim Beschuldigten. Am Beispiel des § 81a StPO. 2007.

Band 100 Institut für Kriminalwissenschaften und Rechtsphilosophie Frankfurt a. M. (Hrsg.): Jenseits des rechtsstaatlichen Strafrechts. 2007.

Band 101 Nils Möckelmann: Die rechtliche, psychiatrische und gesellschaftliche Beurteilung jugendlicher Straftäter in der jüngeren deutschen Geschichte. Eine Analyse anhand zweier Strafverfahren mit Gutachten des Psychiaters Ernst Rüdin aus den Jahren 1915/1917 unter Berücksichtigung der Entwicklungen bis zur Gegenwart. 2007.

Band 102 Alexa Albrecht: Zur Erosion der Menschenrechte im demokratischen Rechtsstaat. Reaktionen der Systeme und der Zivilgesellschaft. 2007.

Band 103 Dirk Lange: Die politisch motivierte Tötung. 2007.

Band 104 Ulfrid Neumann / Cornelius Prittwitz (Hrsg.): „Personale Rechtsgutslehre" und „Opferorientierung im Strafrecht". 2007.

Band 105 Lisa Kathrin Sander: Grenzen instrumenteller Vernunft im Strafrecht. Eine Kritik der Präventionsdoktrin aus strafrechtsgeschichtlicher und empirischer Perspektive. 2007.

Band 106 Stephan Werner: Zur Notwendigkeit der Verteidigeranwesenheit während der polizeilichen Beschuldigtenvernehmung. 2008.

Band 107 Inti Schubert: Europol und der virtuelle Verdacht. Die Suspendierung des Rechts auf informationelle Selbstbestimmung. 2008.

Band 108 Bong-Jin Ko: Menschenwürde und Biostrafrecht bei der embryonalen Stammzellenforschung. 2008.

Band 109 Wanja Andreas Welke: Die Repersonalisierung des Rechtskonflikts. Zum gegenwärtigen Verhältnis von Straf- und Zivilrecht. 2008.

Band 110 Jan Helmrich: Die Berufung gewerblicher Sicherheitskräfte auf Notwehr und Nothilfe. Zugleich ein Beitrag zu den Grundlagen des Notwehr- und Nothilferechts. 2008.

Band 111 Alexander Köstler-Loewe: Strafrecht US-Style: „Three Strikes and You're Out!" Baseball, Rückfall und Kriminalpolitik? 2008.

Band 112 Christina Bott: Die Medienprivilegien im Strafprozess. Zeugnisverweigerungsrecht und Beschlagnahmeverbot zum Schutz der Medien im Strafverfahren. 2009.

Band 113 Mario Riechmann: Organisierte Kriminalität und Terrorismus. Zur Funktionalisierung von Bedrohungsszenarien beim Abbau eines rechtsstaatlichen Strafrechts. 2009.

Band 114 Dirk Simon: Präzeptoraler Sicherheitsstaat und Risikovorsorge. 2009.

Band 115 Stefan Kirsch: Der Begehungszusammenhang der Verbrechen gegen die Menschlichkeit. 2009.

Band 116 Heng-da Hsu: Zurechnungsgrundlage und Strafbarkeitsgrenze der Fahrlässigkeitsdelikte in der modernen Industriegesellschaft. 2009.

Band 117 Dennis Teschner: Die soziale Kontrolle im virtuellen Raum. Eine juristische, soziologische und soialpsychologische Untersuchung der Instrumentalisierbarkeit von Internetkriminalität. 2009.

Band 118 Daniel Schilling: Fragmentarisch oder umfassend? Wege strafrechtlichen Zugriffs bei der Veruntreuung fremden Vermögens am Beispiel des deutschen und des italienischen Untreuestrafrechts. 2009.

Band 119 Andreas Stüdemann: Die Entwicklung der zwischenstaatlichen Rechtshilfe in Strafsachen im nationalsozialistischen Deutschland zwischen 1933 und 1945. Kontinuität und Diskontinuität im Auslieferungsrecht am Beispiel der Rechtsentwicklung im NS-Staat. 2009.

Band 120 Matthias Achenbach: Strafrechtlicher Schutz des Wettbewerbs? Eine kritische Analyse von Sinn und Zweck der Straftatbestände zum Schutz des Wettbewerbs. 2009.

Band 121 Vera Backhaus: Der gesetzliche Richter im Staatsschutzstrafrecht. Zur Verfassungsmäßigkeit des § 120 Abs. 2 GVG. 2010.

Band 122 Verena Maria Brenneis: Rechtspolitische Implikationen von Gefährlichkeitsprognosen im Vollzug von Maßregeln nach § 63 StGB. Zum Subjektstatus von Eingewiesenen. 2010.

Band 123 Maike Hoenigs: Zur Existenzberechtigung des Straftatbestandes der Rechtsbeugung. Korrelat oder Widerspruch zur richterlichen Unabhängigkeit. 2010.

Band 124 Christine Würfel: Freiheit als Grundlage der Schuld. 2011.

Band 125 Charlotte Rau: Compliance und Unternehmensverantwortlichkeit. Materiellrechtliche Fragen der sanktionsrechtlichen Unternehmensverantwortlichkeit unter Berücksichtigung von Compliance-Maßnahmen. 2010.

Band 126 Marc Fornauf: Die Marginalisierung der Unabhängigkeit der Dritten Gewalt im System des Strafrechts. 2010.

Band 127 Sabine Benthin: Subventionspolitik und Subventionskriminalität. Zur Legitimität und Rationalität des Tatbestandes zum Subventionsbetrug (§ 264 StGB). 2011.

Band 128 Philipp Horrer: Bestechung durch deutsche Unternehmen im Ausland. Strafrechtsentwicklung und Probleme. 2011.

Band 129 Marianne Varwig: Zum Tatbestandsmerkmal des Vermögensschadens (§ 263 StGB). Eine kritische Untersuchung mittels der vier klassischen Auslegungsmethoden. 2011.

Band 130 Alexander Rieger: Verfassungsrechtliche Legitimationsgrundlagen richterlicher Unabhängigkeit. Zugleich eine Auseinandersetzung mit der Debatte um eine Selbstverwaltung der Justiz. 2011.

Band 131 Moritz von Schenck: Pönalisierung der Folter in Deutschland – de lege lata et ferneda. 2011.

Printed by
CPI books GmbH, Leck

Kolibri 360 GmbH
Ferdinand-Jühlke-Straße 7
99095 Erfurt, Deutschland
produktsicherheit@kolibri360.de